普通高等教育经管类专业系列教材

财务管理学

李秀娟　王　琴　主　编
黄　翀　邓丽纯　孙　蕾　副主编

清华大学出版社
北　京

内 容 简 介

本书主要以培养应用型人才为目标，立足于财务管理学基本理论及应用技能的培养。本书系统介绍了财务管理概述、财务管理的价值观念、财务预算、筹资管理、资本成本与资本结构、项目投资管理、营运资本管理、利润分配管理、财务报表分析、企业并购等内容。针对财务管理学是一门应用性学科的特点，每章都配有学习重点、要点、习题，并附有习题答案，便于读者加深理解相应知识并提升应用能力。本书合理把握教学内容的广度和深度，力求深入浅出，通俗易懂，并结合大量案例，进行全面而又有重点的阐述。

本书既可作为高等院校经济管理类专业相关课程的教材，也可作为非经济管理类本、专科选修课教材，还可作为在职人员系统学习财务管理的理论用书。

本书封面贴有清华大学出版社防伪标签，无标签者不得销售。
版权所有，侵权必究。举报：010-62782989, beiqinquan@tup.tsinghua.edu.cn。

图书在版编目(CIP)数据

财务管理学 / 李秀娟，王琴主编. 一北京：清华大学出版社，2021.7 (2025.1重印)
普通高等教育经管类专业系列教材
ISBN 978-7-302-57523-8

Ⅰ.①财… Ⅱ.①李… ②王… Ⅲ.①财务管理—高等学校—教材 Ⅳ.①F275

中国版本图书馆 CIP 数据核字(2021)第 025246 号

责任编辑：刘金喜
封面设计：周晓亮
版式设计：孔祥峰
责任校对：马遥遥
责任印制：宋 林

出版发行：清华大学出版社
网　　址：https://www.tup.com.cn, https://www.wqxuetang.com
地　　址：北京清华大学学研大厦A座　　邮　编：100084
社 总 机：010-83470000　　邮　购：010-62786544
投稿与读者服务：010-62776969, c-service@tup.tsinghua.edu.cn
质 量 反 馈：010-62772015, zhiliang@tup.tsinghua.edu.cn
印 装 者：三河市君旺印务有限公司
经　　销：全国新华书店
开　　本：185mm×260mm　　印 张：18　　字 数：450千字
版　　次：2021年7月第1版　　印 次：2025年1月第4次印刷
定　　价：69.00元

产品编号：088343-02

前　言

随着社会经济的快速发展，经济模式发生了很大的变化，社会对应用型财务管理人才的需求也随之提升。高校作为人才培养的重要机构，越来越强调实践能力的培养，部分高校开始向应用型本科转变，来满足高等教育与经济、社会发展的需求。为了满足应用型本科高等院校财务管理课程教学的需要，我们组织编写了本书。

财务管理学是经管类本科专业的专业必修课，主要讲授财务管理的基本理论、基本方法和技能，在教学体系中处于重要地位。通过学习本门课程，学生可掌握财务管理的基本技能和基本方法，并能灵活运用这些方法解决企业实务中的筹资、投资、营运、利润分配等管理活动。

本书编写充分考虑财务管理课程的课程性质，将财务管理的基本理论、基本方法和基本技能划分为基础知识模块、核心业务模块和拓展业务模块三个部分进行编写。基础知识模块包括财务管理总论、财务管理价值观念、财务分析和财务预算等内容；核心业务模块主要围绕企业财务管理的四项基本内容展开，包括企业筹资管理、企业投资管理、营运资本管理和利润及其分配管理；拓展业务模块是专业提升部分，结合当前企业发展需要，主要包括公司并购重组等内容。

本书具有以下特点：

一是内容全面，体系完整。本教材主要结合应用型专业人才培养目标，体现学科核心重点内容，同时又考虑到与高级财务管理学中的内容衔接。如拓展业务模块中公司并购重组等就与高级财务管理学的内容相衔接。

二是强调技能性。财务管理学是一门理论性、实践性、技术性和操作性强的课程。为了保证学习者理解、掌握和应用财务管理理论和方法，提高分析和解决实际问题的能力，本书除了配有案例分析以外，还增加了提升技能的练习题，让学习者通过演练，提高实践能力。

三是注重协同性。为提高专业建设与课程建设的水平和质量，提高教材建设的水平，确保精品教材进入课堂，充分发挥校企合作、协同育人在课程开发过程中的作用，特邀请了具有丰富实践经验的中国注册会计师、高级会计师等财务管理人员参与教材编写。

编写人员安排方面，本书主要由具有丰富教学、教研和实践工作经验的教师编写，全书由李秀娟、王琴任主编，黄翀、邓丽纯、孙蕾任副主编。第三章、第七章、第十章初稿由王琴提供，第五章、第六章初稿由黄翀提供，第八章、第九章初稿由邓丽纯提供，第四章初稿由孙蕾提供，第一章、第二章初稿由李秀娟提供。本书最后由李秀娟统稿，李秀娟、王琴对其进行校对及审核工作。

在编写过程中，具有丰富实践经验的中国注册会计师孙蕾对部分案例提出了宝贵意见，李晓丁、邓红梅两位老师对编写内容提供了参考建议，在此一并表示感谢。

教材编写过程中，编者主观上极尽其能，但限于个人视野和水平，仍有可能会有瑕疵，诚恳地希望教材使用者批评和指教。

本书PPT教学课件可通过 http://www.tupwk.com.cn 下载。服务邮箱：476371891@qq.com。

编　者
2021年1月

目 录

第一章　财务管理概述……………………1
　第一节　财务管理的概念和
　　　　　基本原则…………………………2
　　　一、企业财务活动……………………2
　　　二、财务管理的概念…………………3
　　　三、财务管理基本原则………………4
　第二节　财务管理的基本内容……………5
　　　一、投资决策…………………………6
　　　二、筹资决策…………………………6
　　　三、营运资本管理……………………6
　　　四、股利分配决策……………………6
　第三节　财务管理的目标…………………6
　　　一、企业财务管理目标理论…………7
　　　二、利益冲突与矛盾…………………9
　第四节　财务管理的环境………………11
　　　一、法律环境…………………………11
　　　二、经济环境…………………………11
　　　三、技术环境…………………………13
　　　四、金融环境…………………………13
　第五节　财务管理的环节………………14
　　　一、财务预测…………………………14
　　　二、财务决策…………………………15
　　　三、财务预算…………………………15
　　　四、财务控制…………………………15
　　　五、财务分析…………………………15
　【本章小结】………………………………16
　【课后习题】………………………………16

第二章　财务管理的基本观念…………19
　第一节　货币时间价值……………………19
　　　一、货币时间价值概述………………19
　　　二、货币时间价值中的相关
　　　　　概念…………………………………20
　　　三、货币时间价值的计算……………21
　　　四、利率的计算………………………33
　第二节　风险与收益………………………35
　　　一、资产收益与收益率………………35
　　　二、单项资产的风险与收益的
　　　　　衡量…………………………………38
　　　三、资产组合的风险…………………43
　　　四、资本资产定价模型………………47
　【本章小结】………………………………49
　【课后习题】………………………………50

第三章　财务预测与预算…………………54
　第一节　财务预测…………………………55
　　　一、财务预测的意义与目的…………55
　　　二、财务预测的步骤…………………55
　　　三、销售百分比法……………………56
　　　四、资金习性预测法…………………58
　第二节　销售百分比法预测增长率与
　　　　　资金需求…………………………60
　　　一、销售增长率与外部融资的
　　　　　关系…………………………………60
　　　二、内含增长率………………………62
　　　三、可持续增长率……………………62
　第三节　财务预算…………………………66

　　　　一、全面预算体系·················66
　　　　二、现金预算的编制···············68
　　　　三、利润表和资产负债表预算的
　　　　　　编制·······················74
　第四节　弹性预算·······················76
　　　　一、弹性预算的特点···············76
　　　　二、弹性预算的基本步骤···········76
　　　　三、弹性预算的方法···············76
　【本章小结】···························78
　【课后习题】···························79

第四章　筹资管理·························83
　第一节　筹资管理概述···················84
　　　　一、资金筹集的动机···············84
　　　　二、资金筹集的要求···············86
　　　　三、资金筹集的渠道、方式和
　　　　　　分类·······················87
　第二节　短期筹资方式···················91
　　　　一、短期借款·····················91
　　　　二、商业信用·····················93
　　　　三、短期融资券···················96
　　　　四、应收票据转让·················96
　　　　五、短期筹资的特点···············97
　第三节　长期筹资方式——
　　　　债务筹资·······················97
　　　　一、长期借款·····················98
　　　　二、发行债券····················101
　　　　三、融资租赁····················106
　　　　四、长期负债的特点··············112
　第四节　长期筹资方式——
　　　　权益筹资······················112
　　　　一、吸收直接投资················112
　　　　二、发行股票····················114
　　　　三、留存收益····················124
　　　　四、股权筹资的特点··············124
　第五节　长期筹资方式——
　　　　混合筹资······················125
　　　　一、发行优先股··················125
　　　　二、发行可转换债券··············127

　【本章小结】··························131
　【课后习题】··························131

第五章　资本成本与资本结构··············134
　第一节　资本要素与成本计算············135
　　　　一、资本成本概述················135
　　　　二、个别资本成本的计算··········137
　　　　三、综合资本成本的计算··········141
　第二节　财务中的杠杆原理··············141
　　　　一、与杠杆有关的几个财务
　　　　　　概念······················141
　　　　二、经营杠杆与经营风险··········143
　　　　三、财务杠杆与财务风险··········145
　　　　四、总杠杆与企业风险············147
　第三节　资本结构······················149
　　　　一、资本结构相关概念············149
　　　　二、最优资本结构及其影响
　　　　　　因素······················149
　　　　三、企业资本结构的决策方法······150
　【本章小结】··························156
　【课后习题】··························157

第六章　项目投资管理····················161
　第一节　项目投资概述··················162
　　　　一、项目投资的概念及其特点······162
　　　　二、项目投资的程序··············162
　　　　三、项目投资的分类··············163
　第二节　项目投资的现金流分析··········164
　　　　一、项目计算期及资金投入········164
　　　　二、现金流量的概念··············164
　　　　三、项目投资现金流量的计算······166
　第三节　项目投资决策评价指标及其
　　　　计算··························171
　　　　一、投资决策评价指标及其
　　　　　　类型······················171
　　　　二、非贴现现金流量指标··········171
　　　　三、贴现现金流量指标············173
　第四节　项目投资决策分析评价指标
　　　　的运用························176

一、独立方案财务可行性评价
　　　　及投资决策……………………176
　　二、互斥方案的投资决策…………177
　　三、多个方案的比较决策…………179
【本章小结】……………………………182
【课后习题】……………………………182

第七章　营运资本管理………………186
第一节　营运资本管理概述……………187
　　一、营运资本的含义………………187
　　二、营运资本的特点………………188
　　三、营运资本持有策略……………189
第二节　现金的管理……………………192
　　一、现金管理的概念………………192
　　二、持有现金的动机………………193
　　三、最佳现金持有量的确定………194
　　四、现金收支管理…………………198
第三节　应收账款的管理………………200
　　一、应收账款的功能………………200
　　二、应收账款的成本………………201
　　三、信用政策………………………202
　　四、应收账款的监控………………205
　　五、应收账款的日常管理…………207
第四节　存货的管理……………………209
　　一、存货的功能……………………209
　　二、存货的持有成本………………210
　　三、最优存货量的确定……………211
　　四、存货的控制系统………………214
【本章小结】……………………………215
【课后习题】……………………………215

第八章　利润分配管理………………219
第一节　利润分配概述…………………219
　　一、利润分配的概念………………219
　　二、利润分配原则…………………220
　　三、利润分配顺序…………………221
第二节　股利支付的程序与方式………222
　　一、股利支付的程序………………222
　　二、股利支付的方式………………223
第三节　股利分配的政策………………226

　　一、股利理论………………………226
　　二、影响股利政策的因素…………227
　　三、股利支付的类型………………229
第四节　股票股利、股票分割和
　　　　股票回购………………………231
　　一、股票股利………………………231
　　二、股票分割………………………231
　　三、股票回购………………………233
【本章小结】……………………………235
【课后习题】……………………………235

第九章　财务报表分析………………238
第一节　财务报表分析概述……………239
　　一、财务报表分析的概念…………239
　　二、财务报表分析的主体和
　　　　目的………………………………239
　　三、财务报表分析的方法…………240
第二节　基本的财务比率………………241
　　一、偿债能力比率…………………241
　　二、营运能力比率…………………244
　　三、盈利能力比率…………………246
　　四、发展能力比率…………………250
第三节　财务分析的综合应用…………252
　　一、杜邦财务分析体系……………252
　　二、沃尔比重评分法………………255
【本章小结】……………………………258
【课后习题】……………………………259

第十章　企业并购财务管理…………262
第一节　企业并购概述…………………263
　　一、并购的概念和形式……………263
　　二、企业并购的理论………………264
第二节　并购支付方式和融资方式……267
　　一、并购支付方式…………………267
　　二、并购资金融资方式……………270
第三节　企业并购的财务评价…………273
　　一、并购的绩效分析………………273
　　二、并购的成本与财务风险………275
【本章小结】……………………………278
【课后习题】……………………………278

第一章

财务管理概述

【知识目标】
1. 掌握财务管理的概念。
2. 理解财务管理的基本内容。
3. 掌握财务管理目标的主要观点。
4. 了解财务管理的环境和环节。
5. 熟悉财务管理的基本理论和基本流程。

案例导入

宏伟公司是一家从事IT产品开发的企业,由三位志同道合的朋友共同出资100万元,三人平分股权比例共同创立。企业发展初期,创始股东都以企业的长远发展为目标,关注企业的持续增长能力,所以,他们注重加大研发投入,不断开发新产品,这些措施有力地提高了企业的竞争力,使企业实现了营业收入的高速增长。在开始的几年间,销售业绩以年60%的递增速度提升。然而,随着利润的不断快速增长,三位创始股东开始在收益分配上产生了分歧。股东王力、张伟倾向于分红,而股东赵勇则认为应将企业取得的利益用于扩大再生产,以提高企业的持续发展能力,实现长远利益的最大化。由此产生的矛盾不断升级,最终导致坚持企业长期发展的赵勇被迫出让持有的1/3股份而离开企业。但是,此结果引起了与企业有密切联系的众多供应商和分销商的不满,因为他们许多人的业务发展壮大都与宏伟公司密切相关,他们深信宏伟公司的持续增长将为他们带来更多的机会。于是,他们表示如果赵勇离开企业,他们将断绝与宏伟公司的业务往来。面对这一情况,其他两位股东提出自己可以离开,条件是赵勇必须收购他们的股份。赵勇的长期发展战略需要较多投资,这样做将导致企业陷入没有资金维持生产的境地。这时,众多供应商和分销商伸出了援助之手,他们或者主动延长应收账款的期限,或者预付货款,最终赵勇又重新回到了企业,成为公司的掌门人。

经历了股权变更的风波后,宏伟公司在赵勇的领导下,不断加大投入,实现了企业规模化发展,在同行业中处于领先地位,企业的竞争力和价值不断提升。

案例来源:www.taodocs.com.

1. 赵勇坚持企业长远发展,而其他股东要求更多的分红,你认为赵勇的目标是否与股东财富最大化的目标相矛盾？

2. 拥有控制权的大股东与供应商和客户等利益相关者之间的利益是否矛盾，如何协调？

第一节　财务管理的概念和基本原则

　　财务管理是商品经济条件下企业最基本的管理活动，是企业组织财务活动、处理财务关系的一项综合性管理工作。为了更好地理解财务管理的概念，我们应先掌握和理解财务活动。

一、企业财务活动

　　企业财务活动主要包括筹资活动、投资活动、营运活动和分配活动。

(一) 筹资活动

　　在商品经济条件下，企业要想从事生产经营，首先必须解决的问题是通过什么方式、在什么时间筹集多少资金。筹资是企业为了满足投资和用资的需要而进行的筹措和集中资金的过程。在筹资过程中，企业通过发行股票、发行债券、吸收直接投资等方式筹措资金表现为企业资金的投入，而企业偿还借款、支付利息和股利以及付出各种筹资费用等则表现为企业资金的支出。这种因为资金筹集而产生的资金收支，便是由企业筹资引起的财务活动。

　　在筹资活动中，财务人员首先要预测企业需要多少资金、是通过发行股票取得资金还是向债权人借入资金、两种方式筹集的资金占总资金的比重应各为多少等。假设公司决定借入资金，那么是发行债券，还是从银行借入资金？资金应该是长期的，还是短期的？资金的偿付是固定的，还是可变的？财务人员面对这些问题时，一方面要保证筹集资金能满足企业经营与投资的需要；另一方面还要使筹资风险在企业的掌控之中，以保证即使外部环境发生变化，企业也不至于由于无法偿还债务而破产。

(二) 投资活动

　　投资是指企业根据项目资金需要投出资金的行为。企业投资可分为广义的投资和狭义的投资。

　　广义的投资包括对内投资和对外投资。企业筹集资金的目的是把资金用于生产经营活动中以取得盈利，进而不断增加企业价值。企业把筹集到的资金用于购置自身经营所需的固定资产、无形资产等活动，便形成企业的对内投资。企业把筹集到的资金投资用于购买其他企业的股票、债券，与其他企业联营进行投资以及收购另一家企业等活动，便形成企业的对外投资。企业无论是购买内部所需的各种资产，还是购买各种证券，都需要支出资金。当企业变卖其对内投资的各种资产或收回其对外投资时，会产生资金的收入。这种因企业投资而产生的资金的收支，便是由投资引起的财务活动。

　　在进行投资活动时，由于企业的资金是有限的，企业应尽可能地将资金投资在能带给企业最大报酬的项目上。由于投资通常在未来才能获得回报，所以，财务人员在分析投资方案时，不仅要分析投资方案的资金流入与资金流出，而且要分析公司为获得相应的报酬还需要等待的时间。当然，获得回报越早的投资项目越好。另外，投资项目几乎都是有风险的，即一个新的投资项目可能成功也可能失败。因此，财务人员需要找到一种方法对这种风险因素加以计量，从而判断选择哪个方案，放弃哪个方案，或者将哪些方案进行组合。

(三) 营运活动

企业在正常的经营过程中，会发生一系列的资金收支。首先，企业要采购材料或商品，以便从事生产或销售活动，同时还要支付工资和其他营业费用。其次，当企业将产品或商品售出后，便可取得收入、收回资金。再次，如果企业现有资金不能满足企业经营的需要，还要采取短期借款方式来筹集所需资金。上述各方面都会产生资金的收支，属于企业经营活动引起的财务活动。

在企业经营引起的财务活动中，主要涉及的是流动资产与流动负债的管理问题，其中关键是加速资金的周转。流动资金的周转与生产经营周期具有一致性。在一定时期内，资金周转越快，就可以利用相同数量的资金生产出更多的产品，取得更大的收入，获得更多的报酬。因此，如何加速资金的周转、提高资金的利用效率，是财务人员在这类财务活动中需要考虑的主要问题。

(四) 分配活动

企业在经营过程中会产生利润，也可能会因对外投资而分得利润，这表明企业有了资金的增值，或取得了投资报酬。企业的利润要按规定的程序进行分配。企业首先要依法纳税，其次要弥补亏损并提取盈余公积，最后要向投资者分配利润。这种资金收支便属于由利润分配引起的财务活动。

在分配活动中，财务人员需要确定股利支付率的高低，即将多大比例的税后利润用来支付给投资人。过高的股利支付率，会使较多的资金流出企业，从而影响企业再投资的能力。这时，如果企业遇到较好的投资项目，将有可能因为缺少资金而错失良机。而过低的股利支付率，又有可能引起投资人的不满。对于上市公司而言，这种情况可能导致股价的下跌，从而使公司价值下降。因此，财务人员要根据公司自身的具体情况确定最佳的分配政策。

上述财务活动的四个方面不是割裂、互不相关的，而是相互联系、相互依存的。这四个方面构成了完整的企业财务活动，也是财务管理的基本内容，即筹资管理、投资管理、营运资金管理和利润分配管理。

二、财务管理的概念

财务活动是构成企业经济活动的一个独立方面，具有自身运动规律的企业资金运动。财务管理是企业组织财务活动、处理财务关系的一项综合管理工作，是企业管理的重要组成部分。这里特别强调的是：①财务管理是人所做的一项工作，具有综合性，是企业管理工作的核心；②财务管理工作区别于其他经济管理工作主要在于财务管理工作是对企业资金运动的管理；③财务管理工作的一项重要内容就是财务活动。

对于现代企业而言，企业管理的核心是财务管理，而财务管理的中心是资金管理。企业财务管理者的重要使命就是要保证企业资金运动的顺利进行，保持资金量、资金结构和资金时间上的动态平衡。

三、财务管理基本原则

财务管理基本原则是从企业财务管理实践经验中总结出来，用以指导财务活动、处理财务关系的行为准则。财务管理作为一门应用学科，它有其自身的理论和规律性，但构成其理论和方法的主要有以下六项基本原则。

(一) 货币时间价值原则

货币时间价值是客观存在的经济范畴，它是指货币经历一段时间的投资和再投资所增加的价值。从经济学的角度看，即使在没有风险和通货膨胀的情况下，一定数量的货币资金在不同时点上也具有不同的价值。因此在数量上货币的时间价值相当于没有风险和通货膨胀条件下的社会平均资本利润率。今天的一元钱要大于将来的一元钱。货币时间价值原则在财务管理实践中得到广泛的运用。长期投资决策中的净现值法、现值指数法和内含报酬率法，都要运用到货币时间价值原则，筹资决策中比较各种筹资方案的资本成本、分配决策中利润分配方案的制定和股利政策的选择，营业周期管理中应付账款付款期的管理、存货周转期的管理、应收账款周转期的管理等，都充分体现了货币时间价值原则在财务管理中的具体运用。

(二) 资金合理配置原则

拥有一定数量的资金，是企业进行生产经营活动的必要条件，但任何企业的资金总是有限的。资金合理配置是指企业在组织和使用资金的过程中，应当使各种资金保持合理的结构和比例关系，保证企业生产经营活动的正常进行，使资金得到充分有效的运用，并从整体上(不一定是每一个局部)取得最大的经济效益。在企业的财务管理活动中，资金的配置从筹资的角度看表现为资本结构，具体表现为负债资金和所有者权益资金的构成比例，长期负债和流动负债的构成比例，以及内部各具体项目的构成比例。企业不但要从数量上筹集保证其正常生产经营所需的资金，而且必须使这些资金保持合理的结构比例关系。从投资或资金的使用角度看，企业的资金表现为各种形态的资产，各形态资产之间应当保持合理的结构比例关系，包括对内投资和对外投资的构成比例。对内投资中，流动资产投资和固定资产投资的构成比例、有形资产和无形资产的构成比例、货币资产和非货币资产的构成比例等；对外投资中，债权投资和股权投资的构成比例、长期投资和短期投资的构成比例等；以及各种资产内部的结构比例。上述这些资金构成比例的确定，都应遵循资金合理配置原则。

(三) 成本—效益原则

成本—效益原则就是要对企业生产经营活动中的所费与所得进行分析比较，将花费的成本与所取得的效益进行对比，使效益大于成本，产生"净增效益"。成本—效益原则贯穿企业的全部财务活动中。企业在筹资决策中，应将所发生的资本成本与所取得的投资利润率进行比较；在投资决策中，应将与投资项目相关的现金流出与现金流入进行比较；在生产经营活动中，应将所发生的生产经营成本与其所取得的经营收入进行比较；在不同备选方案之间进行选择时，应将所放弃的备选方案预期产生的潜在收益视为所采纳方案的机会成本与所取得的收益进行比较。在具体运用成本—效益原则时，应避免"沉没成本"对我们决策的干扰，"沉没成本"

是指已经发生、不会被以后的决策改变的成本。因此，我们在做各种财务决策时，应将其排除在外。

(四) 风险—报酬均衡原则

风险—报酬均衡原则是指决策者在进行财务决策时，必须对风险和报酬做出科学的权衡，使所冒的风险与所取得的报酬相匹配，达到趋利避害的目的。在筹资决策中，负债资本成本低，财务风险大；权益资本成本高，财务风险小。企业在确定资本结构时，应在资本成本与财务风险之间进行权衡。任何投资项目都有一定的风险，在进行投资决策时，企业必须认真分析影响投资决策的各种可能因素，科学地进行投资项目的可行性分析，在考虑投资报酬的同时考虑投资的风险。在具体进行风险与报酬的权衡时，由于不同的财务决策者对风险的态度不同，有的人偏好高风险、高报酬，有的人偏好低风险、低报酬，但每一个人都会要求风险和报酬相对等，不会去冒没有价值的无谓风险。

(五) 收支积极平衡原则

财务管理实际上是对企业资金的管理，量入为出、收支平衡是对企业财务管理的基本要求。资金不足，会影响企业的正常生产经营，坐失良机，严重时，会影响到企业的生存；资金多余，会造成闲置和浪费，给企业带来不必要的损失。收支积极平衡原则要求企业一方面要积极组织收入，确保生产经营和对内、对外投资对资金的正常合理需要，另一方面，要节约成本费用，压缩不合理开支，避免盲目决策。保持企业一定时期资金总供给和总需求动态平衡和每一时点资金供需的静态平衡。要做到企业资金收支平衡，在企业内部，要增收节支，缩短生产经营周期，生产适销对路的优质产品，扩大销售收入，合理调度资金，提高资金利用率；在企业外部，要保持同资本市场的密切联系，加强企业的筹资能力。

(六) 利益关系协调原则

企业是由各种利益集团组成的经济联合体。这些经济利益集团主要包括企业的所有者、经营者、债权人、债务人、国家税务机关、消费者、企业内部各部门和职工等。利益关系协调原则要求企业协调、处理好与各利益集团的关系，切实维护各方的合法权益，将按劳分配、按资分配、按知识和技能分配、按绩分配等多种分配要素有机结合起来。只有这样，企业才能营造一个内外和谐、协调的发展环境，充分调动各有关利益集团的积极性，最终实现企业价值最大化的财务管理目标。

第二节 财务管理的基本内容

财务管理是有关资金的筹集、投放和分配的管理工作，取决于企业的财务活动和财务关系，因此，财务管理的主要内容是投资决策、筹资决策、营运资本管理和股利分配决策四个方面。

一、投资决策

企业将筹集的资金,根据企业经营或投资的需要,进行对内与对外投资以获取未来收益或避免风险而进行的资金投放活动,即是企业的投资活动。投资管理主要是根据企业发展规划和总体目标,对企业的投资活动进行管理,研究和解决企业应在什么资产项目上投资,需要投放多少资金,并在权衡投资收益与风险的基础上,做出经济合理的抉择。

二、筹资决策

任何企业为了保证生产经营活动的正常进行和扩大再生产的需要,必须拥有一定数量的资金。筹资管理是对企业在资本市场上采用多种渠道、多种方式,从不同资金来源进行的筹资活动而产生的财务收支活动进行的管理,筹资活动中不仅要考虑资金来源的渠道和方式,还要计算所筹集资金的成本,按照成本效益原则和风险与收益均衡原则,考虑筹资风险,确定合理的资本结构等。

三、营运资本管理

营运资金是企业用于日常生产活动所垫付的资金。企业在日常生产活动中,会产生大量的财务收支活动,如采购材料或商品、支付工资和各项费用等;产品生产出来后,进行销售取得销售收入,实现资金的收回。复杂的生产经营活动也可能造成资金暂时不能满足企业的生产经营需要,企业则要采取短期筹资方式解决经营资金短缺问题。上述对企业营运资产的运用、短期资金的筹集等都属于营运资金的管理。

四、股利分配决策

企业通过投资活动和经营活动所产生的收入,在补偿成本、缴纳税金以后,即为企业的剩余收益(利润),企业实现的利润要依照法律,按照规定程序进行分配。资金分配有广义的分配和狭义的分配之分,广义的分配是指对企业各种收入的分配,狭义的分配是指企业净利润的分配,即将经营活动中产生的部分资金以利息、股息或红利的形式分配给企业的债权人、投资者。利润分配管理主要是企业利润的分配,即狭义的定义。

第三节 财务管理的目标

企业经营的最终目标就是创造价值,财务管理作为企业最基本的管理活动,企业财务管理目标是为企业创造价值服务。财务管理目标是在特定的理财环境中,通过组织财务活动,处理财务关系所要达到的目的。从根本上来说,财务管理目标是企业财务管理活动所希望实现的结果,取决于企业生存的目的或企业目标,取决于特定的社会经济模式,它是评价企业理财活动是否有效的基本标准，是企业财务管理工作的行为导向，是财务管理人员工作实践的出发点和归宿。

一、企业财务管理目标理论

根据现代企业财务管理的理论和实践，企业的财务管理目标有如下几种具有代表性的理论。

(一) 利润最大化

利润最大化是假设企业财务管理以实现利润最大化为目标。以利润最大化作为财务管理目标，主要是因为：①人类从事生产经营活动的目的是创造更多的剩余产品，在市场经济条件下，剩余产品的多少可以用利润这个指标来衡量；②在自由竞争的资本市场中，资本的使用权最终属于获利最多的企业；③只有每个企业都最大限度地创造利润，整个社会的财富才可能实现最大化，从而带来社会的进步和发展。

利润最大化目标的主要优点是：企业追求利润最大化，就必须进行经济核算，加强管理，改进技术，提高劳动生产率，降低产品成本。这些措施都有利于企业资源的合理配置，有利于企业整体经济的提高。

由于利润指标自身的局限性，以利润最大化作为财务管理目标存在以下缺陷。

(1) 没有考虑利润实现时间和资金时间价值。例如，今年的 10 万元的利润和 10 年以后同等数量的利润的实际价值是不同的，同时 10 年间还会有时间价值的增加，而且这一数值会因贴现率的不用而有所不同。

(2) 没有考虑风险问题。不同行业具有不同的风险，同等利润在不同行业中的意义也不同。例如，风险比较高的高科技企业和风险相对较小的制造企业无法简单比较。

(3) 没有反映创造的利润与投入的资本之间的关系。例如，A 企业投入 1000 万元，B 企业投入 500 万元，A、B 企业本年均获得利润为 200 万元，但是 A、B 企业的经营效果是不同的。

(4) 可能导致企业短期财务决策倾向，影响企业长远发展。由于利润指标通常按年计算，企业决策也往往服务于年度指标的完成或实现，而忽视了企业的长远利益。

(二) 股东财富最大化

股东财富最大化是指企业财务管理以实现股东财富最大化为目标。在上市公司，股东财富最大化是由其所拥有的股票数量和股票市场价格两方面决定的。在股票数量一定时，股票价格达到最高，股东财富也就达到最大。

股东财富最大化作为财务管理目标的主要优点如下。

(1) 考虑了风险因素，因为通常股价会对风险做出较敏感的反应。

(2) 在一定程度上能避免企业短期行为，因为不仅目前的利润会影响股票价格，其未来的利润同样会对股价产生重要影响。

(3) 对上市公司而言，股东财富最大化目标比较容易量化，便于考核和奖惩。

股东财富最大化作为财务管理目标的主要缺陷如下。

(1) 通常只适用于上市公司，非上市公司难以应用，因为非上市公司无法像上市公司一样随时准确获得公司股价。

(2) 股价的影响因素众多，特别是企业外部的因素，有些还可能是非正常因素。股价不能完全准确反映企业财务管理状况，如有的上市公司处于破产的边缘，但因为存在某些机会，其股票市价可能还在走高。

(3) 它强调得更多的是股东利益，而对其他相关者的利益重视不够。

(三) 企业价值最大化

企业价值最大化是企业财务管理行为以实现企业的价值最大化为目标。企业价值可以理解为企业所有者权益与负债的市场价值，或者是企业所能创造的预计未来现金流量的现值。未来现金流量包含了资金的时间价值和风险价值两个方面的因素。因为未来现金流量的预测包含了不确定性和风险因素，而现金流量的现值是以资金的时间价值为基础对现金流量进行折现计算得出的。

企业价值最大化作为财务管理目标的主要优点如下。

(1) 考虑了取得报酬的时间，并用时间价值的原理进行了计量。

(2) 考虑了风险与报酬的关系。

(3) 将企业长期、稳定发展和持续的获利能力放在了首位，能克服企业在追求利润上的短期行为，因为不仅目前利润会影响企业的价值，预期未来的利润对企业价值也会产生重大影响。

(4) 用价值代替价格，克服了过多受外界市场因素的干扰，有效地规避了企业的短期行为。

企业价值最大化作为财务管理目标的主要存在的缺点如下。

(1) 企业的价值过于理论化，不易操作。尽管对于上市公司，股票价格的变动在一定程度上反映了企业价值的变化，但它是多种因素共同作用的结果，特别是在资本市场效率低下的情况下，股票价格很难反映企业的价值。

(2) 对于非上市公司，只有对企业进行专门的评估才能确定其价值，而在评估企业资产时，由于受评估标准和评估方式的影响，很难做到客观和标准。

近年来，随着上市公司数量的增加及其在国民经济中地位的提升和作用的增强，企业价值最大化目标逐渐得到了广泛认可。

(四) 相关者利益最大化

在现代企业是多边契约关系的总和的前提下，要确立科学的财务管理目标，首先就要考虑哪些利益关系会对企业发展产生影响。在市场经济中，企业的理财主体更加细化和多元化。股东作为企业所有者，在企业中享有最大的权利和报酬，也相应地承担最大的义务和风险，但债权人、员工、企业经营者、客户、供应商和政府也为企业承担风险，主要体现在以下几个方面。

(1) 举债经营的企业越来越多的同时，举债比例和规模也不断扩大，债权人的风险也随之大大增加。

(2) 在社会分工细化的今天，由于简单劳动越来越少，复杂劳动越来越多，职工的再就业风险也不断增加。

(3) 在现代企业制度下，企业经理人受所有者委托，作为代理人管理和经营企业，在激烈的市场竞争和复杂多变的形势下，代理人所承担的责任越来越大，风险也随之加大。

(4) 在市场竞争和经济全球化的影响下，企业与客户以及企业与供应商之间不再是简单的买卖关系，更多的情况下是长期的伙伴关系，处于一条供应链上，并共同参与其他供应链的竞争,因而也与企业共同承担一部分风险。

(5) 政府不管作为投资人,还是作为监管机构,都与企业各方的利益密切相关。

相关者利益最大化目标的具体内容包括以下几个方面。

(1) 强调风险与报酬的均衡,将风险限制在企业可以承受的范围内。

(2) 强调股东的首要地位,并强调企业与股东之间的协调关系。

(3) 强调对代理人即企业经营者的监督和控制,建立有效的激励机制以便企业战略目标的顺利实施。

(4) 关心本企业普通职工的利益,创造和谐的工作环境和提供合理恰当的福利待遇,培养职工为企业长期努力工作。

(5) 不断加强与债权人的关系,培养可靠的资金供应者。

(6) 关心客户的长期利益,以便保持销售收入的长期稳定增长。

(7) 加强与供应商的协作,共同面对市场竞争,并注重企业形象的宣传,遵守承诺,讲究信誉。

(8) 保持与政府部门的良好关系。

相关者利益最大化作为财务管理目标的主要优点如下。

(1) 有利于企业长期稳定发展。这一目标注重企业在发展过程中考虑并满足各利益相关者的利益关系。在追求长期稳定发展的过程中,站在企业的角度进行投资研究,避免只站在股东的角度进行投资而可能导致的一系列问题。

(2) 体现了合作共赢的价值理念,有利于实现企业经济利益和社会效益的统一。由于兼顾了企业、股东、政府、客户等相关者的利益,企业就不仅仅是一个单纯谋利的组织,还承担了一定的社会责任。企业在寻求其自身的发展和利益最大化过程中,由于客户及其利益相关者的利益,就会依法经营,依法管理,正确处理各种财务关系,自觉维护和保障国家、集体和社会公众的合法权益。

(3) 这一目标本身是一个多元化、多层次的目标体系,较好地兼顾了各利益主体的利益。这一目标可使企业各利益主体相互作用、相互协调、并在使企业利益、股东利益达到最大化的同时,也使其他利益相关者的利益达到最大化。

(4) 体现了前瞻性和现实性的统一。例如,作为企业利益相关者之一,有其一套评价指标,如未来企业报酬贴现值、股东的评价指标可以使用股票市价、债权人可以寻求风险最小、利息最大、工人可以确保工资福利、政府可考虑社会效益等。不同的利益相关者有各自的指标,只要合理合法、互利互惠、相关协调,就可以实现所有相关者利益最大化。

相关者利益最大化是企业财务管理目标中最理想的一个目标。由于相关者利益最大化目标过于理想化,不易操作。企业一般采用股东财富最大化目标。

二、利益冲突与矛盾

协调相关者的利益冲突,要把握的原则是:尽可能使企业相关者的利益分配在数量上和时间上达到动态的协调平衡。而在所有的利益冲突协调中,所有者与经营者、所有者与债权人的利益冲突与协调至关重要。

(一) 所有者和经营者的利益冲突与协调

在现代企业中,经营者一般不拥有占支配地位的股权,他们只是所有者的代理人。所有者期望经营者代表他们的利益工作,实现所有者财富最大化,而经营者则有其自身的利益考虑,二者的目标经常会不一致。通常而言,所有者支付给经营者报酬的多少,取决于经营者能够为所有者创造多少财富。经营者和所有者的主要利益冲突是经营者希望在创造财富的同时,能够获取更多的报酬、更多的享受,并避免各种风险,而所有者则希望以较小的代价(支付较少报酬)实现更多的财富。

为了协调这一利益冲突,通常可采取以下方式解决。

1. 解聘

这是一种通过所有者约束经营者的办法。所有者对经营者予以监督,如果经营者绩效不佳,就解聘经营者;经营者为了不被解聘就需要努力工作,为实现财务管理目标服务。

2. 接收

这是一种通过市场约束经营者的办法。如果经营者决策失误、经营不力、绩效不佳,该企业就可能被其他企业强行接收或吞并,相应经营者也会被解聘。经营者想要避免这种接收,就必须努力实现财务管理目标。

3. 激励

激励就是将经营者的报酬与其绩效直接挂钩,以使经营者自觉采取提高所有者财富的措施。激励通常有以下两种方式。

(1) 股票期权。它是允许经营者以约定的价格购买一定数量的本企业股票的一种激励方法。股票的市场价格高于约定的部分就是经营者所得的报酬。经营者为了获得更大的股票涨价益处,就必然主动采取能够提高股价的行动,从而增加所有者财富。

(2) 绩效股。它是企业运用每股收益、资产收益率等指标来评价经营者绩效并视其绩效大小给予经营者数量不等的股票作为报酬的激励方式。如果经营者绩效未能达到规定目标,经营者将丧失原先持有的部分绩效股。这种方式使经营者不仅为了多得绩效股而不断采取能够提高经营绩效的措施,而且为了使每股市价最大化,也会采取各种措施使股票市价稳定上升,从而增加所有者财富。即使客观原因导致股价并未提高,经营者也会因为获取绩效股而获利。

(二) 所有者与债权人的利益冲突与协调

所有者的目标可能与债权人期望实现的目标相互矛盾。首先,所有者可能要经营者改变举债资金的原定用途,将其用于风险更高的项目,而这会增大偿债风险,债权人的负债价值也必然会降低,造成债权人风险与收益的不对称。因为高风险的项目一旦成功,额外的利润就会被所有者独享,但若失败,债权人却要与所有者共同负担损失。其次,所有者可能在未征得现有债权人同意的情况下,要求经营者举借新债,造成偿债风险增大,致使原有债权的价值降低。

所有者与债权人的上述利益冲突,可以通过以下方式解决。

1. 限制性借债

债权人通过事先规定借债用途限制、借债担保条款和借债信用条件,使使用者不能通过以上两种方式削弱债权人的债权价值。

2. 收回借款或停止借款

当债权人发现企业有侵蚀其债权价值的意图时，采取收回债权或不再给予新的借款的措施，从而保护自身权益。

第四节　财务管理的环境

财务管理环境又称理财环境，是企业在财务管理过程中所面对的各种客观条件和影响因素。企业财务活动的运作受理财活动的环境制约，不同的财务管理环境对企业财务管理有不同的影响。财务管理人员只有研究企业财务管理所处环境的现状和发展趋势，把握开展财务活动的有利条件和不利条件，才能为企业财务决策提供可靠的依据，更好地实现企业的财务管理目标。

财务管理环境是存在于企业外部，影响和制约企业财务活动的各种因素。财务管理环境涉及的范围很广，主要包括法律环境、经济环境、技术环境和金融环境。

一、法律环境

法律环境是企业和外部发生经济关系时，所应遵循的各种法律、法规和规章。企业的一切经济活动总是在一定的法律、法规范围内进行的。一方面，法律提出了企业从事一切经济活动所必须遵守的规范，从而对企业的经济行为进行约束；另一方面，法律为企业合法从事各项经济活动提供了保障。企业在各项财务活动中，必须遵守各种法规，在相关法律约束的前提条件下，完成财务管理职能，实现财务管理目标。

国家相关法律法规对财务管理的影响情况可以分为以下几类。

(1) 影响企业筹资的各种法律法规主要有公司法、证券法、金融法、证券交易法等。这些法律法规可以从不同方面规范或制约企业的筹资活动。

(2) 影响企业投资的各种法律法规主要有证券交易法、公司法、企业财务通则等。这些法律法规从不同角度规范企业的投资活动。

(3) 影响企业收益分配的各种法律法规主要有税法、公司法、企业财务通则等。这些法律法规从不同方面对企业收益分配进行了规范。

二、经济环境

在影响财务管理的各种外部环境中，经济环境是最重要的。经济环境是影响企业财务活动的各种经济因素，主要包括如下几点。

1. 经济发展水平

财务管理的发展水平和经济发展水平密切相关，经济发展水平越高，财务管理水平也就越高。财务管理水平的提高，将推动企业降低成本，改进效率，提高效益，从而促进经济发展水平的提高。而经济发展水平的提高，将改变企业的财务战略、财务理念、财务管理模式和财务管理的方法和手段，从而促进企业财务管理水平的提高。财务管理应当以经济发展水平为基础，以宏观经济发展目标为导向，从业务工作角度保证企业经营目标和经营战略的实现。

在经济市场条件下，经济发展总是带有一定的波动性，经济繁荣时期，市场需求旺盛，企业应扩大生产、开拓市场，此时需筹集大量资金满足投资扩张的需要；经济衰退时期，企业的产量和销量下降，当产品积压不能变现时，需要筹资以维持经营。企业应随时调整经营方向和筹措足够的资金，保证生产经营活动的正常进行。

2. 通货膨胀

通货膨胀主要是指货币购买力下降。通货膨胀对企业财务活动的影响是多方面的，主要表现在：货币需要量迅速增加、筹资成本增高、筹资难度增加、利润虚增等。为了避免通货膨胀给企业造成的损失，企业应当采取措施予以防范。在通货膨胀初期，货币面临着贬值的风险时，企业进行投资可以避免风险，实现资本保值；与客户应签订长期购货合同，以减少物价上涨造成的损失；取得长期负债，保持资本成本的稳定。在通货膨胀持续期间，企业可以采用比较严格的信用条件减少企业债权，也可调整财务政策防止减少企业资本流失。

3. 宏观经济调控政策

政府具有调控宏观经济发展的职能。为了实现经济体制改革的目标，协调国民经济的迅速发展，我国已经并正在进行的财税体制、金融体制、外汇体制、外贸体制、价格体制、投资体制等方面的改革，都直接影响到企业的发展和财务活动的进行，如财税政策会影响到企业的资金结构和投资项目的选择等。而且这些政策会因经济状况的变化而调整，这就要求财务管理人员按照这些宏观改革政策规划企业的财务行为。

4. 经济体制

在计划经济体制下，国家统筹企业资本、统一投资、统负盈亏，企业利润统一上缴、亏损全部由国家补贴，企业虽是一个独立的核算单位但无独立的理财权利，财务管理活动的内容比较单一，财务管理方法比较简单。在市场经济体制下，企业成为"自主经营、自负盈亏"的经济实体，有独立的经营权，同时也有独立的理财权。企业可以从其自身需求出发，合理确定资本需要量，然后到市场上筹集资本，再把筹集到的资本投放到高效益的项目上获取更大的收益，最后将收益根据需要和可能进行分配，保证企业财务活动自始至终根据自身条件和外部环境做出各种财务管理决策并组织实施。因此，财务管理活动的内容比较丰富，方法也复杂多样。

5. 经济周期

市场经济条件下，经济发展和运行带有一定的波动性，大体上经历复苏、繁荣、衰退和萧条几个阶段的循环，这种循环称之为经济周期。

处在经济周期的不同阶段，企业应采取不同的财务管理战略。根据西方财务学者研究的经济周期中不同阶段的财务管理战略，归纳出以下基本要点，如表1-1所示。

表1-1　经济周期中不同阶段的财务管理战略

复苏	繁荣	衰退	萧条
1. 增加厂房设备	1. 扩充厂房设备	1. 停止扩展	1. 建立投资标准
2. 实行长期租赁	2. 继续建立存货	2. 出售多余设备	2. 保持市场份额
3. 建立存货储备	3. 提高产品价格	3. 停产不利产品	3. 压缩管理费用
4. 开发新产品	4. 开展营销计划	4. 停止长期采购	4. 放弃次要利益
5. 增加劳动力	5. 增加劳动力	5. 削减存货	5. 削减存货
		6. 停止扩招雇员	6. 裁减雇员

三、技术环境

财务管理的技术环境是指财务管理得以实现的技术手段和技术条件。它决定着财务管理的效率和效果。在企业内部，会计信息主要是提供给管理层决策使用，而在企业外部，会计信息则主要是为企业的投资者、债权人等群体提供服务。

四、金融环境

金融环境的变化必然影响企业的筹资、投资和资金运营活动。影响财务管理的金融环境因素主要有金融机构、金融工具和金融市场。

1. 金融机构

社会资金从资金供应者手中转移到资金需求者手中，大多要通过金融机构。金融机构可分为银行金融机构和非银行金融机构。银行是指经营存款、放款、汇兑、储蓄等金融业务，承担信用中介的金融机构，包括各种商业银行和政策性银行，如中国工商银行、中国农业银行、中国银行、中国建设银行、国家开发银行、中国农业发展银行等。非银行金融机构主要包括保险公司、信托投资公司、证券公司、财务公司、金融资产管理公司、金融租赁公司等。

2. 金融工具

金融工具是指融通资金双方在金融市场上进行资金交易、转让的工具。借助金融工具，资金从供给方转移到需求方。金融工具分为基本金融工具和衍生金融工具两大类。常见的基本金融工具有货币、票据、债券、股票等。衍生金融工具又称派生金融工具，是在基本金融工具的基础上通过特定技术设计形成的新的融资工具，如各种远期合约、互换、掉期、资产支持证券等，种类非常复杂多样，具有高风险、高杠杆效应的特点。

3. 金融市场

金融市场是指资金供应者和资金需求者双方通过一定的金融工具进行交易而融通资金的场所。金融市场包括资金供应者和资金需求者、金融工具、交易价格、组织方式等构成要素。金融市场为企业融资和投资提供了场所，可以帮助企业实现长短期资金转换、引导资本流向和流量，提高资本效率。

金融市场可以按照不同的标准进行如下分类。

(1) 货币市场和资本市场。以期限为标准,金融市场可分为货币市场和资本市场。货币市场又称短期金融市场,是指以期限在1年以内的金融工具为媒介并进行短期资金融通的市场,包括同业拆借市场、票据市场、大额定期存单市场和短期债券市场。货币市场的主要功能是调节短期资金融通。资本市场又称长期金融市场,是指以期限在1年以上的金融工具为媒介并进行长期资金交易活动的市场,包括股票市场和债券市场。资本市场的主要功能是实现长期资本融通。

(2) 发行市场和流通市场。以功能为标准,金融市场又分为发行市场和流通市场。发行市场又称为一级市场,主要处理金融工具的发行与最初购买者之间的交易。流通市场又称为二级市场,主要处理现有金融工具转让和变现的交易。

(3) 资本市场、外汇市场和黄金市场。以融资对象为标准,金融市场又分为资本市场、外汇市场和黄金市场。资本市场以货币和资本为交易对象;外汇市场以各种外汇金融工具为交易对象;黄金市场主要集中进行黄金买卖和金币兑换的交易市场。

(4) 基础性金融市场和金融衍生品市场。按所交易金融工具的属性,金融市场可分为基础性金融市场与金融衍生品市场。基础性金融市场是指以基础性金融产品为交易对象的金融市场,如商业票据、企业债券、企业股票的交易市场。金融衍生品交易市场是以金融衍生品为交易对象的金融市场,如远期、期货、期权及具有远期、期货、期权中的一种或多种特征的结构化金融工具的交易市场。

(5) 地方性金融市场、全国性金融市场和国际性金融市场。以地理范围为标准,金融市场可分为地方性金融市场、全国性金融市场和国际性金融市场。

第五节　财务管理的环节

财务管理环节是企业财务管理的工作步骤与一般工作程序。一般而言,企业财务管理包括以下环节。

一、财务预测

财务预测是根据企业财务活动的历史资料,考虑现实的要求和条件,对企业未来的财务活动做出较为具体的预计和测算的过程。财务预测是进行财务决策的基础,预测的准确程度将直接影响财务决策的正确性,从而对公司理财目标的实现产生重要影响。因此,公司应尽可能用科学的方法对公司财务活动的过程和结果进行准确的预测。

财务预测的内容涉及公司财务活动的全过程,主要包括总资产和各种具体资产需要预测、不同筹资方案的筹资成本和筹资风险预测、不同投资方案的投资收益和投资风险预测等内容。财务预测的主要方法有定性预测法和定量预测法两种。定性预测主要利用直观材料,依靠个人的主观判断和综合分析能力,对事物未来的状况和趋势做出预测的一种方法;定量预测法,首先需要根据公司的历史财务资料建立数学模型,再根据公司的外部环境和内部条件的变化对公司的历史财务资料建立数学模型进行适当的修正,最后再根据修正后的数据模型推测公司未来的财务活动过程和结果。

二、财务决策

财务决策是财务人员按照财务目标的总体要求,利用专门方法对各种备选方案进行比较分析,并从中选出最佳方案的过程。财务管理的核心是财务决策,财务预测是为财务决策服务的,决策成功与否直接关系到企业的兴衰成败。

一个财务决策系统由决策者、决策对象、信息、决策理论与方法以及决策结果五个要素构成。财务决策工作的主要步骤包括:确定决策目标、提出备选方案和方案优选等。

财务决策有多种分类方法,每一种分类方法分别用来研究和解决不同的问题,决策按能否程序化,可以分为程序化决策和非程序化决策。按照决策影响所涉及的时间长短,决策可以分为长期决策和短期决策;按照决策所涉及的内容,决策可以分为投资决策、筹资决策、用资决策和股利决策。

三、财务预算

财务预算是指运用科学的技术手段和数量方法,对未来财务活动的内容及指标进行规划。财务预算是以财务决策确立方案和财务预测提供的信息为基础编制的,是财务预测和财务决策的具体化,是控制财务活动的依据。

财务预算工作的主要步骤包括:分析财务环境,确定预算目标;协调财务能力,组织综合平衡;选择预算方法,编制财务预算。

企业财务预算应纳入到企业全面预算体系中去,它是构成企业全面预算体系的重要组成方法。

四、财务控制

财务控制就是对财务预算和计划的执行进行追踪监督、对执行过程中出现的偏差进行调整和修正,以保证预算的实现。财务控制在财务管理工作中,利用有关信息和特定手段,对企业财务活动所实施的影响活动进行的调节。实行财务控制是落实预算任务、保证预算实现的有效措施。

财务控制一般要经过以下步骤:①制定控制标准,分解落实责任;②实施追踪控制,及时调整差异;③分析执行情况,搞好考核奖惩。

财务控制是企业内部控制和风险管理的一个重要方面,风险控制和管理就是要预测风险发生的可能性、尽可能地提出预警方案、确定和甄别风险、采取有效措施规避和化解风险所带来的危害等。财务控制的方法和手段包括授权批准控制、职务分离控制、全面预算控制、财产保全控制、标准成本控制、责任会计控制、业绩评价控制等。

五、财务分析

财务分析是根据核算资料,运用特定方法,对企业财务活动过程及结果进行分析和评价的一项工作。财务分析既是对已完成的财务活动的总结,也是财务预测的前提,在财务管理的循环中起着承上启下的作用。通过财务分析，可以掌握各项财务计划的完成情况，评价财务状况，研究和掌握企业财务活动的规律性，改善财务预测、决策、预算和控制，改善企业的管理水平，提高企业经济效益。

财务分析一般包括以下步骤：①收集资料，掌握信息；②指标对比，揭露矛盾；③分析原因，明确责任；④提出措施，改进工作。

财务分析包括财务指标分析和综合分析。用以分析和评价企业财务状况与经营成果的分析指标，主要包括偿债能力指标、营运能力指标、盈利能力指标和发展能力指标。财务分析的方法主要包括趋势分析法、比率分析法和因素分析法。

【本章小结】

本章重点阐述了财务管理的基本理论，主要包括财务管理的基本原则、财务管理的目标、财务管理的环境以及财务管理的环节。

财务管理是商品经济条件下企业最基本的管理活动，是企业组织财务活动、处理财务关系的一项综合性管理工作。其基本原则主要包括货币时间价值原则、资金合理配置原则、成本—效益原则、风险—报酬均衡原则、收支积极平衡原则和利益关系协调原则。

财务管理的主要内容是投资决策、筹资决策、营运资本管理和股利分配决策四个方面。

企业财务管理目标是为企业创造价值服务的，它是在特定的理财环境中，通过组织财务活动，处理财务关系所要达到的目的。企业的财务管理目标具有代表性的理论主要有利润最大化、股东财富最大化、企业价值最大化和相关者利益最大化。

财务管理环境是企业在财务管理过程中所面对的各种客观条件和影响因素，企业财务活动的运作受理财活动的环境制约，不同的财务管理环境对企业财务管理有不同的影响。财务管理环境主要包括法律环境、经济环境、技术环境和金融环境。

财务管理环节是企业财务管理的工作步骤与一般工作程序。一般而言，企业财务管理包括财务预测、财务决策、财务预算、财务控制和财务分析五个环节。

【课后习题】

一、单选题

1. 根据财务管理理论，企业在生产经营活动过程中客观存在的资金运动及其所体现的经济利益关系被称为(　　)。

　　A. 企业财务管理　　　B. 企业财务活动　　C. 企业财务关系　　　D. 企业财务

2. 假定甲公司向乙公司赊销产品，并持有丙公司债券和丁公司的股票，且向戊公司支付公司债券利息。假定不考虑其他条件，从甲公司的角度看，下列各项中属于本企业与债权人之间财务关系的是(　　)。

　　A. 甲公司与乙公司之间的关系　　　　　　B. 甲公司与丙公司之间的关系

　　C. 甲公司与丁公司之间的关系　　　　　　D. 甲公司与戊公司之间的关系

3. 相对于每股收益最大化目标而言，企业价值最大化目标的不足之处是(　　)。
   A. 没有考虑资金的时间价值　　　B. 没有考虑投资的风险价值
   C. 不能反映企业潜在的获利能力　　D. 某些情况下确定比较困难
4. 在下列各项中，能够反映上市公司价值最大化目标实现程度的最佳指标是(　　)。
   A. 总资产报酬率　　B. 净资产收益率　　C. 每股市价　　D. 每股利润
5. 如果社会平均利润率为10%，通货膨胀附加率为2%，风险附加率为3%，则纯利率为(　　)。
   A. 12%　　　B. 8%　　　C. 5%　　　D. 7%
6. 以每股收益最大化作为财务管理目标，其优点是(　　)。
   A. 考虑了资金的时间价值
   B. 考虑了投资的风险价值
   C. 有利于企业克服短期行为
   D. 反映了创造的利润与投入的资本之间的关系
7. 下列各项经济活动中，属于企业狭义投资的是(　　)。
   A. 购买设备　　　　　　　　　B. 购买零部件
   C. 购买供企业内部使用的专利权　D. 购买国库券
8. 财务管理的核心是(　　)。
   A. 财务预测　　B. 财务决策　　C. 财务预算　　D. 财务控制
9. 下列属于决定利率高低的主要因素是(　　)。
   A. 国家财政政策　　　　　　　B. 资金的供给与需求
   C. 通货膨胀　　　　　　　　　D. 国家货币政策
10. 下列说法不正确的是(　　)。
    A. 基准利率是指在多种利率并存的条件下起决定作用的利率
    B. 套算利率是指各金融机构根据基准利率和借贷款项的特点而换算出的利率
    C. 固定利率是指在借贷期内固定不变的利率，浮动利率是指在借贷期内可以调整的利率
    D. 基准利率是指由政府金融管理部门或者中央银行确定的利率

二、多选题

1. 下列各项中，属于企业资金营运活动的有(　　)。
   A. 采购原材料　　B. 销售商品　　C. 购买国库券　　D. 支付利息
2. 为确保企业财务目标的实现，下列各项中，可用于协调所有者与经营者矛盾的措施有(　　)。
   A. 所有者解聘经营者　　　　　　B. 所有者向企业派遣财务总监
   C. 公司被其他公司接收或吞并　　D. 所有者给经营者"股票期权"
3. 下列各项中，可用来协调公司债权人与所有者矛盾的方法有(　　)。
   A. 规定借款用途　　　　　　　B. 规定借款的信用条件
   C. 要求提供借款担保　　　　　D. 收回借款或不再借款
4. 在下列各项中，属于财务管理经济环境构成要素的有(　　)。
   A. 经济周期　　　　　　　　　B. 经济发展水平

C. 宏观经济政策　　　　　　　　　D. 公司治理结构
5. 有效的公司治理，取决于公司(　　)。
　　A. 治理结构是否合理　　　　　　B. 治理机制是否健全
　　C. 财务监控是否到位　　　　　　D. 收益分配是否合理
6. 在下列各项中，属于企业财务管理的金融环境内容的有(　　)。
　　A. 利息率　　　B. 公司法　　　C. 金融工具　　　D. 税收法规
7. 利率作为资金这种特殊商品的价格，其影响因素有(　　)。
　　A. 资金的供求关系　B. 经济周期　C. 国家财政政策　D. 国际经济政治关系
8. 关于经济周期中的经营理财策略，下列说法正确的是(　　)。
　　A. 在企业经济复苏期企业应当增加厂房设备
　　B. 在企业经济繁荣期企业应减少劳动力，以实现更多利润
　　C. 在经济衰退期企业应减少存货
　　D. 在经济萧条期企业应裁减雇员
9. 金融工具是指能够证明债权债务关系或所有权关系并据以进行货币资金交易的合法凭证。金融工具的特征包括(　　)。
　　A. 期限性　　　B. 流动性　　　C. 风险性　　　D. 稳定性
10. 按利率之间的变动关系，利率可以分为(　　)。
　　A. 固定利率　　B. 浮动利率　　C. 基准利率　　D. 套算利率

三、判断题

1. 民营企业与政府之间的财务关系体现为一种投资与受资关系。　　　　　(　　)
2. 财务管理环境是指对企业财务活动和财务管理产生影响作用的企业各种外部条件的统称。　　　　　　　　　　　　　　　　　　　　　　　　　　　　(　　)
3. 以企业价值最大化作为财务管理目标，有利于社会资源的合理配置。　　(　　)
4. 在协调所有者与经营者矛盾的方法中，"接收"是一种通过所有者来约束经营者的方法。　　　　　　　　　　　　　　　　　　　　　　　　　　　　(　　)
5. 如果资金不能满足企业经营需要，还要采取短期借款方式来筹集所需资金，这属于筹资活动。　　　　　　　　　　　　　　　　　　　　　　　　　　　(　　)
6. 企业价值最大化目标，就是实现所有者或股东权益的最大化，但是忽视了相关利益群体的利益。　　　　　　　　　　　　　　　　　　　　　　　　　(　　)
7. 企业是由股东投资形成的，因此，在确定企业财务管理的目标时，只需考虑股东的利益。　　　　　　　　　　　　　　　　　　　　　　　　　　　　(　　)
8. 公司治理结构和治理机制的有效实现是离不开财务监控的，公司治理结构中的每一个层次都有监控的职能，从监控的实务来看，最终要归结为财务评价。　　(　　)
9. 公司治理机制是治理结构在经济运行中的具体表现，具体表现为公司章程、董事会议事规则、决策权力分配等一系列内部控制制度。　　　　　　　　　　(　　)
10. 金融工具是指能够证明债权债务关系并据以进行货币资金交易的合法凭证，金融工具的流动性是指金融工具在必要时迅速转变为现金的能力。　　　　　(　　)

第二章

财务管理的基本观念

【知识目标】
1. 理解货币时间价值的含义和风险的概念。
2. 理解复利和年金的含义，理清复利、年金与货币时间价值的关系。
3. 理解复利和普通年金、预付年金、递延年金及永续年金终值和现值的计算和运用。
4. 理解年偿债基金和年资本回收额的概念及计算。
5. 了解风险的类型划分、投资收益率的计算和风险的衡量。
6. 理解资本资产定价模型及相关应用。

案例导入

甲公司由于生产需要，拟购入一台机器设备，销售方现提出如下三种付款方案供甲公司选择。
1. 现在一次性付款100万元。
2. 三年后一次性付款130万元。
3. 从现在开始的每年末付款40万元，一共支付三年。
已知折现率为10%，复利计息。
请帮甲公司选择最合理的付款方案。

该案例就是货币时间价值在企业决策中的应用，学习完本章知识后，大家将可以为甲公司做出合理的付款选择。

第一节 货币时间价值

一、货币时间价值概述

货币时间价值是指在没有风险和没有通货膨胀的情况下，货币经历一定时间的投资和再投资所增加的价值。

资金的时间价值来源于企业,企业将资金投入生产,产出产品销售之后获得利润以及资金的回流形成资金增值,每完成一次资金的周转循环就会有相应的增值。因此随着时间的推移,货币不断产生增值,这就表现出货币的时间价值。

货币时间价值可以有绝对数和相对数两种表示形式。当使用绝对数表示的时候,货币时间价值通常表示为利息,但是由于不同企业的投资规模不同,如果仅用绝对数表示就无法在不同企业之间进行衡量。货币时间价值的另一种表现形式为利率,利率是相对数指标,当使用利率指标进行衡量时,可以排除投资规模不同的因素,这样就使得数据横向之间更具有可比性。在实务工作中,我们也将用相对数表示的货币时间价值指标称为纯利率。纯利率是指在没有风险和没有通货膨胀情况下的资金市场的平均利率。在没有通货膨胀情况下,我们可以将短期国债利率视为纯利率。

需要说明的是,当企业将资金投入生产经营的时候,货币所获得的增值并不完全是货币的时间价值,这是因为所有的投资都不可避免地面对风险,企业也不可避免地去面对通货膨胀对货币实际购买力的影响,因此企业在投资过程中所获得的增值(投资收益率)包含了货币时间价值、通货膨胀补贴和风险收益率。

由于货币存在时间价值,致使同样金额的资金在不同时点上其价值也是不相同的。这就是我们经常在财务成本管理里面表述的今天的一元钱和明天的一元钱不等值。因此,我们在评价经营业绩或者项目决策时,不能简单地将不同时间点的资金进行加总比较。为了比较不同时间点的资金,我们必须要将不同时间的资金换算到同一时间点进行比较,以做出合理决策。

货币时间价值的原理揭示了不同时间点上资金之间的数量换算关系,既可对不同时间点上的资金进行加总比较,又可确定未来现金流量的现值。

二、货币时间价值中的相关概念

现金流量时间轴:计算货币时间价值需要弄清楚资金的时间和方向,即每一笔资金是在什么时间流入或者流出。通过现金流量时间轴可以直观、便捷地反映资金的运动时间及方向,如图2-1所示。

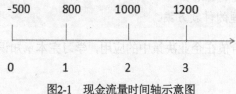

图2-1 现金流量时间轴示意图

图中横轴为时间轴,数字表示各期的时点。0时点代表第一期期初;1时点代表一期期末,同时也代表第二期期初……此现金流量时间轴表示0时点支出500元,第一年年末现金流入800元,第二年年末现金流入1000元,第三年年末现金流入1200元。同时,此现金流量时间轴也可以表示为第一年年初现金流出500元,第二年年初现金流入800元,第三年年初现金流入1000元,第四年年初现金流入1200元。

现值(present value):指在一定利率水平下,将未来某一时期一定数额的资金折合成现在时点货币量的价值。现值通常用 P 表示。

终值(future value)：指在一定利率水平下，将现在一定数额的资金折合成未来某一时点货币量的价值。终值通常用 F 表示。

利率：在计算现值或终值时所使用的折现率。利率通常用 i 表示。

期数：在计算现值或终值时所经历的期数。期数通常用 n 表示。

单利计息：指一定期间内只根据本金计算利息。当期产生的利息在下一期不作为新本金，不重复计算利息，计息的基础始终不变的计息方式。

例如，本金 10 000 元，年利率 10% 的 2 年期定期存单，如果是单利计息，则两年之后一共能获得的利息为

第一年利息 $= 10\,000 \times 10\% = 1000(元)$

第二年利息 $= 10\,000 \times 10\% = 1000(元)$

两年利息合计 $= 1000 + 1000 = 2000(元)$

复利计息：指一定期间内不仅本金要计算利息，利息也要计算利息。当期产生的利息在下一期会和原本金合在一起成为新的本金，并根据新的本金计算利息的一种计息方式。

【例 2-1】本金 10 000 元，年利率 10% 的 2 年期定期存单，如果是复利计息，则两年之后一共能获得的利息为

第一年利息 $= 10\,000 \times 10\% = 1000(元)$

第二年利息 $= (10\,000 + 1000) \times 10\% = 1100(元)$

两年利息合计 $= 1000 + 1100 = 2100(元)$

我们发现同样的条件下复利计息比单利计息多产生了 100 元的利息，是由于在复利计息的情况下第一年末产生的 1000 元的利息在第二年又产生了 10% 的利息。这就是通常所说的"利滚利"。

三、货币时间价值的计算

(一) 复利终值

复利终值是指将现在的特定时点的资金按照复利计算的方法，折算到将来某一时点的价值。也就是说，现在投入一定的本金，按照复利计算方法，将来可获得的本利和。

【例 2-2】某人年初将 10 000 元存入银行，假如年利率为 10%，计算一年后、两年后和三年后的本利和。

一年后的本利和 $F_1 = 10\,000 \times (1+10\%) = 10\,000 \times (1+10\%)^1 = 11\,000(元)$

两年后的本利和 $F_2 = 10\,000 \times (1+10\%) \times (1+10\%) = 10\,000 \times (1+10\%)^2 = 12\,100(元)$

三年后的本利和 $F_3 = 10\,000 \times (1+10\%) \times (1+10\%) \times (1+10\%) = 10\,000 \times (1+10\%)^3$
$= 13\,310(元)$

以此类推，第 n 年后的本利和 $F_n = 10\,000 \times (1+10\%)^n$。

得出的复利终值公式应为

$$F = P \times (1+i)^n$$

式中：P——现值；

F——终值；

i——利率；

n——计息期数。

其中 $(1+i)^n$ 为复利终值系数，用符号 $(F/P, i, n)$ 表示。

因此，复利终值的计算公式也可以表示为

$$F = P \times (F/P, i, n)$$

其中 $(F/P, i, n)$ 利用复利终值系数表查表可得。

其含义是在利率 i 的条件下，现在的 1 元和 n 期后的 $(1+i)^n$ 元在经济上等效。

【例2-3】现将 10 000 元存入银行，年利率为 6%，每年复利 1 次，复利终值系数如表 2-1 所示，5 年后复利终值是多少？

表2-1 复利终值系数表

期数	1%	2%	3%	4%	5%	6%	7%	8%	9%	10%
4	1.0406	1.0824	1.1255	1.1699	1.2155	1.2625	1.3108	1.3605	1.4116	1.4641
5	1.0510	1.1041	1.1593	1.2167	1.2763	1.3382	1.4026	1.4693	1.5386	1.6105

$$F_5 = 10\,000 \times (1+6\%)^5 = 13\,382(元)$$
$$F_5 = 10\,000 \times (F/P, 6\%, 5) = 10\,000 \times 1.3382 = 13\,382(元)$$

【例2-4】现将 10 000 元存入银行，年利率为 6%，每年复利 2 次，复利终值系数如表 2-2 所示，5 年后复利终值是多少？

表2-2 复利终值系数表

期数	1%	2%	3%	4%	5%	6%	7%	8%	9%	10%
9	1.0937	1.1951	1.3048	1.4233	1.5513	1.6895	1.8385	1.9990	2.1719	2.3579
10	1.1046	1.2190	1.3439	1.4802	1.6289	1.7908	1.9672	2.1589	2.3674	2.5937

$$F_{10} = 10\,000 \times (1+3\%)^{10} = 13\,439(元)$$
$$F_{10} = 10\,000 \times (F/P, 3\%, 10) = 10\,000 \times 1.3439 = 13\,439(元)$$

(二) 复利现值

复利现值是复利终值的对称概念。它是指未来某一时点将特定资金按复利计算方法折算到现在的价值，也可以理解为为了在将来某一时点取得一定的本利和，按复利计算，现在需投入多少本金。

由于复利终值和复利现值互为逆运算，则根据复利终值公式可以得出复利现值的公式：

$$P = F \times (1+i)^{-n}$$

其中 $(1+i)^{-n}$ 为复利现值系数，用符号 $(P/F, i, n)$ 表示。

因此，复利现值的计算公式也可以表示为

$$P = F \times (P/F, i, n)$$

其中 $(P/F, i, n)$ 利用复利现值系数表查表可得。

其含义是在利率 i 的条件下，n 期后的 1 元和现在的 $(1+i)^{-n}$ 元在经济上等效。

【例 2-5】某人计划 5 年之后从银行取出 13 382 元，若年利率为 6%，每年复利 1 次，复利现值系数如表 2-3 所示，则现在需要向银行存入多少？

表2-3 复利现值系数表

期数	1%	2%	3%	4%	5%	6%	7%	8%	9%	10%
4	0.9610	0.9238	0.8885	0.8548	0.8227	0.7921	0.7629	0.7350	0.7084	0.6830
5	0.9515	0.9057	0.8626	0.8219	0.7835	0.7473	0.7130	0.6806	0.6499	0.6209

$$P_5 = 13\,382 \times (1+6\%)^{-5} = 10\,000(元)$$
$$P_5 = 13\,382 \times (P/F, 6\%, 5) = 13\,382 \times 0.7473 = 10\,000(元)$$

【例 2-6】某人计划 5 年之后从银行取出 13 439 元，若年利率为 6%，每年复利 2 次，复利现值系数如表 2-4 所示，则现在需要向银行存入多少？

表2-4 复利现值系数表

期数	1%	2%	3%	4%	5%	6%	7%	8%	9%	10%
9	0.9143	0.8368	0.7664	0.7026	0.6446	0.5919	0.5439	0.5002	0.4604	0.4241
10	0.9053	0.8203	0.7441	0.6756	0.6139	0.5584	0.5083	0.4632	0.4224	0.3855

$$P_{10} = 13\,439 \times (1+3\%)^{-10} = 10\,000(元)$$
$$P_{10} = 13\,439 \times (P/F, 3\%, 10) = 13\,439 \times 0.7441 = 10\,000(元)$$

通过以上讲解 我们可以得出以下结论。

(1) 复利现值与复利终值互为倒数关系。

(2) 复利计息频率对终值和现值都有影响。

(3) 通过查看复利终值系数表可得知当期数相同，利率越高，复利终值系数越大；若利率相同，期数越长，复利终值系数越大。

(4) 通过查看复利现值系数表可得知当期数相同，利率越高，复利现值系数越小；若利率相同，期数越长，复利现值系数越小。

(三) 不等额系列收付款项的复利现值和终值的计算

我们之前所讨论的例题中只涉及了一个终值和一个现值的问题，属于一次性资金的收付。但是在实际工作中，我们通常需要计算的是一系列资金收付所产生的复利终值与复利现值的问题。

我们先列举一个不等额收付的例题。

【例2-7】某公司为购买一项固定资产与供应商达成了如下付款条件：在接下来的三年里，第一年年末支付 300 万元，第二年年末支付 400 万元，第三年年末支付 500 万元，假设年利率为 6%，复利计息，现金流量图如图 2-2 所示，求相当于三年后一次性支付多少设备款？

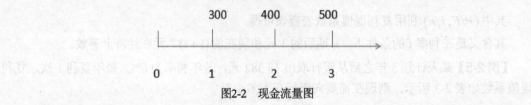

图2-2 现金流量图

如果需要计算三年后一次性支付多少设备款，相当于计算多个复利终值。复利终值系数如表 2-5 所示。

表2-5 复利终值系数表

期数	1%	2%	3%	4%	5%	6%	7%	8%	9%	10%
1	1.01	1.02	1.03	1.04	1.05	1.06	1.07	1.08	1.09	1.1
2	1.0201	1.0404	1.0609	1.0816	1.1025	1.1236	1.1449	1.1664	1.1881	1.21
3	1.0303	1.0612	1.0927	1.1249	1.1576	1.191	1.225	1.2597	1.295	1.331

第一年末支付的300万元，计算到第三年末 $F = 300 \times (F/P, 6\%, 2) = 300 \times 1.1236 = 337.08$(万元)；

第二年末支付的400万元，计算到第三年末 $F = 400 \times (F/P, 6\%, 1) = 400 \times 1.06 = 424$(万元)；

第三年末支付的500万元，计算到第三年末 $F = 500 \times (F/P, 6\%, 0) = 500 \times 1 = 500$(万元)。

故相当于三年之后一次性支付 1261.08 万元。

【例2-8】承上例，请计算在该种付款方式下，相当于现在一次性支付多少设备款。

如果需要计算现在一次性支付多少设备款，相当于计算多个现值。复利现值系数如表 2-6 所示。

表2-6 复利现值系数表

期数	1%	2%	3%	4%	5%	6%	7%	8%	9%	10%
1	0.9901	0.9804	0.9709	0.9615	0.9524	0.9434	0.9346	0.9259	0.9174	0.9091
2	0.9803	0.9612	0.9426	0.9246	0.9070	0.8900	0.8734	0.8573	0.8417	0.8264
3	0.9706	0.9423	0.9151	0.8890	0.8638	0.8396	0.8163	0.7938	0.7722	0.7513

第一年末支付的300万元，计算到第一年年初 $P = 300 \times (P/F, 6\%, 1) = 300 \times 0.9434 = 283.02$(万元)；

第二年末支付的400万元，计算到第一年年初 $P = 400 \times (P/F, 6\%, 2) = 400 \times 0.89 = 356$(万元)；

第三年末支付的500万元，计算到第一年年初 $P = 500 \times (P/F, 6\%, 3) = 500 \times 0.8396 = 419.8$(万元)。

故相当于现值一次性支付 1058.82 万元。

通过例题我们不难发现，一系列不等额支付的复利终值或复利现值的计算就是每期支付的复利终值或者复利现值的简单相加。

同理，我们也可以得出一系列不等额收款的复利终值或复利现值的计算就是每期收款的复利终值或复利现值的简单相加。

(四) 年金

在实际工作中,我们经常能碰到一系列收付款项的业务,不论是等额的还是不等额的系列收付,我们都可以将其折算成每期的复利终值或者是复利现值之后进行简单相加。但是如果一系列的收付是等额的,利用数学中的等比数列求和公式,我们可以找到简单的且有规律的计算方法。那么我们将一系列的间隔期相等且金额相等的系列等额收付款项称为年金(Annuity)。例如,分期等额付款、固定资产计提折旧、无形资产计提摊销、长期借款利息的计算、保险费的支付等通常都采用的是年金的形式。在判断是否属于年金时,我们要把握三个要点,分别是每期金额相等、每期时间间隔相等且为系列收付款项,也就是说年金的期数要求至少两期或者两期以上。如果金额或者间隔期不等,这属于我们之前所讨论的不等额系列收付款项的终值及现值的问题;如果期数是一期,这就属于复利的问题了。

1. 年金的分类

年金如果按照发生的时点不同,我们可以将其分类为普通年金、预付年金、递延年金以及永续年金。我们先从年金发生的时点上简单了解一下各种年金。

(1) 普通年金是指从第一期开始每期期末收付的年金,又称后付年金。这是年金中的最基本形式。普通年金计算示意图如图2-3所示。

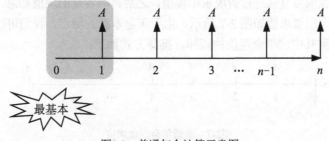

图2-3 普通年金计算示意图

(2) 预付年金是指从第一期开始每期期初收付的年金,又称先付年金。预付年金计算示意图如图2-4所示。

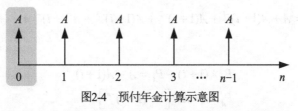

图2-4 预付年金计算示意图

(3) 递延年金是指在最初若干期没有收付的情况下,以后若干期收付的年金。递延年金计算示意图如图2-5所示。

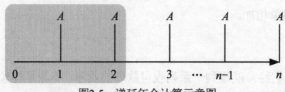

图2-5 递延年金计算示意图

(4) 永续年金是指无限期等额收付的年金。永续年金计算示意图如图 2-6 所示。

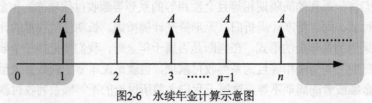

图2-6 永续年金计算示意图

在了解了各种不同年金的收付情况之后,我们来了解一下每种年金的现值以及终值的计算方法。

2. 普通年金的计算

1) 普通年金现值的计算

普通年金是年金的最基本形式,当计算普通年金的现值时,最原始的方法是从第一期开始将每期期末收付的款项按复利进行折现求出现值,之后再将各期的现值加总,即可得出普通年金的现值。普通年金现值求值如图 2-7 所示。由于年金本身的特点,我们可以通过数学上的等比数列求和公式找到其中求年金现值的规律,推导方式如下:

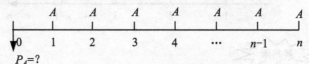

图2-7 普通年金现值求值

$$P_A = A(1+i)^{-1} + A(1+i)^{-2} + A(1+i)^{-3} + A(1+i)^{-4} + \cdots + A(1+i)^{-n} \quad ①$$

等式两边同时乘以 $(1+i)$

$$P_A \times (1+i) = A + A(1+i)^{-1} + A(1+i)^{-2} + A(1+i)^{-3} + A(1+i)^{-4} + \cdots + A(1+i)^{-(n-1)} \quad ②$$

式②-式①

$$P_A \times (1+i) - P_A = A - A(1+i)^{-n}$$

$$P_A \times i = A \times \left[1 - (1+i)^{-n}\right]$$

$$P_A = A \times \frac{1-(1+i)^{-n}}{i}$$

式中 $\frac{1-(1+i)^{-n}}{i}$ 称为"年金现值系数",用符号 $(P/A, i, n)$ 表示。其含义是在利率 i 的条件下,n 期内每期期末的 1 元和现在的 $\frac{1-(1+i)^{-n}}{i}$ 元在经济上等效。

【例2-9】 某企业计划分期付款购买一台机器,在与供应商的合同中约定在未来的5年里,每年年末支付机器价款10 000元,年利率6%,复利计息,年金现值系数如表2-7所示,请计算相当于企业现在一次性支付多少设备价款。

表2-7 年金现值系数表

期数	1%	2%	3%	4%	5%	6%	7%	8%	9%	10%
1	0.9901	0.9804	0.9709	0.9615	0.9524	0.9434	0.9346	0.9259	0.9174	0.9091
2	1.9704	1.9416	1.9135	1.8861	1.8594	1.8334	1.808	1.7833	1.7591	1.7355
3	2.9410	2.8839	2.8286	2.7751	2.7232	2.673	2.6243	2.5771	2.5313	2.4869
4	3.9020	3.8077	3.7171	3.6299	3.546	3.4651	3.3872	3.3121	3.2397	3.1699
5	4.8534	4.7135	4.5797	4.4518	4.3295	4.2124	4.1002	3.9927	3.8897	3.7908

$$P_A = A \times \frac{1-(1+i)^{-n}}{i} = 10\,000 \times \frac{1-(1+6\%)^{-5}}{6\%} = 10\,000 \times 4.2124 = 42\,124(元)$$

$$P_A = A \times (P/A, i, n) = 10\,000 \times (P/A, 6\%, 5) = 10\,000 \times 4.2124 = 42\,124(元)$$

如果该企业现在一次性支付设备价款,需支付的金额为42 124元。

2) 普通年金终值的计算

普通年金终值是第一期开始每期期末收付款项的复利终值之和。普通年金终值求值如图2-8所示。

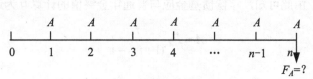

图2-8 普通年金终值求值

$$F_A = A + A(1+i) + A(1+i)^2 + A(1+i)^3 + \cdots\cdots + A(1+i)^{n-1} \quad ①$$

等式两边同时乘以$(1+i)$

$$F_A \times (1+i) = A(1+i) + A(1+i)^2 + A(1+i)^3 + \cdots\cdots + A(1+i)^n \quad ②$$

式②-式①

$$F_A \times (1+i) - F_A = A(1+i)^n - A$$

$$F_A \times i = A \times \left[(1+i)^n - 1\right]$$

$$F_A = A \times \frac{(1+i)^n - 1}{i}$$

式中 $\frac{(1+i)^n - 1}{i}$ 称为"年金终值系数",用符号$(F/A, i, n)$表示。

其含义是在利率i的条件下,n期内每期期末的1元和n年后的$\frac{(1+i)^n - 1}{i}$元在经济上等效。

【例2-10】李某计划每年年末在银行存入 20 000 元的存款,一共存 10 年。已知银行年利率为 5%,复利计息,年金终值系数如表 2-8 所示,求 10 年之后李某一共可以取出多少?

表2-8 年金终值系数表

期数	1%	2%	3%	4%	5%	6%	7%	8%	9%	10%
6	6.1520	6.3081	6.4684	6.6330	6.8019	6.9753	7.1533	7.3359	7.5233	7.7156
7	7.2135	7.4343	7.6625	7.8983	8.1420	8.3938	8.6540	8.9228	9.2004	9.4872
8	8.2857	8.5830	8.8923	9.2142	9.5491	9.8975	10.2598	10.6366	11.0285	11.4359
9	9.3685	9.7546	10.1591	10.5828	11.0266	11.4913	11.9780	12.4876	13.0210	13.5795
10	10.4622	10.9497	11.4639	12.0061	12.5779	13.1808	13.8164	14.4866	15.1929	15.9374

$$F_A = A \times \frac{(1+i)^n - 1}{i} = 20\,000 \times \frac{(1+5\%)^{10} - 1}{5\%} = 20\,000 \times 12.5779 = 251\,558(元)$$

$$F_A = A \times (F/A, i, n) = 20\,000 \times (F/A, 5\%, 10) = 20\,000 \times 12.5779 = 251\,558(元)$$

3. 年偿债基金和年资本回收额的计算

所谓年偿债基金是指为了在约定的未来某一时间点清偿某笔债务或积累一定数额的资金而分次等额形成的资金收付。由于每期期末存在等额资金收付,构成年金,那么也可以将年偿债基金理解为为了达到终值 F 而每期需要等额收付的资金 A。所以年偿债基金就是在普通年金终值的基础上求 A,由此可知,年偿债基金应与普通年金终值的计算互为逆运算。

$$A = F_A \frac{i}{(1+i)^n - 1}$$

公式中 $\frac{i}{(1+i)^n - 1}$ 为年偿债基金系数,用符号 $(A/F, i, n)$ 表示,与普通年金终值系数 $\frac{(1+i)^n - 1}{i}$ 互为倒数。

【例2-11】李某计划每年年末存入相同金额,10 年之后一次性从银行取出 251 558 元存款,假设银行存款年利率为 5%,复利计息,则李某每期应存入多少款项?

$$A = F_A \frac{i}{(1+i)^n - 1} = 251\,558 \times \frac{5\%}{(1+5\%)^{10} - 1} = 251\,558 \times 0.0795 = 20\,000(元)$$

$$A = F_A \times (A/F, i, n) = F_A \times \frac{1}{(F/A, i, n)} = F_A \times \frac{1}{(F/A, 5\%, 10)} = 251\,558 \times \frac{1}{12.5779} = 20\,000(元)$$

所谓年资本回收额是指在约定年限内等额回收初始投资成本的金额。同理,我们可以将年资本回收额理解为为了收回成本而每期需要等额收回的资金 A,所以年资本回收额就是在普通年金现值的基础上求 A,由此可知,年资本回收额应与普通年金现值的计算互为逆运算。

$$A = P \times \frac{i}{1 - (1+i)^{-n}}$$

公式中 $\dfrac{i}{1-(1+i)^{-n}}$ 为年资本回收额系数，用符号 $(A/P,i,n)$ 表示，与普通年金现值系数 $\dfrac{1-(1+i)^{-n}}{i}$ 互为倒数。

【例2-12】某企业需要购买一台机器，现在一次性付款需要支付42 124元，假设年利率为6%，复利计息，计算在未来的5年里，每年年末该企业需要有多少的盈利才可以保证这项投资盈亏平衡。

$$A = P \times \dfrac{i}{1-(1+i)^{-n}} = 42\,124 \times \dfrac{6\%}{1-(1+6\%)^{-5}} = 42\,124 \times 0.2374 = 10\,000(元)$$

$$A = P \times (A/P,i,n) = P \times \dfrac{1}{(P/A,i,n)} = 42\,124 \times \dfrac{1}{4.2124} = 10\,000(元)$$

4. 预付年金的计算

预付年金是指一定时期内每期期初发生的等额收付。预付年金和普通年金的区别仅在于收付款的时间不同。

1) 预付年金终值的计算

预付年金终值计算的方法有两种，这两种方法都是基于普通年金求终值的基础上加以调整的。预付年金终值求值如图2-9所示。

图2-9 预付年金终值求值图示

(1) 现将预付年金视为 $n=5$ 的普通年金进行终值的计算，此时计算的时间点是第4年年末的终值，之后再将第4年年末的终值作为已知条件求第5年年末的终值。

$$F_5 = A \times (F/A,i,5) \times (F/P,i,1) = A \times (F/A,i,5) \times (1+i)$$

故 $F_A = A \times (F/A,i,n) \times (1+i)$。

所以预付年金求终值的第一种方法为在普通年金求终值的基础上再乘以 $(1+i)$。

(2) 先假设第五年年末存在 A，则将 $n=5$ 的预付年金转化为 $n=6$ 的普通年金，此时将该普通年金进行终值计算得到的是第五年年末的6期的终值，之后再在此基础上减去第五年年末的 A，求出该预付年金的终值。

$$F_5 = A \times (F/A,i,5+1) - A = A \times [(F/A,i,5+1) - 1]$$

故 $F_A = A \times [(F/A,i,n+1) - 1]$。

所以预付年金求终值的第二种方法为在普通年金求终值的基础上期数加1，系数减1。

【例2-13】李某每年年初在银行存款20 000元，一共存10年。已知银行年利率为5%，复利计息，年金终值系数如表2-9所示，求10年之后李某一共可以取出多少？

表2-9 年金终值系数表

期数	1%	2%	3%	4%	5%	6%	7%	8%	9%	10%
9	9.3685	9.7546	10.1591	10.5828	11.0266	11.4913	11.978	12.4876	13.021	13.5795
10	10.4622	10.9497	11.4639	12.0061	12.5779	13.1808	13.8164	14.4866	15.1929	15.9374
11	11.5668	12.1687	12.8078	13.4864	14.2068	14.9716	15.7836	16.6455	17.5603	18.5312

$$F_A = A \times (F/A, i, n) \times (1+i) = 20\,000 \times (F/A, 5\%, 10) \times (1+5\%)$$
$$= 20\,000 \times 12.5779 \times 1.05 = 264\,136(元)$$
$$F_A = A \times [(F/A, i, n+1) - 1] = 20\,000 \times [(F/A, 5\%, 11) - 1]$$
$$= 20\,000 \times (14.2068 - 1) = 264\,136(元)$$

2) 预付年金现值的计算

预付年金现值计算的方法有两种,这两种方法都是基于普通年金求现值的基础上加以调整的。预付年金现值求值如图2-10所示。

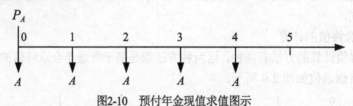

图2-10 预付年金现值求值图示

(1) 现将预付年金视为 $n=5$ 的普通年金进行折现的计算,此时计算的时间点是第-1年的年初现值,之后再将第-1年年初的现值作为已知条件求0时点的终值。

$$P = A \times (P/A, i, 5) \times (F/P, i, 1) = A \times (P/A, i, 5) \times (1+i)$$

故 $P = A \times (P/A, i, n) \times (1+i)$。

所以预付年金求现值的第一种方法为在普通年金求现值的基础之上再乘以 $(1+i)$。

(2) 先假设 0 时点不存在 A,则将 $n=5$ 的预付年金转化为 $n=4$ 的普通年金,此时将该普通年金进行现值计算得到的是 $n=4$ 的 0 时点的现值,之后再在此基础之上加上 0 时点的 A,求出该预付年金的现值。

$$P = A \times (P/A, i, 5-1) + A = A \times [(P/A, i, 5-1) + 1]$$

故 $P = A \times [(P/A, i, n-1) + 1]$。

所以预付年金求现值的第二种方法为在普通年金求现值的基础之上期数减1,系数加1。

【例2-14】某企业计划分期付款购买一台机器,合同规定在未来的5年里,每年年初支付机器价款10 000元,年利率6%,年金现值系数如表2-10所示,复利计息,请计算相当于企业现在一次性支付多少设备价款。

表2-10 年金现值系数表

期数	1%	2%	3%	4%	5%	6%	7%	8%	9%	10%
3	2.9410	2.8839	2.8286	2.7751	2.7232	2.6730	2.6243	2.5771	2.5313	2.4869
4	3.9020	3.8077	3.7171	3.6299	3.5460	3.4651	3.3872	3.3121	3.2397	3.1699
5	4.8534	4.7135	4.5797	4.4518	4.3295	4.2124	4.1002	3.9927	3.8897	3.7908

$$P_A = A \times (P/A, i, n) \times (1+i) = 10\,000 \times (P/A, 6\%, 5) \times (1+6\%)$$
$$= 10\,000 \times 4.2124 \times 1.06 = 44\,651(元)$$
$$P = A \times [(P/A, i, n-1) + 1] = 10\,000 \times [(P/A, 6\%, 5-1) + 1]$$
$$= 100\,000 \times [3.4651 + 1] = 44\,651(元)$$

5. 递延年金

递延年金是指在最初的若干期(m 期)没有收付款的情况，之后的若干期(n 期)有等额系列收付款的年金。

1) 递延年金现值的计算

递延年金现值计算的方法有多种，本书中所介绍的两种方法都是基于普通年金现值的基础上加以调整的。递延年金现值求值如图2-11 所示。

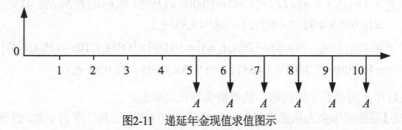

图2-11 递延年金现值求值图示

(1) 先将该递延年金看成 $n=6$ 的普通年金求现值，此时求出的是第 4 期期末的现值。之后再将第 4 期期末的现值视同已知第 4 年年末的终值求 0 时点的现值进行折现。本例中可知递延期 $m=4$，等额收付期 $n=6$。

$$P = A \times (P/A, i, 6) \times (P/F, i, 4)$$

故 $P = A \times (P/A, i, n) \times (P/F, i, m)$。

(2) 先假设递延期也有等额收付，即第 1—4 年年末存在 A，此时相当于将 $n=10$ 的普通年金进行折现，之后再在此基础上减去 $n=4$ 的普通年金的现值，就可得到该递延年金的现值。

$$P = A \times (P/A, i, 6+4) - A \times (P/A, i, 4)$$

故 $P = A \times [(P/A, i, m+n) - (P/A, i, m)]$。

【例 2-15】 某递延年金为从第五年年末每年支付 10 000 元，共计支付 6 次，假设利率为 6%，复利计息，复利现值系数和年金现值系数分别如表 2-11 和表 2-12 所示，求相当于现在一次性支付的金额是多少？

表2-11 复利现值系数表

期数	1%	2%	3%	4%	5%	6%	7%	8%	9%	10%
1	0.9901	0.9804	0.9709	0.9615	0.9524	0.9434	0.9346	0.9259	0.9174	0.9091
2	0.9803	0.9612	0.9426	0.9246	0.9070	0.8900	0.8734	0.8573	0.8417	0.8264
3	0.9706	0.9423	0.9151	0.8890	0.8638	0.8396	0.8163	0.7938	0.7722	0.7513
4	0.9610	0.9238	0.8885	0.8548	0.8227	0.7921	0.7629	0.7350	0.7084	0.6830

表2-12 年金现值系数表

期数	1%	2%	3%	4%	5%	6%	7%	8%	9%	10%
4	3.9020	3.8077	3.7171	3.6299	3.5460	3.4651	3.3872	3.3121	3.2397	3.1699
5	4.8534	4.7135	4.5797	4.4518	4.3295	4.2124	4.1002	3.9927	3.8897	3.7908
6	5.7955	5.6014	5.4172	5.2421	5.0757	4.9173	4.7665	4.6229	4.4859	4.3553
7	6.7282	6.472	6.2303	6.0021	5.7864	5.5824	5.3893	5.2064	5.0330	4.8684
8	7.6517	7.3255	7.0197	6.7327	6.4632	6.2098	5.9713	5.7466	5.5348	5.3349
9	8.5660	8.1622	7.7861	7.4353	7.1078	6.8017	6.5152	6.2469	5.9952	5.7590
10	9.4713	8.9826	8.5302	8.1109	7.7217	7.3601	7.0236	6.7101	6.4177	6.1446

$$P = A \times (P/A, i, n) \times (P/F, i, m) = 10\,000 \times (P/A, 6\%, 6) \times (P/F, 6\%, 4)$$
$$= 10\,000 \times 4.9173 \times 0.7921 = 38\,949.33(\text{元})$$
$$P = A \times [(P/A, i, m+n) - (P/A, i, m)] = 10\,000 \times [(P/A, i, 10) - (P/A, i, 4)]$$
$$= 10\,000 \times (7.3601 - 3.4651) = 10\,000 \times 3.895 = 38\,950(\text{元})$$

由于系数存在四舍五入的问题,故得数会存在尾数差。

【例2-16】某递延年金为从第六年年初每年支付10 000元,共计支付6次,假设利率为6%,复利计息,求相当于现在一次性支付的金额是多少?

本例中大家需要明确第六年的年初和第五年的年末是同一时点,所以本题可以直接转化为前例,计算得出的金额应该是完全一致的。

2) 递延年金终值的计算

对于递延期为m,等额收付期为n的递延年金来说,其终值指的就是将等额收付期n次的年金计算至第$(m+n)$期期末时点的复利终值之和。递延年金终值求偿如图2-12所示。

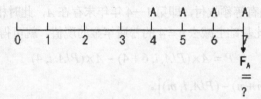

图2-12 递延年金终值求值图示

$$F_A = A + A \times (F/P, i, 1) + A \times (F/P, i, 2) + A \times (F/P, i, 3)$$

故 $F_A = A + A(1+i) + A(1+i)^2 + A(1+i)^3 + \cdots\cdots + A(1+i)^{n-1}$。

$$F_A = A \times (F/A, i, n)$$

经过对比可知,递延年金求终值与普通年金求终值的公式完全一致。故递延年金的终值与递延期无关。

【例2-17】某人计划三年后每年年末向银行存入存款10 000元,连续存4年,假设年利率为5%,复利计息,年金终值系数如表2-13所示,请计算7年后可以取出的本利和。

表2-13 年金终值系数表

期数	1%	2%	3%	4%	5%	6%	7%	8%	9%	10%
3	3.0301	3.0604	3.0909	3.1216	3.1525	3.1836	3.2149	3.2464	3.2781	3.3100
4	4.0604	4.1216	4.1836	4.2465	4.3101	4.3746	4.4399	4.5061	4.5731	4.6410
5	5.1010	5.2040	5.3091	5.4163	5.5256	5.6371	5.7507	5.8666	5.9847	6.1051

$$F_A = A \times (F/A, i, n) = 10\,000 \times (F/A, 5\%, 4) = 10\,000 \times 4.3101 = 43\,101(元)$$

6. 永续年金

永续年金是指无限期等额收付的年金,是普通年金的极限形式,当普通年金的等额收付次数达到无穷大时,普通年金就成为永续年金。

由于永续年金没有到期日,所以永续年金没有终值。

1) 永续年金现值的计算

普通年金现值的公式为

$$P_A = \frac{\dfrac{A}{1+i}\left[1-\left(\dfrac{1}{1+i}\right)^n\right]}{1-\left(\dfrac{1}{1+i}\right)} = A \times \frac{1-(1+i)^{-n}}{i}$$

当 $n \to \infty$ 时,由于 $(1+i) > 1$,所以 $(1+i)^{-n} \to 0$,故 $\dfrac{1-(1+i)^{-n}}{i} \to \dfrac{1}{i}$

2) 永续年金的现值计算公式

$$P_A(n \to \infty) = A \times \frac{1-(1+i)^{-n}}{i} = \frac{A}{i}$$

【例2-18】某人为了退休之后每年可以固定从银行取得40 000元的利息,求现在一共需要存入银行多少款项,假设银行年利率为5%,复利计息。

$$P_A = \frac{A}{i} = \frac{40\,000}{5\%} = 800\,000(元)$$

四、利率的计算

(一) 插值法(内插法)的运用

插值法是指当已知现值(或终值)的系数,但是通过系数表无法得出利率 i 时,我们可以通过 i 的相邻系数，运用插值法求出利率 i 的一种方法。

【例 2-19】某设备现在一次性付款需要 40 000 元，若选择分期付款，则在未来 5 年每年年末支付 10 000 元，若复利计息，年金现值系数如表 2-14 所示，则利率为多少？

表2-14　年金现值系数表

期数	1%	2%	3%	4%	5%	6%	7%	8%	9%	10%
3	2.9410	2.8839	2.8286	2.7751	2.7232	2.6730	2.6243	2.5771	2.5313	2.4869
4	3.9020	3.8077	3.7171	3.6299	3.5460	3.4651	3.3872	3.3121	3.2397	3.1699
5	4.8534	4.7135	4.5797	4.4518	4.3295	4.2124	4.1002	3.9927	3.8897	3.7908

本题中已知现值 $P = 40\,000$，$A = 10\,000$，$n = 5$ 求 i。

$$10\,000 \times (P/A, i, 5) = 40\,000$$
$$(P/A, i, 5) = 40\,000 \div 10\,000 = 4$$

查相应的年金现值系数表，确定 $(P/A, i, 5) = 4$ 所对应的利率的利率区间：

$$i = 7\% \quad (P/A, 7\%, 5) = 4.1002$$
$$i = ? \quad (P/A, i, 5) = 4$$
$$i = 8\% \quad (P/A, 8\%, 5) = 3.9927$$

根据"利率差之比=对应的系数差之比"的比例关系，设方程求解利率 i。

$$\frac{i - 7\%}{8\% - 7\%} = \frac{4 - 4.1002}{3.9927 - 4.1002}$$

解得：$i = 7.93\%$。

(二) 一年多次计息时的实际利率

在计算货币时间价值时，如果以"年"为单位，每年复利一次，此时的年利率既是名义利率(r)，也是实际利率(i)，两者相等。但在实际工作中，复利的计息期不一定是一年一次，可能每季度一次或者每月一次。当每年复利多次时，如果按照多次计息期计算复利，并将全年利息额除以年初的本金，此时得到的利率为实际利率(i)，实际利率往往大于名义利率(r)。

【例 2-20】现将 10 000 元存入银行，年利率为 6%，每年复利 2 次，求实际利率是多少？

由于实际利率 $i = \dfrac{\text{年利息}}{\text{本金}}$

$F = 10\,000 \times (1 + 3\%)^2 = 10\,609(\text{元})$

利息 $= 10\,609 - 10\,000 = 609(\text{元})$

故实际利率 $(i) = \dfrac{609}{10\,000} = 6.09\%$。

由此可得 $i = \left(1 + \dfrac{r}{m}\right)^m - 1$

其中 r 为名义利率，m 为每年中的复利次数。

【例 2-21】某项目计划投资 500 000 元,已知名义利率为 8%,每半年复利 1 次,投资期限是 5 年,求实际利率及到期可获得的本利和。

$$i = \left(1 + \frac{r}{m}\right)^m - 1 = \left(1 + \frac{8\%}{2}\right)^2 - 1 = 8.16\%$$

$$F = P \times (F/P, i, n) = 500\,000 \times (F/P, 8.16\%, 5) = 740\,122(元)$$

(三) 通货膨胀下的实际利率

通货膨胀是指一个时期的物价普遍上涨,货币购买能力下降,相同数量的货币只能购买较少数量商品的一种情况。在通货膨胀情况下,央行或其他金融机构所公布的利率是未调整通货膨胀因素的名义利率,而投资者的实际利率应当是剔除通货膨胀影响因素之后的真实回报率。故名义利率同时受实际利率和通货膨胀率共同影响。

我们可以假设一个案例:本金是 100 元,银行的名义利率是 7.1%,当年的通货膨胀率是 2%,期初市场上方便面 2.5 元/袋,由于存在通货膨胀的影响,一年之后方便面会上涨到 2.55 元/袋。原有的 100 元本金可以购买 40 袋方便面。我们将 100 元存入银行一年之后可以收到的本利和为 107.10 元,可以购买 42 袋方便面。而可以多购买的两袋方便面是由于实际利率产生的。

我们可以得出:

$$(1+实际利率) \times (1+通货膨胀率) = (1+名义利率)$$

所以,实际利率的计算公式为

$$实际利率 = \frac{1+名义利率}{1+通货膨胀率} - 1$$

本例中,实际利率 $= \dfrac{1+7.1\%}{1+2\%} = 5\%$。

例如,假设某年我国商业银行一年期存款利率为 3%、通货膨胀率为 5%,求实际利率为多少?

$$实际利率 = \frac{1+3\%}{1+5\%} - 1 = -1.9\%$$

通过本例我们可以发现,如果名义利率小于通货膨胀率时,实际利率为负数。

第二节　风险与收益

一、资产收益与收益率

资产收益是指资产的价值在一定时期的增值。一般情况下,我们用收益和收益率两种方式来表述资产的增值。

(一) 资产收益的含义及计算

1. 收益额

收益额是用金额表示资产的增值。该增值包含两部分：一部分是期限内资产的现金净流入，另一部分是期末资产的价值相对于期初资产价值的升值部分。前者通常表现为利息、股息或红利收入，后者通常表现为资本利得。

假设我们投资一只股票，那么收益额的计算公式为

$$收益额 = D_t + (P_t - P_{t-1})$$

式中：D_t——第 t 年的股利；

$(P_t - P_{t-1})$——第 t 年的资本利得。

2. 收益率

收益率是以百分比表示的，是资产增量值与期初资产价值的比值。该收益率也包括两部分：一部分是利息、股息或红利的收益率，另一部分是资本利得收益率。

仍假设我们投资一只股票，那么收益率的计算公式为

$$收益率 = \frac{D_t + (P_t - P_{t-1})}{P_{t-1}} = \frac{D_t}{P_{t-1}} + \frac{(P_t - P_{t-1})}{P_{t-1}}$$

$$= 利息、股息或红利的收益率 + 资本利得收益率$$

实务工作中，如果使用收益额进行比较，不利于在不同规模资产之间进行比较，而百分比则为一个相对数指标，便于不同规模下资产收益的比较与分析。通常情况下，我们都是用收益率指标来进行比较的。另外由于收益率在比较时应当是相对于特定期间的，所以为了方便比较，对于期限短于一年或长于一年的资产在计算收益率时都将其折算为年收益率。

(二) 资产收益率的类型

1. 预期收益率

预期收益率又称期望收益率，是指在不确定的条件下，预测某项资产未来可能实现的收益率。一般用加权平均法计算该项资产的预期收益率。

$$预期收益率 \overline{E} = \sum_{i=1}^{n}(R_i \times P_i)$$

式中：R_i 表示情况 i 出现时的收益率；P_i 表示情况 i 出现的可能概率。

2. 必要收益率

必要收益率又称为最低报酬率或必要报酬率，是指投资者对某项资产合理要求的最低收益率。必要收益率由两部分组成，分别是无风险收益率和风险收益率。

(1) 无风险收益率是指不考虑风险因素时所确定的收益率。无风险收益率是由纯利率(货币时间价值)和通货膨胀补偿率之和构成。由于国债的风险很小，尤其是短期国债的风险更小，因此为了方便起见，通常用短期国债的利率近似地替代无风险收益率。

$$无风险收益率 = 纯利率(货币时间价值) + 通货膨胀补偿率$$

(2) 风险收益率是指某项资产的投资者因承担持有该项资产的风险而要求的超过无风险收益率的额外收益补偿。风险收益率的大小取决于风险的大小以及资产投资者对风险的偏好程度。一般来说，某项资产的风险越大，投资者要求的风险收益率就越高，投资者越厌恶风险，所要求的风险收益率就越高；反之，资产风险越小，投资者要求的风险收益率就会越低，投资者越喜好风险，所要求的风险收益率也会越低。

综上所述，必要收益率的公式如下：

$$必要收益率 = 无风险收益率 + 风险收益率$$
$$= 纯利率(货币时间价值) + 通货膨胀补偿率 + 风险收益率$$

需要关注的是，在计算必要收益率中的风险收益率时，投资者只考虑因承担系统风险而给予的补偿，不考虑因承担非系统风险而给予的补偿。这是由于非系统风险可以通过投资组合的方式减少甚至消除，那么站在一个理性投资者的角度，市场不会对非系统风险予以补偿。

3. 实际收益率

实际收益率是指已经实现或确定可以实现的资产收益率。当存在通货膨胀时，应当将已计算得出的实际收益率扣除通货膨胀影响之后的剩余收益率作为真实的实际收益率。

4. "实际收益率"与"预期收益率"之间的比较

我们比较"实际收益率"与"预期收益率"之间的差额，两者差额越大则代表偏离程度越大，反映出该项目的风险水平也就越高。

5. "预期收益率"与"必要收益率"的比较

当针对某个项目进行投资决策时，我们认为若预期收益率≥必要收益率，项目可行；若预期收益率＜必要收益率，则项目不可行。

例如，某企业正考虑投资一台机器设备，该设备价款100 000元，预计使用1年，一年后可带来122 000元的现金流量(即预期收益率为22%)，假设该资产必要收益率为25%。求应如何做出决策？

本例中预期收益率(22%)＜必要收益率(25%)，预期的收益率不能达到投资者的必要报酬率，故该项设备不值得购买。

本例还可以从折现的角度分析价值与价格的差异来决定是否值得购买该项设备。

以"预期收益率"作为折现率，对一项资产未来现金流量进行折现，求出的现值即为该资产的"价格"；以"必要收益率"作为折现率，对一项资产未来现金流量进行折现，求出的现值即为该资产的"价值"。该设备的价格和价值计算方式如下：

$$该设备的价格 = \frac{122\,000}{(1+22\%)} = 100\,000(元)$$

$$该设备的价值 = \frac{122\,000}{(1+25\%)} = 97\,600(元)$$

由于价格高于价值，所以该项设备不值得购买。

(三) 风险的概念

风险是指不确定性，而资产的风险通常是指预期收益的不确定性。从财务管理的角度看，风险是指企业在从事生产经营的过程中,由于存在各项难以预料或无法控制的情况,企业的实际收益与预期收益之间将产生偏差,从而使企业蒙受经济损失的可能性。

(四) 风险的分类

投资风险按照是否可以分散,分为非系统风险和系统风险。

1. 非系统风险

非系统风险也称可分散风险或公司特有风险,是指发生于个别公司的或某个行业的特别事件造成的风险,如企业新产品研发失败、罢工、失去重要客户、诉讼失败等。当发生这类风险时,其只会对某个企业或某个行业产生影响,不会对整个市场产生影响。非系统风险是可以通过多样化的投资组合来分散的。需要注意的是,在风险分散的过程中,我们不应过分强调资产多样性和资产个数的作用。事实上,在资产组合中的资产数目较低时,增加资产的个数可以起到较明显的风险分散效果,但是当资产个数增加到一定程度时,风险分散的效应就会逐渐减弱。经验表明,当投资组合中的资产个数达到20-40个时,绝大多数的非系统风险都会被分散掉。

2. 系统风险

系统风险也称不可分散风险或市场风险,是指发生风险时影响所有的资产,不能通过资产组合而消除的风险。如宏观经济状况、国家税法、世界能源状况以及政治因素等的变化都会使整个市场的风险有所变化。但不同公司的系统风险大小不一,即不同公司的市场风险不同。我们在衡量个别公司的系统风险时,通常用β系数来表示个别公司系统风险的高低。

二、单项资产的风险与收益的衡量

(一) 期望值的衡量

如上所述,风险是指不确定性,因此风险的衡量就需要先从投资报酬的可能性——概率入手。

1. 概率分布

在经济活动中,某一事件在相同条件下可能发生也可能不会发生,这类事件称为随机事件。概率是用来表示随机事件发生可能性大小的数值。通常当概率为1时,代表这类事件必然发生;当概率为0时,代表这类事件不可能发生。一般而言,随机事件的概率是介于0到1的一个数值,所有随机事件的概率之和为1。

2. 期望值

期望值是各随机事件在一个概率分布中的所有可能结果以各自相应的概率为权数计算的加权平均值。期望值的计算公式如下:

$$\text{期望值}\overline{E} = \sum_{i=1}^{n}(R_i \times P_i)$$

式中R_i表示情况i出现时的收益率,P_i表示情况i出现的可能概率。

例如,某企业有A、B两个投资项目,两个投资项目的收益率及其概率分布情况如表2-15

所示,试计算两个项目的期望收益率。

表2-15　A项目和B项目投资收益率的概率分布

项目实施情况	该种情况出现的概率		投资收益率	
	项目A	项目B	项目A	项目B
好	0.3	0.3	15%	25%
一般	0.4	0.4	10%	10%
差	0.3	0.3	5%	−5%

则:

$$\overline{E}_A = \sum_{i=1}^{n}(R_i \times P_i) = 0.3 \times 15\% + 0.4 \times 10\% + 0.3 \times 5\% = 10\%$$

$$\overline{E}_B = \sum_{i=1}^{n}(R_i \times P_i) = 0.3 \times 25\% + 0.4 \times 10\% + 0.3 \times (-5\%) = 10\%$$

从计算结果可以看出,两个项目的期望收益率都是10%。期望值是用于反映预计收益的平均化,在各种不确定性因素的影响下,代表着投资者的合理预期,但指标本身不反映风险。那么如何判断两个项目的风险是等同的呢?我们还需要通过了解概率分布的离散情况,即计算方差、标准差和标准离差率来做进一步的判断。

(二)风险的衡量

由于单一投资的风险是资产收益的不确定性,是实际收益与预期收益之间的偏差,那么风险的大小就可以用资产收益率的离散程度来衡量,如图2-13所示。衡量风险的指标主要有收益率的方差、标准差和标准离差率。

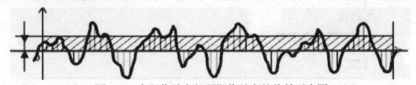

图2-13　实际收益率与预期收益率的偏差示意图

1. 方差

收益率的方差是用来表示某项资产收益率的各种可能结果与其期望值之间的离散程度的一个指标,该指标用于反映风险,其计算公式为

$$\sigma^2 = \sum_{i=1}^{n}(R_i - \overline{E})^2 \times P_i$$

式中,$(R_i - \overline{E})$ 表示第 i 种情况可能出现的结果与期望值的离差,P_i 表示第 i 种情况可能出现的概率。方差的计算公式实质上是将离差的平方进行加权平均。之所以要在离差之上加平方是为了过滤掉负数的情况。在预期收益率相同的情况下,方差的大小与风险的大小同向变化。方差越大,风险越大;方差越小,风险越小。

接上例，A 项目与 B 项目的方差为

$$\sigma_A^2 = \sum_{i=1}^n (R_i - \overline{E})^2 \times P_i$$
$$= (15\% - 10\%)^2 \times 0.3 + (10\% - 10\%)^2 \times 0.4 + (5\% - 10\%)^2 \times 0.3$$
$$= 0.0015$$

$$\sigma_B^2 = \sum_{i=1}^n (R_i - \overline{E})^2 \times P_i$$
$$= (25\% - 10\%)^2 \times 0.3 + (10\% - 10\%)^2 \times 0.4 + (-5\% - 10\%)^2 \times 0.3$$
$$= 0.0135$$

由于 A、B 项目的期望收益率相同，$\sigma_A^2 < \sigma_B^2$，所以 A 项目的风险小于 B 项目的风险。

2. 标准差

收益率的标准差(标准离差)是用来表示某项资产收益率的各种可能结果与其期望值之间的离散程度的另一个指标，该指标等于方差的开方，在预期收益率相同的情况下，标准差的大小与风险的大小是同向变化。标准差越大，风险越大；标准差越小，风险越小。其计算公式为

$$\sigma = \sqrt{\sum_{i=1}^n (R_i - \overline{E})^2 \times P_i}$$

接上例，A 项目与 B 项目的方差为

$$\sigma_A = \sqrt{\sum_{i=1}^n (R_i - \overline{E})^2 \times P_i}$$
$$= \sqrt{(15\% - 10\%)^2 \times 0.3 + (10\% - 10\%)^2 \times 0.4 + (5\% - 10\%)^2 \times 0.3}$$
$$= 3.87\%$$

$$\sigma_B = \sqrt{\sum_{i=1}^n (R_i - \overline{E})^2 \times P_i}$$
$$= \sqrt{(25\% - 10\%)^2 \times 0.3 + (10\% - 10\%)^2 \times 0.4 + (-5\% - 10\%)^2 \times 0.3}$$
$$= 11.62\%$$

同理，由于 A、B 项目的期望收益率相同，$\sigma_A < \sigma_B$，所以 A 项目的风险小于 B 项目的风险。

需要注意的是，方差和标准差的局限性在于它们都是绝对数指标，只适用于期望收益率相同时的投资方案的比较。另外方差和标准差所衡量的风险即包含系统风险也包含非系统风险。

3. 标准离差率

标准离差率是标准差与期望值的比值，是一个相对数指标，可以用于比较不同期望收益率项目的风险的大小。在期望值不同的情况下，标准离差率的大小与风险的大小是同向变化。标准离差率越大，风险越大；标准离差率越小，风险越小。其计算公式为

$$V = \frac{\sigma}{E} \times 100\%$$

例如，A 项目的期望收益率为 12%，标准差为 10%；B 项目的期望收益率为 18%，标准差为 12%，则投资者应根据标准离差率比较项目风险：

$$V_A = \frac{\sigma_A}{E_A} \times 100\% = \frac{10\%}{12\%} \times 100\% = 83.33\%$$

$$V_B = \frac{\sigma_B}{E_B} \times 100\% = \frac{12\%}{18\%} \times 100\% = 66.67\%$$

计算结果表明项目 A 风险高于项目 B 的风险，因此投资者应选择投资 B 项目。

(三) 投资的报酬

1. 风险报酬的计算

方差、标准差和标准离差率是用于评价风险大小的指标，但是不能评价风险的收益率。财务管理的角度是风险与收益成正比，高风险伴随高收益。所以当投资者承担了更大的风险时，就应当获得更高的风险收益。衡量风险收益率的公式如下：

$$R_R = b \times V$$

式中：R_R 为风险收益率；b 为风险价值系数或风险收益系数；V 为标准离差率。

衡量风险收益额的公式如下：

$$P_R = \overline{E} \times \frac{R_R}{R_f + R_R}$$

式中：P_R 为风险报酬额；R_f 为无风险收益率；R_R 为风险收益率。

实际中，风险价值系数 b 受风险偏好的影响，如果投资者厌恶风险，则 b 的数值会偏大；如果投资者是风险的偏好者，则 b 的数值会偏小。b 的数值一般可以通过历史数据或同类数据加以确定，也可以由企业领导或专家加以确定。

例如，某投资人计划投资 100 000 元，现有 A、B 两个方案可供选择，已知两个方案的风险报酬率分别为 $b_A = 0.05$，$b_B = 0.1$，投资收益率的概率分布如表 2-16 所示。

表2-16　A、B项目投资收益率分布表

项目实施情况	该种情况出现的概率		投资收益率	
	项目A	项目B	项目A	项目B
差	0.2	0.3	20%	20%
一般	0.6	0.4	30%	50%
好	0.2	0.3	40%	80%

则：

$$\overline{E}_A = \sum_{i=1}^{n}(R_i \times P_i) = 0.2 \times 20\% + 0.6 \times 30\% + 0.2 \times 40\% = 30\%$$

$$\overline{E}_B = \sum_{i=1}^{n}(R_i \times P_i) = 0.3 \times 20\% + 0.4 \times 50\% + 0.3 \times 80\% = 50\%$$

$$\sigma_A^2 = \sum_{i=1}^{n}(R_i - \overline{E})^2 \times P_i$$
$$= (20\% - 30\%)^2 \times 0.2 + (30\% - 30\%)^2 \times 0.6 + (40\% - 30\%)^2 \times 0.2$$
$$= 0.004$$

$$\sigma_B^2 = \sum_{i=1}^{n}(R_i - \overline{E})^2 \times P_i$$
$$= (20\% - 50\%)^2 \times 0.3 + (50\% - 50\%)^2 \times 0.4 + (80\% - 50\%)^2 \times 0.3$$
$$= 0.054$$

$$\sigma_A = \sqrt{\sum_{i=1}^{n}(R_i - \overline{E})^2 \times P_i}$$
$$= \sqrt{(20\% - 30\%)^2 \times 0.2 + (30\% - 30\%)^2 \times 0.6 + (40\% - 30\%)^2 \times 0.2}$$
$$= 6.32\%$$

$$\sigma_B = \sqrt{\sum_{i=1}^{n}(R_i - \overline{E})^2 \times P_i}$$
$$= \sqrt{(20\% - 50\%)^2 \times 0.3 + (50\% - 50\%)^2 \times 0.4 + (80\% - 50\%)^2 \times 0.3}$$
$$= 23.24\%$$

$$V_A = \frac{\sigma_A}{E_A} \times 100\% = \frac{6.32\%}{30\%} \times 100\% = 21.07\%$$

$$V_B = \frac{\sigma_B}{E_B} \times 100\% = \frac{23.24\%}{50\%} \times 100\% = 46.48\%$$

$$R_{R_A} = b_A \times V_A = 0.05 \times 21.07\% = 1.05\%$$

$$R_{R_B} = b_B \times V_B = 0.1 \times 46.48\% = 4.65\%$$

2. 投资总收益率的计算

投资人进行风险投资时，要求的收益率包括两部分：一部分是不考虑风险时的无风险收益率，即纯利率(货币时间价值)；另一部分就是由于承担风险而额外要求的风险收益率。总的投资收益率的计算公式如下：

$$R = R_f + R_R$$

式中：R 为总收益率；R_f 为无风险收益率；R_R 为风险收益率。

三、资产组合的风险

(一) 资产组合的概念

由两个或两个以上的资产所构成的组合称为资产组合。资产组合中的各项资产都有不同的风险与不同的收益。根据投资分散化的原则,投资者通常不会将自己所有的资产投资在同一项目上,而是同时在不同风险和收益的项目上进行多元化投资。通过投资组合能分散单个资产的风险,进而可以降低这个组合的投资风险。这就是我们经常所说的"不要把所有的鸡蛋放在同一个篮子里"的原因。

(二) 投资组合的预期收益率

资产投资组合的预期收益率就是组合中各单项资产的预期收益率的加权平均数。其权数是单个资产的价值在整个投资组合中资产价值的比重。其计算公式为

$$\overline{E_P} = \sum_{i=1}^{n} w_i \times E_i$$

其中 $\overline{E_P}$ 为资产组合的预期收益率,w_i 为第 i 种资产的价值占整个投资组合中资产价值的比重,E_i 为第 i 种资产的预期收益率。

例如,甲公司由 A、B、C、D 四种股票构成资产组合,已知这四种股票的投资比重分别为 10%、20%、30%和40%,预期收益率分别为 8%、6%、9%及10%。求该项投资组合的预期收益率。

$$\overline{E_P} = \sum_{i=1}^{n} w_i \times E_i = 10\% \times 8\% + 20\% \times 6\% + 30\% \times 9\% + 40\% \times 10\% = 8.7\%$$

需要注意的是,投资组合中的预期收益率取决于单个资产的预期收益率以及该资产占该资产组合中的比例,与资产中单个资产的风险无关。

(三) 两项资产组成的投资组合的风险衡量

1. 相关系数

相关系数是反应两种资产收益率之间相关程度的相对数,它是两种资产收益率的协方差与两种资产各自标准差之积的比值。其计算公式为

$$\rho_{AB} = \frac{\sigma_{AB}}{\sigma_A \times \sigma_B} = \frac{\sum_{i=1}^{n}(R_{A_i} - \overline{E}_A) \times (R_{B_i} - \overline{E}_B) \times P_{A_i B_i}}{\sqrt{\sum_{i=1}^{n}(R_{B_i} - \overline{E}_B)^2 \times P_{A_i}} \times \sqrt{\sum_{i=1}^{n}(R_{B_i} - \overline{E}_B)^2 \times P_{B_i}}}$$

式中:ρ_{AB} 是资产 A、B 的相关系数;σ_{AB} 是资产 A、B 的协方差;σ_A、σ_B 是资产 A 和资产 B 的标准差。

其中协方差是用于衡量两个变量之间的一般变动关系的度量指标。协方差若为正，表示两个变量同方向变动；协方差若为负，表示两个变量反向变动。当协方差为零时，表示两个变量不会一起变动。协方差的公式为

$$COV_{A,B} = \sigma_{AB} = \sum_{i=1}^{n}(R_{A_i} - \overline{E_A}) \times (R_{B_i} - \overline{E_B}) \times \rho_{AB}$$

相关系数 ρ_{AB} 介于区间[-1, 1]之间。

当 $\rho_{AB} = 1$ 时，表明两项资产完全正相关，即它们的收益率的变化方向和变化幅度完全相同。

当 $\rho_{AB} = -1$ 时，表明两项资产完全负相关，即它们的收益率的变化方向和变化幅度完全相反。

当 $\rho_{AB} = 0$ 时，表明两项资产完全不相关，即它们的收益率的变化方向和变化幅度完全不相关。

2. 投资组合的方差和标准差

两项资产组合的风险也是用方差和标准差进行衡量的，其计算公式为

$$\sigma_P^2 = \sigma_A^2 w_A^2 + \sigma_B^2 w_B^2 + 2w_A w_B \rho_{AB} \sigma_A \sigma_B$$
$$\sigma_P = \sqrt{\sigma_P^2}$$

式中，σ_P^2 表示资产组的预期收益率的方差，σ_P 表示资产组的预期收益率的标准差，σ_A、σ_B 表示资产组合中各单项资产的标准差，w_A、w_B 表示资产组合中各单项资产所占的价值比重，ρ_{AB} 表示两项资产的相关系数。

通过对相关系数的了解，我们可知：

当 $\rho_{AB} = 1$ 时，根据完全平方公式，

$$\sigma_P^2 = \sigma_A^2 w_A^2 + \sigma_B^2 w_B^2 + 2w_A w_B \rho_{AB} \sigma_A \sigma_B = (\sigma_A w_A + \sigma_B w_B)^2$$

此时 $\sigma_P = (\sigma_A w_A + \sigma_B w_B)$，$\sigma_P$ 达到最大值，投资组合的标准差就是各单项资产的标准差的加权平均数，当投资者投资这两项资产时，起不到任何风险分散的效果。

当 $\rho_{AB} = -1$ 时，根据完全平方公式，

$$\sigma_P^2 = \sigma_A^2 w_A^2 + \sigma_B^2 w_B^2 + 2w_A w_B \rho_{AB} \sigma_A \sigma_B = (\sigma_A w_A - \sigma_B w_B)^2$$

此时 $\sigma_P = |\sigma_A w_A - \sigma_B w_B|$，$\sigma_P$ 达到最小值，投资组合的标准差是考虑各单项资产的权重之后的差额，当投资者投资这两项资产时，可以获得最大的风险分散的效果。

在实务工作中，$\rho_{AB} = 1$ 或 $\rho_{AB} = -1$ 的情况几乎是不存在的，即相关系数应介于(-1, 1)之间，且绝大多数大于零。因此 $0 < \sigma_P < (\sigma_A w_A + \sigma_B w_B)$，即投资组合的风险大于零但小于各单项资产风险的加权平均数。这也说明只要两种资产的相关系数小于1，该投资组合的标准差就小于各单项资产的标准差的加权平均数，就可以在一定程度上起到风险分散的效果。

例如，某公司计划投资A项目和B项目，其中投资A项目的比重为60%，投资B项目的比重为40%，A项目的标准差为10%，B项目的标准差为15%。

当 $\rho_{AB} = 1$ 时：

$$\sigma_P^2 = (\sigma_A w_A + \sigma_B w_B)^2 = (0.1 \times 0.6 + 0.15 \times 0.4)^2 = 0.0144$$

$$\sigma_P = \sqrt{\sigma_P^2} = \sqrt{0.0144} = 12\%$$

当 $\rho_{AB} = 0.8$ 时：

$$\sigma_P^2 = \sigma_A^2 w_A^2 + \sigma_B^2 w_B^2 + 2w_A w_B \rho_{AB} \sigma_A \sigma_B$$

$$= 0.1^2 \times 0.6^2 + 0.15^2 \times 0.4^2 + 2 \times 0.6 \times 0.4 \times 0.8 \times 0.1 \times 0.15 = 0.013$$

$$\sigma_P = \sqrt{\sigma_P^2} = \sqrt{0.013} = 11.4\%$$

当 $\rho_{AB} = 0$ 时：

$$\sigma_P^2 = \sigma_A^2 w_A^2 + \sigma_B^2 w_B^2 + 2w_A w_B \rho_{AB} \sigma_A \sigma_B$$

$$= 0.1^2 \times 0.6^2 + 0.15^2 \times 0.4^2 = 0.0072$$

$$\sigma_P = \sqrt{\sigma_P^2} = \sqrt{0.0072} = 8.5\%$$

当 $\rho_{AB} = -1$ 时：

$$\sigma_P^2 = (\sigma_A w_A - \sigma_B w_B)^2 = (0.1 \times 0.6 - 0.15 \times 0.4)^2 = 0$$

$$\sigma_P = \sqrt{\sigma_P^2} = \sqrt{0} = 0\%$$

通过本例可以发现，当 $\rho_{AB} = 1$ 时完全不能分散风险，风险就是各单项资产的加权平均数，只有当 $\rho_{AB} < 1$，组合的标准差就小于加权平均的标准差，即可以取得风险分散的效果。当 $\rho_{AB} = -1$ 时，有可能分散掉全部的风险，但是这种情况通常不存在，实际工作中 ρ_{AB} 通常大于零。

3. 系统风险的衡量

在投资组合中，可以凭借资产组合而分散的风险是我们之前所述的非系统风险，投资组合中的系统风险是无法通过投资组合分散的。如图2-14所示，展示的就是随着资产组合中资产个数的增加而可以达到分散风险的程度。

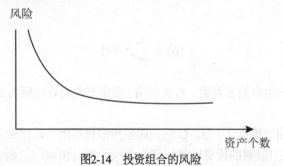

图2-14 投资组合的风险

由于市场认为非系统风险是可以依靠投资组合基本分散的，故市场的投资收益率只会对投资者所承担的系统风险予以补偿，即不会补偿由于承担非系统风险而额外要求的报酬。

1) 单项资产的 β 系数

在衡量系统风险时，由于不同资产的系统风险不同，对于个别资产可以用 β 系数来衡量系统风险的大小。市场的风险程度通常用 β 系数来衡量。如果以 ρ_{AM} 表示 A 项资产与市场组合的平均风险报酬的相关系数，σ_A 表示 A 项资产的标准差，σ_M 表示市场组合的标准差，则 A 项资产的 β 系数可以表示为

$$\beta = \frac{COV_{A,M}}{\sigma_M^2} = \frac{\rho_{AM}\sigma_A\sigma_M}{\sigma_M^2} = \left(\frac{\sigma_A}{\sigma_M}\right)\rho_{AM}$$

β 系数是指个别资产的系统风险是整个市场平均系统风险的多少倍，由于风险与收益对称，所以 β 系数也可以表示为个别资产的风险收益是市场平均风险收益的多少倍。换言之，β 系数反映的就是个别资产收益率的变化受市场平均收益率变化的影响程度。

$$\beta = \frac{某种资产的风险报酬率}{市场上所有资产的平均风险报酬率}$$

既定的市场组合的 β 系数为 1。当单项资产的 β 系数为 1 时，代表该资产的风险收益率的变动与市场平均风险收益率的变动呈同方向和同比例变化。如果市场平均风险收益率上升 5%，那么该资产的风险收益率也会上升 5%。当单项资产的 β 系数为 1.5 时，代表该资产的风险收益率的变动是市场平均风险收益率的变动的 1.5 倍。如果市场平均风险收益率上升 5%，那么该资产的风险收益率就会上升 7.5%。之所以该项资产的风险收益率会上升也是由于该资产承担了更高的系统风险。当单项资产的 β 系数为 0.8 时，代表该资产的风险收益率的变动是市场平均风险收益率的变动的 0.8 倍。如果市场平均风险收益率上升 5%，那么该资产的风险收益率就会上升 4%。所以该项资产承担的系统风险也小于市场的平均系统风险。极个别资产的 β 系数为负数，这表示当市场平均风险收益率上升时，该资产的风险收益率在减少；同时也代表当市场平均风险收益率下降时，该资产的风险收益率在增加。当单项资产的 β 系数为 0 时，代表该资产为无风险资产。

在实务中，β 系数通常不是由投资者自己计算的，而是由一些机构定期公布的。

2) 资产组合的 β 系数

由于系统风险的不可分散性，资产组合的 β 系数就是单个资产 β 系数的加权平均数。其计算公式如下：

$$\beta_P = \sum_{i=1}^{n}\beta_i \times P_i$$

式中，β_P 表示资产组合的 β 系数，P_i 表示第 i 项资产在组合中所占的价值比例，β_i 表示第 i 项资产的 β 系数。

例如，甲投资人通过投资 A、B、C 三只股票形成投资组合，已知三只股票的 β 系数分别为 0.5、1.0 和 1.5，三只股票的投资比例分别为 30%、30%和 40%。则该资产组合的 β 系数计算如下：

$$\beta_P = \sum_{i=1}^{n}\beta_i \times P_i = 0.5 \times 30\% + 1.0 \times 30\% + 1.5 \times 40\% = 1.05$$

四、资本资产定价模型

(一) 资本资产定价模型的基本原理

资本资产定价模型中的资本资产主要指的是股票资产,而所谓资产定价,是指对持有的资本资产在考虑风险的前提之下确定资产的最低收益率。

资本资产定价模型(Capital Asset Pricing Model,CAPM)是由学者威廉·夏普(William F. Sharper)等人在哈利·马科威茨(Harry Markowitz)的投资组合理论的基础之上提出的,后来由于他们在此方面做出的贡献而获得了1990年的诺贝尔经济学奖。

资本资产定价模型是必要收益率的具体化,资本资产定价模型的一个主要贡献就是计划了风险收益率的决定因素及度量方法。在资本资产定价模型中,认为必要收益率=无风险收益率+风险收益率。而风险收益率受 β 系数及系统风险的影响。资本资产定价模型的表达式为:

$$R = R_f + \beta \times (R_M - R_f)$$

式中:R 表示该项资产的必要收益率;R_M 表示市场的平均收益率;R_f 表示市场的无风险收益率。

式中:$(R_M - R_f)$ 表示市场的风险收益率,也称市场风险溢酬。

从资本资产定价模型中我们可知,市场给投资者的回报是叠加在无风险收益率之上的,由于投资者投资股票在无风险的基础之上承担了额外的风险,所以在收益方面可以要求额外的补偿。这个补偿就是风险溢酬。

另外值得关注的是,资本资产定价模型中,市场的风险溢酬只补偿了系统风险,而没有补偿非系统风险。这是因为非系统风险可以通过投资组合的方式分散,而一个理性的投资者都会选择充分的投资组合以分散非系统风险。

例如,A 股票的 β 系数为 2,无风险利率为 4%,市场上所有股票的平均收益率为 10%,那么 A 股票的必要收益率为多少?

$$R = R_f + \beta \times (R_M - R_f) = 4\% + 2 \times (10\% - 4\%) = 16\%$$

(二) 证券市场线

资本资产定价模型通常可以用直线方程 $y = a + bx$ 来表示,即证券市场线(Security Market Line,SML),以说明必要报酬率 R 与不可分散风险 β 系数之间的关系。

(1) 如图 2-15 所示,当无风险报酬率 R_f 为 4%,市场平均风险报酬率 R_M 为 10%,β 系数不同时风险溢酬也是不同的,此时 $R = 4\% + 6\% \times \beta$。当 $\beta = 0$ 时,必要报酬率为 4%;当 $\beta = 0.5$ 时,必要报酬率为 7%;当 $\beta = 1.0$ 时,必要报酬率为 10%;当 $\beta = 1.5$ 时,必要报酬率为 13%;当 $\beta = 2.0$ 时,必要报酬率为 16%。也就是说 β 系数越高,投资者要求的风险报酬也就是风险溢酬就会越高,在无风险报酬率不变的情况下,必要报酬率随 β 系数的升高而升高。

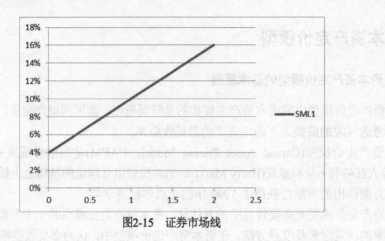

图2-15 证券市场线

(2) 从投资者角度看，无风险收益率受纯利率及通货膨胀补偿率共同影响，当通货膨胀率上升时，无风险收益率也会上升。若通货膨胀率上升 2%，则必要报酬率的线性方程为 $R = 6\% + 6\% \times \beta$，如图 2-16 所示。

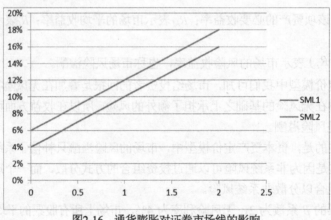

图2-16 通货膨胀对证券市场线的影响

由图 2-16 可见，当无风险报酬率 R_f 从 4% 上升到 6%，证券市场线向上平移了 2%，市场平均必要报酬率从 10% 上升到 12%，但是对于 β 系数不同时的风险溢酬是没有影响的，对必要报酬率的影响是共同的。

(3) 证券市场线同时反映了投资者对风险的规避程度。投资者越规避风险，在同等风险水平上所要求的风险溢酬就会更高，或者在同样的报酬水平上要求承受的风险更小。如果投资者对市场平均风险溢酬要求的收益率增加 2% 时，必要报酬率的线性方程为 $R = 4\% + 8\% \times \beta$。

图 2-17 说明了当风险报酬率从 6% 上升到 8% 时，市场平均必要报酬率也从 10% 上升到 12%，但对于 β 系数不同时的风险溢酬是有影响的。当 $\beta = 0$ 时，必要报酬率为 4%；当 $\beta = 0.5$ 时，必要报酬率为 8%；当 $\beta = 1.0$ 时，必要报酬率为 12%；当 $\beta = 1.5$ 时，必要报酬率为 16%；当 $\beta = 2.0$ 时，必要报酬率为 20%。我们发现当市场平均风险溢酬上升到 8% 时，相比较证券市场线，β 系数为 1 时，必要报酬率上升 2%；β 系数为 2 时，必要报酬率上升 4%。也就是说，必要收益率的变动率会大于 β 系数的变动率。

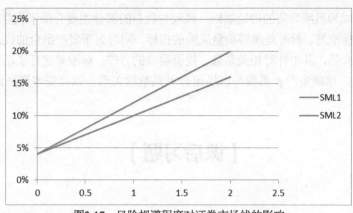

图2-17　风险规避程度对证券市场线的影响

(三) 资本资产定价模型的假设

资本资产定价模型之所以可以测算投资组合中每一种证券的收益率是建立在一系列严格假设的基础之上的。

(1) 所有投资者均追求单期财务的期望效用最大化。
(2) 所有投资者都可以无风险利率无限制的借入或贷出资金。
(3) 所有投资者都拥有同样的预期,即所有投资者对投资的期望报酬率、方差以及任何资产的协方差评价一致。
(4) 所有资产均可以被完全细分,拥有充分的流动性。
(5) 没有交易费用。
(6) 没有税金。
(7) 所有投资者都是价格的接受者。
(8) 所有资产的数量都是确定的。

(四) 资本资产定价模型的局限性

尽管资本资产定价模型已经得到了广泛的认可,可是在实际运用中还是会存在一定的局限性,具体表现在如下几点。

(1) 某些资产的 β 系数难以估计,特别是对于一些缺乏历史数据的新兴行业。
(2) 由于经济环境的不确定性和变化性,使得即使依据历史数据估算出来的 β 系数对未来的指导作用也会打折扣。
(3) 资本资产定价模型是建立在一系列假设之上的,其中一些假设与实际情况有较大偏差,使得该模型的有效性受到质疑。

【本章小结】

货币时间价值是财务成本管理中的最基本概念。通过货币时间价值的学习可以了解在复利、普通年金、预付年金、递延年金、永续年金情况下终值及现值的计算方法,利率的计算方法，这些方法将成为后续章节的理论基础。风险与收益的部分主要介绍了收益与风险的概念，收益率与方差、标准差、标准差率等衡量风险的指标。同时对于资产组合的收益率与风险的衡量也做了相应的介绍，其中针对相关系数，投资组合的方差、标准差进行了举例。针对系统风险介绍了 β 系数，单项资产 β 系数与市场组合 β 系数的关系，以及资本资产定价模型的相关知识。

【课后习题】

一、单选题

1. 下列各项中，与普通年金终值系数互为倒数的是(　　)。
   A. 普通年金现值系数　　　　　B. 预付年金现值系数
   C. 偿债基金系数　　　　　　　D. 资本回收系数

2. 在期数相同的条件下，已知利率为 10%的预付年金终值系数为 17.531，则利率为 10%的普通年金终值系数为(　　)。
   A. 18.531　　　B. 16.531　　　C. 15.937　　　D. 19.284

3. 假设某人计划现在往银行一次性存入 5 万元，20 年后这笔款项连本带利达到 25 万元，银行存款的年利率(复利计息)为(　　)。已知：$(F/P, 8\%, 20) = 4.6610$，$(F/P, 9\%, 20) = 5.6044$。
   A. 10.25%　　　B. 8.36%　　　C. 8.78%　　　D. 20%

4. 某公司向银行借款 10 万元，每季度利息利率为 3%，按季度付息，期限为 1 年，则该借款的实际年利率为(　　)。
   A. 12.01%　　　B. 12.68%　　　C. 12.00%　　　D. 12.55%

5. 某投资者购买债券，在名义利率相同的情况下，对其最有利的计息期是(　　)。
   A. 1年　　　　B. 半年　　　　C. 1季度　　　　D. 1个月

6. 甲公司投资一项证券资产，每年年末都能按照 6%的名义利率获取相应的现金收益。假设通货膨胀率为 2%，则该证券资产的实际利率为(　　)。
   A. 3.88%　　　B. 3.92%　　　C. 4.00%　　　D. 5.88%

7. 在不确定的条件下，按照各种可能出现的收益率以其出现的概率为权数计算的加权平均值，称为(　　)。
   A. 实际收益率　　B. 必要收益率　　C. 预期收益率　　D. 风险收益率

8. 某项目投资收益率的方差为 0.64%，投资收益率的标准差率为 32%，则该项目的期望投资收益率为(　　)。
   A. 20%　　　　B. 0.26%　　　C. 3.2%　　　　D. 25%

9. 已知甲项目的期望投资收益率为 15%，标准差为 9%；乙项目的期望投资收益率为 10%，标准差为 6%。则下列关于甲、乙两个项目所做出的判断，正确的是(　　)。
   A. 甲和乙均为有风险的投资项目　　B. 甲项目的风险大于乙项目
   C. 甲项目的风险小于乙项目　　　　D. 无法比较甲、乙两个项目的风险大小

10. 对于由两种资产构成的投资组合，下列各项因素中，不影响投资组合收益率的方差的是( )。
    A. 两种资产在投资组合中所占的价值比例
    B. 两种资产的收益率
    C. 两种资产的方差
    D. 两种资产收益率的相关系数

11. 若两项证券资产收益率的相关系数为 0.5，则下列说法正确的是( )。
    A. 两项资产的收益率之间不存在相关性
    B. 无法判断两项资产的收益率是否存在相关性
    C. 两项资产的组合可以分散一部分非系统性风险
    D. 两项资产的组合可以分散一部分系统性风险

12. 依据资本资产定价模型，在确定资产的必要收益率时，能够获得补偿的风险是( )。
    A. 系统风险　　B. 全部风险　　C. 非系统风险　　D. 特殊风险

13. 某公司股票的 β 系数为 1.5，市场组合收益率为 9%，短期国债收益率为 5%，根据资本资产定价模型，该公司股票的必要收益率为( )。
    A. 11.8%　　　B. 11%　　　C. 12%　　　D. 8.8%

14. 根据资本资产定价模型，假设其他因素不变，市场整体对风险的厌恶程度提高，将会导致( )。
    A. 无风险利率下降
    B. 市场风险溢酬上升
    C. 市场组合收益率下降
    D. 无风险利率上升

二、多选题

1. 下列各项中，影响投资的必要收益率的有( )。
    A. 资金的时间价值　B. 通货膨胀水平　C. 投资风险水平　D. 投资者的风险偏好

2. 已知纯粹利率为 2%，通货膨胀补偿率为 3%，风险收益率为 4%。则下列表述中，正确的有( )。
    A. 无风险收益率为 5%
    B. 必要收益率为 9%
    C. 必要收益率为 6%
    D. 无风险收益率为 2%

3. 下列关于单个证券投资风险度量指标的表述中，正确的有( )。
    A. β 系数度量投资的系统风险
    B. 标准差度量投资的非系统风险
    C. 方差度量投资的系统风险和非系统风险
    D. 标准差度量投资的系统风险和非系统风险

4. 下列各项因素中，影响投资组合收益率的有( )。
    A. 组合内各单项资产在投资组合中所占的价值比例
    B. 组合内各单项资产的收益率
    C. 组合内各单项资产的方差
    D. 组合内各单项资产收益率的相关系数

5. 市场上有两种有风险证券 x 和 y，下列情况下，两种证券组成的投资组合可以产生风险分散效应的有(　　)。
   A. x和y期望报酬率的相关系数是0　　B. x和y期望报酬率的相关系数是-1
   C. x和y期望报酬率的相关系数是1　　D. x和y期望报酬率的相关系数是0.5

6. 根据资本资产定价模型，下列关于 β 系数的说法中，正确的有(　　)。
   A. 市场组合的β系数等于1
   B. β系数可能为负值
   C. 证券资产组合的β系数一定低于组合中任一单个证券资产的β系数
   D. 国债的β系数等于0

三、判断题

1. 必要收益率是投资者对某资产合理要求的最高收益率。（　）
2. 财务管理中的风险是指企业在各项财务活动中，由于各种难以预料或无法控制的因素作用，使企业的实际收益与必要收益发生背离，从而蒙受经济损失的可能性。（　）
3. 标准离差率可用于收益率期望值不同的情况下的风险比较，标准离差率越大，表明风险越大。（　）
4. 当两种资产收益率的变化方向和变化幅度完全相反时，所构成的投资组合能够最大限度地抵消风险，甚至可以完全消除风险。（　）
5. 对于证券资产组合来说，当组合内资产数目增加到一定程度时，随着组合内资产数目的增加，风险分散效应会逐渐减弱。（　）
6. 由于系统风险无法分散，因此，改变证券资产组合中的资产价值比例，不会改变证券资产组合系统风险水平。（　）

四、计算题

1. 某投资组合由甲、乙两只股票构成，期望收益率为 9.6%。已知甲、乙两只股票的收益率完全正相关，其他相关资料如下：

市场情况	该种情况出现的概率		投资收益率	
	甲股票	乙股票	甲股票	乙股票
好	0.5	0.3	12%	20%
一般	0.2	0.5	7%	10%
差	0.3	0.2	2%	-5%

要求：
(1) 计算甲、乙两只股票的期望收益率；
(2) 计算甲、乙两只股票的标准差；
(3) 计算该投资组合中，甲、乙两只股票各自的投资比例；
(4) 计算该投资组合的收益率的标准差。

2. 假设证券投资的预期收益率与必要收益率相等。有关资料如下：

资料一：证券市场组合的收益率为8%，无风险收益率为3%；

资料二：市场上有 A、B 两只股票，预期收益率分别为9%和11%，标准差分别为7.2%和8.25%。

要求：

(1) 根据资料二，计算 A、B 两只股票的标准差率；

(2) 根据资料一和资料二，计算 A、B 两只股票的 β 系数；

(3) 根据(1)和(2)的计算结果，判断 A、B 两只股票哪个整体风险更大，哪个系统风险更大，并说明理由。

第三章

财务预测与预算

【知识目标】
1. 了解财务预测的目的及步骤。
2. 了解销售增长与外部融资的关系。
3. 了解财务预算的内涵及分类。
4. 掌握财务预算的销售百分比法及其他预测方法。
5. 理解内含增长率与可持续增长率的计算方法。
6. 熟悉财务预算的编制方法。

📖 案例导入

企业财务预测与财务预算对企业的发展很重要,财务预测中资金需求量的预测尤为重要,资金链就是企业的生命线,很多企业破产倒闭的直接原因就是资金链的断裂,我们通过以下几个案例来了解资金需求量的预测对企业的重要性。

案例一:四川派克杰纸业有限公司

2014年11月1日,四川派克杰纸业有限公司被传"倒闭",资金链断裂崩盘。公司拖欠员工3个月工资导致工人罢工堵门讨要血汗钱,供应商前来讨要货款。业界盛传两种说法:①加多宝、武汉恒业货款纠纷,据该公司员工透露,派克杰公司原本生意红火,因拖欠货款而导致资金链断裂;②有一部分人得知,公司法人加大对其他业务的投资(云南高速公路修建),从而导致企业资金链吃紧,员工工资3个月未发导致本次事件的发生。

案例二:福建省永春宏泰实业有限公司

2014年8月,福建省永春宏泰实业有限公司的分公司厦门宏璟纸品包装有限公司(以下简称宏璟纸品公司)因资金链断裂,被两家法院先后采取保全措施。9月,该企业134名工人向集美区劳动仲裁委申请仲裁,仲裁委裁决宏璟纸品公司应当支付谢某等人经济补偿金64万余元。而早在6月初,就有业内人士爆料,福建省永春宏泰实业有限公司经营陷入困境,法人代表林劫波及其妻子"失联"。公司前员工反映,近年来公司一直经营不善,原本打算上市,且上了很多高速瓦线,没想到经营陷入如此困境。9月底,原来的宏璟纸品公司已易主并恢复生产,老板已更换成刘姓人士,新的工厂名字为厦门泉璟纸品包装有限责任公司,宏璟纸品公司原有约1/3

的员工选择留下来在厦门泉璟纸品包装有限责任公司继续工作。

案例三：辰华纸业

2014年年初"华印纸箱"微信报道的"辰华事件"。辰华纸业是一家年营业额达50亿的纸业纸箱集团，2013年在多家银行的支持下，收购了4家纸箱厂和1家造纸厂(江苏万琦科技发展有限公司、辰华(常熟)包装制品有限公司、奉化海山芯瓦楞纸板有限公司、象山辰华包装制品有限公司以及宁波海山纸业有限公司)。辰华纸业想扩大经营，但是2014银行贷款政策突变，银行贷款收紧，不支持造纸及下游纸包装产业，贷款只收不放，造成公司短期内资金链断裂，欠下巨额债务，给企业经营造成突如其来的打击。

请思考： (1) 三家企业资金断裂的原因主要是什么？
(2) 资金需求量预测对企业的必要性和重要性？

第一节 财务预测

一、财务预测的意义与目的

财务预测是融资计划的前提。企业要对外提供产品和服务，必须有一定的资产。销售增加时，企业要相应增加流动资产，甚至还需增加固定资产。为取得扩大销售所需增加的资产，企业要筹措资金。这些资金，一部分来自保留盈余，另一部分通过外部融资取得。通常，销售增长率较高时保留盈余不能满足资金需要，即使获利良好的企业也需外部融资，对外融资，需要寻找提供资金的人，向他们做出还本付息的承诺或提供盈利前景，并使之相信其投资是安全的并且可以获利，这个过程往往需要较长时间。因此，企业需要预先知道自己的财务需求，提前安排融资计划，否则就可能发生资金周转问题。

财务预测有助于改善投资决策。根据销售前景估计出的融资需要不一定总能满足，因此，企业就需要根据可能筹措到的资金来安排销售增长以及有关的投资项目，使投资决策建立在可行的基础上。

预测的真正目的是帮助应变。财务预测与其他预测一样都不可能很准确。从表面上看，不准确的预测只能导致不准确的计划，从而使预测和计划失去意义。其实并非如此，预测给人展现了未来的各种可能的前景，促使人们制订出相应的应急计划。预测和计划是超前思考的过程，其结果并非仅仅是一个资金需要量数字，还包括对未来各种可能前景的认识和思考。预测可以提高企业对不确定事件的反应能力，从而减少不利事件出现带来的损失，增加利用有利机会带来的收益。

二、财务预测的步骤

(一) 销售预测

财务预测的起点是销售预测。一般情况下，财务预测把销售数据视为已知数，作为财务预测的起点。销售预测本身不是财务管理的职能,但它是财务预测的基础,销售预测完成后才能开始财务预测。

销售预测对财务预测的质量有重大影响,如果销售的实际状况超出预测很多,企业没有准备足够的资金添置设备或储备存货,则无法满足顾客需要,不仅会失去盈利机会,并且会丧失原有的市场份额,相反,销售预测过高,筹集大量资金购买设备并储备存货,则会造成设备闲置和存货积压,使资产周转率下降,导致权益收益率降低,股价下跌。

(二) 估计需要的资产

通常,资产是销售收入的函数,根据历史数据可以分析出该函数关系,根据预计销售收入以及资产与销售收入的函数,可以预测所需资产的数额,大部分经营负债也是销售的函数,亦应预测负债的自发增长,这种增长可以减少企业外部融资的数额。

(三) 估计各项费用和保留盈余

假设各项费用也是销售收入的函数,可以根据预计销售收入估计费用和损失,并在此基础上确定净利润,再根据净利润和股利支付率来估计保留盈余。

(四) 估计所需融资

根据预计资产总量,减去已有的资产、负债的自发增长和内部提供的资金来源便可得出外部融资的需求。

三、销售百分比法

销售百分比法是用来预测企业未来外部融资需求的一种方法,其基本要求是:首先假设收入、费用、资产、负债与销售收入之间存在稳定的百分比关系,然后根据预计的销售额和相应的百分比预计资产、负债和所有者权益,最后利用会计等式确定融资需求。

销售百分比法具体的计算过程有两种:一种是根据销售总额预计资产、负债和所有者权益总额,然后确定融资需求;另一种是根据销售的增加额预计资产、负债和所有者权益的增加额,然后确定融资需求。

1. 根据销售总额确定融资需求

根据销售总额确定融资需求,其预测程序如下。

(1) 确定随销售收入变动而呈同比率变动的资产项目(A_0)和负债项目(L_0)。

(2) 确定基期相关(敏感)项目的销售百分比(资产销售百分比、负债销售百分比)。

$$资产(负债) = 预计销售额 \times 各项目销售百分比$$

(3) 确定内部可筹集的资金量(折旧、留存收益)。

$$留存收益增加 = 预计销售额 \times 销售净利率 \times (1-股利支付率)$$

(4) 估计企业零星资金需要量。

(5) 计算外部融资需求。

外部融资需求＝预计总资产－预计总负债－预计股东权益－折旧＋零星资金需求

2. 根据销售增加量确定融资需求

融资需求＝资产增加－负债自然增加－留存收益增加－折旧＋零星资金需求

融资需求＝(资产销售百分比×新增销售额)－(负债销售百分比×新增销售额)－
[计划销售净利率×销售额×(1－股利支付率)]－折旧＋零星资金需求

【例3-1】光华公司2018年销售收入为20 000万元，固定资产的利用未达到饱和状态，增加销售收入不需要进行固定资产方面的投资。2018年12月31日的资产负债表(简表)如表3-1所示：

表3-1 资产负债表

2018年12月31日　　　　　　　　　　　　　　　　　　　　单位：万元

资产	期末余额	负债及所有者权益	期末余额
货币资金	1 000	应付账款	1 000
应收账款	3 000	应付票据	2 000
存货	6 000	长期借款	9 000
固定资产	7 000	实收资本	4 000
无形资产	1 000	留存收益	2 000
资产合计	18 000	负债及所有者权益合计	18 000

据历年财务数据分析，公司流动资产与流动负债随销售额同比率增减。若公司2019年计划销售收入比2018年增长20%，假定该公司2019年的销售净利率可达到10%，净利润的60%分配给投资者。折旧金额为50万元，有60%用于设备更新改造。零星资金需求量为20万元。

要求：预测2019年需要对外筹集的资金量。

计算结果如下：

(1) $A_0 = 1000 + 3000 + 6000 = 10\ 000(万元)$

资产销售百分比＝10 000÷20 000×100%＝50%

(2) $L_0 = 1000 + 2000 = 3000(万元)$

负债销售百分比＝3000÷20 000×100%＝15%

(3) 2019年销售净利润＝20 000×(1＋20%)×10%＝2400(万元)

(4) 2019年的留存收益＝2400×(1－60%)＝960(万元)

(5) 折旧提供的资金量＝50×(1－60%)＝20(万元)

(6) 需要对外筹集的资金量＝(50%－15%)×(20 000×20%)－960－20＋20＝440(万元)

销售百分比法是一种比较简单、粗略的预测方法。首先，该方法假设各项经营资产有经营负债与销售额保持稳定的百分比，可能与事实不符。其次，该方法假设计划销售利润率可以涵盖借款利息的增加，也不一定合理。

四、资金习性预测法

资金习性预测法是指根据资金习性预测未来资金需要量的一种方法。资金习性是指资金的变动同产销量变动之间的依存关系。按照资金习性,可以把资金分为不变资金、变动资金和半变动资金。

不变资金是指在一定的产销量范围内,不受产销量变动的影响而保持固定不变的那部分资金。

变动资金是指随产销量的变动而成同比例变动的那部分资金。它一般包括直接构成产品实体的原材料、外购件等占用的资金。

半变动资金是指虽然受产销量的变化的影响,但不成同比例变动的资金。半变动资金可采用一定的方法划分为不变资金和变动资金两部分。

资金习性预测法有两种形式:一种根据资金占用总额同销量的关系来预测资金需要量;另一种是采用先分项后汇总的方式预测资金需要量。

设产销量为自变量 x,资金占用量为因变量 y,它们之间的关系可用下列表示:

$$y = a + bx$$

式中:a 为不变资金;b 为单位产销量所需变动资金,其数值可采用高低点或回归直线法求得。

1. 高低点法

资金预测的高低点法是指根据企业一定期间资金占用的历史资料,按照资金习性原理和 $y = a + bx$ 直线方程式,选用最高收入期和最低收入期的资金占用量之差,同这两个收入期的销售额之差进行对比,先计算出 b 的值,然后再代入原直线方程,计算出 a 的值,从而推测资金发展趋势。其计算公式为

$$b = \frac{最高收入期资金占用量 - 最低收入期资金占用量}{最高销售收入 - 最低销售收入}$$

$$a = 最高收入期资金占用量 - b \times 最高销售收入$$

或 $\quad = 最低收入期资金占用量 - b \times 最低销售收入$

【例 3-2】某企业历史上现金占用与销售收入之间的关系如表 3-2 所示。求两者之间的资金习性 $y = a + bx$。

表3-2 现金与销售收入变化情况表　　　　　　　　　　　　　　单位:元

年度	销售收入 x	现金占用 y
2014	2 000 000	110 000
2015	2 400 000	130 000
2016	2 600 000	140 000
2017	2 800 000	150 000
2018	3 000 000	160 000

根据上述资料,采用高低点法计算分析如下:

$$b = \frac{最高收入期的资金占用量-最低收入期的资金占用量}{最高销售收入-最低销售收入}$$

$$= \frac{160\,000-110\,000}{3\,000\,000-2\,000\,000} = 0.05$$

$$a = 160\,000 - 0.05 \times 3\,000\,000 = 10\,000(元)$$

$$y = 10\,000 + 0.05x$$

2. 回归直线法

回归直线法是根据若干业务量与资金用量的历史资料,运用最小平方法原理计算不变资金和单位销售额变动资金的一种资金习性分析方法,其计算方式为

$$a = \frac{\sum x^2 \sum y - \sum x \sum xy}{n \sum x^2 - (\sum x)^2}$$

$$b = \frac{n \sum xy - \sum x \sum y}{n \sum x^2 - (\sum x)^2}$$

式中:y 为资金占用量;x 为产销量。

【例3-3】以表3-3资料为例,采用回归直线法计算2019年的资金需求量。

表3-3　资金需求量预测表　　　　　　　　　　　　　　　单位:万元

月份	产销量x	资金占用y	xy	x^2	y^2
1	400	3 300	1 320 000	160 000	10 890 000
2	300	2 700	810 000	90 000	7 290 000
3	500	4 500	2 250 000	250 000	20 250 000
4	400	3 700	1 480 000	160 000	13 690 000
5	800	5 200	4 160 000	640 000	27 040 000
6	600	4 600	2 760 000	360 000	21 160 000
$N=6$	$\sum x = 3000$	$\sum y = 24\,000$	$\sum xy = 12\,780\,000$	$\sum x^2 = 1\,660\,000$	100 320 000

计算分析过程如下:

$$b = \frac{n \sum xy - \sum x \sum y}{n \sum x^2 - (\sum x)^2} = \frac{6 \times 12\,780\,000 - 3000 \times 24\,000}{6 \times 1\,660\,000 - 3000^2} = 4.875$$

$$a = \frac{\sum y - b \sum x}{n} = \frac{24\,000 - 4.875 \times 3000}{6} = 1562.5$$

于是得到:$y = 1562.5 + 4.875x$。

从理论而言,回归分析法是一种计算结果最为精确的方法。

第二节　销售百分比法预测增长率与资金需求

由于企业要以发展求生存，销售增长是任何企业都无法回避的问题。企业增长的财务意义是资金增长，在销售增长时企业往往需要补充资金，这主要是因为销售增加通常会引起存货和应收账款等资产的增加。销售增长得越多，需要的资金越多。

从资金来源上看，企业增长的实现方式有以下三种。

(1) 完全依靠内部资金增长。有些小企业无法取得借款，有些大企业不愿意借款，它们主要是靠内部积累实现增长。内部的财务资源是有限的，往往会限制企业的发展，无法充分利用扩大企业财富的机会。

(2) 主要依靠外部资金增长。从外部筹资，包括增加债务和股东投资，也可以提高增长率，主要依靠外部资金实现增长是不能持久的。增加负债会使企业的财务风险增加，筹资能力下降，最终会使借款能力完全丧失；增加股东投入资本，不仅会分散控制权，而且会稀释每股盈余，除非追加投资有更高的回报率，否则不能增加股东财富。

(3) 平衡增长。平衡增长，就是保持目前的财务结构和与此有关的财务风险，按照股东权益的增长比例增加借款，以此支持销售增长。这种增长，一般不会消耗企业的财务资源，是一种可持续的增长方式。

一、销售增长率与外部融资的关系

(一) 外部融资销售增长比

既然销售增长会带来资金需求的增加，那么销售增长和融资需求之间就会有函数关系，根据这种关系，就可以直接计算特定增长下的融资需求。假设它们成正比例，两者之间有稳定的百分比，即销售额每增长1元需要追加的外部融资额，可将其称为"外部融资额占销售增长的百分比"，简称"外部融资销售增长比"。

其计算方法如下。

假设可动用的金融资产为零：

外部融资额＝(经营资产销售百分比×新增销售额)－
　　　　　　(经营负债销售百分比×新增销售额)－
　　　　　　[计划销售净利率×计划销售额×(1－股利支付率)]

新增销售额＝销售增长率×基期销售额

所以

外部融资额＝(基期销售额×增长率×经营资产销售百分比)－
　　　　　　(基期销售额×增长率×经营负债销售百分比)－
　　　　　　[计划销售净利率×基期销售额×(1＋增长率)×(1－股利支付率)]

两边同除"基期销售额×增长率":

外部融资销售增长比＝经营资产销售百分比－经营负债销售百分比－
   计划销售净利率×[(1＋增长率)÷增长率]×(1－股利支付率)

【例3-4】 某公司上年销售收入为3000万元，本年计划销售收入为4000万元，销售增长率为33%。假设经营资产销售百分比为66.67%，经营负债销售百分比为6.17%，计划销售净利率为4.5%，股利支付率为30%。

外部融资销售增长比＝66.67%－6.17%－4.5%×(1＋33%)÷33%×(1－30%)
   ＝0.605－0.127＝0.478

外部融资额＝外部融资销售增长比×销售增长＝0.478×1000＝478(万元)

如果销售增长500万元(+16.7%)，则：

外部融资额＝500×[66.67%－6.17%－4.5%×(1＋16.7%)÷16.7%×(1－30%)]
   ＝500×0.3848＝192.40(万元)

外部融资销售增长比不仅可以预计融资需求量，而且对于调整股利政策和预计通货膨胀对融资的影响等都十分有用。

例如，该公司预计销售增长5%，则：

外部融资销售增长比＝[0.605－4.5%×(1.05÷0.05)×0.7]×100%
   ＝[0.605－0.6615]×100%＝－5.65%

这说明企业有剩余资金[3000×5%×5.65%＝8.475(万元)]可用于增加股利或进行短期投资。

又如，预计明年通货膨胀率为10%，公司销量增长5%，则销售额的名义增长为15.5%。

外部融资销售增长比＝[0.605－4.5%×(1.155÷0.155)×0.7]×100%＝(0.605－0.2347)×100%＝37.03%

企业要按销售名义增长额的37.03%补充资金，才能满足需要。

即使实际增长为零，也需要补充资金，以弥补通货膨胀造成的货币贬值损失：

外部融资销售增长比＝[0.605－4.5%×(1.1÷0.1)×0.7]×100%＝(0.605－0.3465)×100%＝25.85%

销售的实物量不变，因通货膨胀造成的名义增长为10%，每年需补充资金：

外部融资额＝3000×10%×25.85%＝77.55(万元)

(二) 外部融资需求的敏感分析

外部融资需求的多少，不仅取决于销售的增长，还要看股利支付率和销售净利率。股利支付率越高，外部融资需求越大；销售净利率越大，外部融资需求越少。

例3-4中，企业股利支付率是30%，外部融资需求为478万元。若预计销售额仍为4000万元，股利支付率改为100%，则：

外部融资需求＝(4000－3000)×66.67%－(4000－3000)×6.17%－4.5%×4000×(1－100%)＝605(万元)

股利支付率为0，则：

外部融资额＝(4000－3000)×66.67%－(4000－3000)×6.17%－4.5%×4000×(1－0)＝605－180＝425(万元)

例 3-4 中，企业的销售净利率是 4.5%，外部融资需求为 478 万元，若销售净利率为 10%，则：
外部融资额=(4000−3000)×66.67%−(4000−3000)×6.17%−10%×4000×(1−30%)=605−280=325(万元)

二、内含增长率

销售额增加引起的资金需求增长，有两种途径来满足：一是内部保留盈余的增加；二是外部融资(包括借款和股权融资，不包括经营负债的自然增长)。如果企业不能或不打算从外部融资，则只能靠内部积累，从而限制了销售的增长。此时的销售增长率，称为"内含增长率"。

【例 3-5】沿用例 3-4，假设外部融资等于 0：

0 = 资产销售百分比−负债销售百分比−计划销售净利率×[(1+增长率)÷增长率]
　　×(1−股利支付率)

0 = 66.67% − 6.17% − 4.5%×[(1+增长率)÷增长率]×70%

19.206 = [1/增长率+1]

18.206 = 1/增长率

增长率 = 5.493%

验算：

新增销售额 = 3000×5.493% = 164.79(万元)

计划销售额 = 3000+164.79 = 3164.79(万元)

外部融资额 = (资产销售百分比×新增销售额)−(负债销售百分比×新增销售额)−
　　　　　　[销售利润率×计划销售额×(1−股利支付率)]

= (66.67%×164.79) − (6.17%×164.79) − (4.5%×3164.79×70%)

= 109.9 − 10.2 − 99.7

= 0(万元)

三、可持续增长率

(一) 可持续增长率的概念

可持续增长率是指不增发新股并保持目前经营效率和财务政策条件下公司销售所能增长的最大比率。

可持续增长率的假设条件如下所示。

(1) 公司目前的资本结构是个目标结构，并且打算继续维持下去。
(2) 公司目前的股利支付率是一个目标支付率，并且打算继续维持下去。
(3) 不愿意或者不打算发售新股，增加债务是其唯一的外部筹资来源。
(4) 公司的销售净利率将维持当前水平，并且可以涵盖负债的利息。
(5) 公司的资产周转率将维持当前的水平。

在上述假设条件成立时，销售的实际增长率与可持续增长率相等。

虽然企业各年的财务比率总会有些变化，但上述假设基本上符合大多数公司的情况。大多数公司不能随时增发新股。据国外的有关统计资料显示，上市公司平均每20年出售次新股。我国上市公司增发新股亦有严格的审批程序，并且至少要间隔一定年限。改变经营效率(改变资产周转率和销售净利率)和财务政策(增发股份或改变资产负债率和收益留存率)，对于一个理智的公司来说是件非常重大的事情，对于根本就没有明确的经营和财务政策的企业除外。

可持续增长的资产，不是说企业的增长不可以高于或低于可持续增长率，问题在于管理人员必须事先预计并且加以解决在公司超过可持续增长率之上的增长所导致的财务问题。如果不增发新股，超过部分的资金只有两个解决办法：提高资产收益率，或者改变财务政策。提高经营效率并非总是可行的，改变财务政策是有风险和极限的，因此超常增长只能是短期的。尽管企业的增长时快时慢，但从长期来看总是受到可持续增长率的制约。

平衡增长的资产、负债和股东权益关系为

年初资产100万元＝年初负债40万元＋年初股东权益60万元

新增资产10万元＝新增负债4万元＋新增股东权益6万元

(二) 可持续增长率的计算

1. 根据期初股东权益计算可持续增长率

限制销售增长的是资产，限制资产增长的是资金来源(包括负债和股东权益)。在不改变经营效率和财务政策的情况下(即企业平衡增长)，限制资产增长的是股东权益的增长率。因此，可持续增长率的计算公式可推导如下：

$$
\begin{aligned}
可持续增长率 &= 股东权益增长率 \\
&= \frac{股东权益本期增加}{期初股东权益} \\
&= \frac{本期净利 \times 本期收益留存率}{期初股东权益} \\
&= 期初权益资本净利率 \times 本期收益留存率 \\
&= \frac{本期净利}{本期销售} \times \frac{本期销售}{期末总资产} \times \frac{期末总资产}{期初股东权益} \times 本期收益留存率 \\
&= 销售净利率 \times 总资产周转率 \times 收益留存率 \times 期初权益期末总资产乘数
\end{aligned}
$$

应注意，这里的权益乘数是用期初权益计算的，而不要用期末权益计算。

【例3-6】城科公司2014—2018年的主要财务数据如表3-4所示。

表3-4 根据期初股东权益计算的可持续增长率　　　　　　　　　　　　单位：万元

年度	2014	2015	2016	2017	2018
收入	1000	1100	1650	1375	1512.5
税后利润	50	55	82.5	68.75	75.63
股利	20	22	33	27.5	30.25
留存收益	30	33	49.5	41.25	45.38
股东权益	330	363	412.5	453.75	499.13
负债	60	66	231	82.5	90.75
总资产	390	429	643.5	536.25	589.88

(续表)

年度	2014	2015	2016	2017	2018
可持续增长率计算					
销售净利率	5%	5%	5%	5%	5%
销售收入/总资产	2.5641	2.5641	2.5641	2.5641	2.5641
总资产/期初股东权益	—	1.3	1.7727	1.3	1.3
收益留存率	60%	60%	60%	60%	60%
可持续增长率	10%	10%	13.64%	10%	10%
实际增长率		10%	50%	-16.67%	10%

根据可持续增长率公式(期初股东权益)，计算如下：

可持续增长率(2015年) = 销售净利率×总资产周转率×期初权益期末总资产乘数×收益留存率
= 5%×2.5641×1.3×60% = 10%

$$实际增长率(2015年) = \frac{本年销售 - 上年销售}{上年销售} = (1100 - 1000) \div 1000 = 10\%$$

其他年份的计算方法与此相同。

2. 根据期末股东权益计算可持续增长率

可持续增长率也可以全部用期末数和本期发生额计算，而不使用期初数。其推导过程如下。
由于企业增长所需资金的来源有增加负债和增加股东权益两个来源，所以：

$$资产增加 = 股东权益增加 + 负债增加 \qquad ①$$

假设资产周转率不变，即资产随销售正比例增加，则

$$\frac{资产增加}{本期资产总额} = \frac{销售增加}{本期销售额}$$

$$资产增加 = \frac{销售增加}{本期销售额} \times 本期资产总额 \qquad ②$$

假设不增发新股，销售净利率不变，则

$$股东权益增加 = 收益留存率 \times \frac{净利润}{销售额} \times (基期销售额 + 销售增加额) \qquad ③$$

假设财务结构不变，即负债和股东权益同比例增加，则

$$负债的增加额 = 股东权益增加 \times \frac{负债}{股东权益}$$

$$= 收益留存率 \times \frac{净利率}{销售额} \times (基期销售额 + 销售增加额) \times \frac{负债}{股东权益} \qquad ④$$

将式②、式③和式④代入式①：

$$\frac{销售增加}{本期销售额} \times 本期资产总额 = 收益留存率 \times \frac{净利率}{销售额} \times (基期销售额 + 销售增加额) +$$

$$收益留存率 \times \frac{净利率}{销售额} \times (基期销售额 + 销售增加额) \times \frac{负债}{股东权益}$$

整理以后得

$$可持续增长率 = \frac{销售增加}{基期销售} = \frac{收益留存率 \times 销售净利率 \times (1+\frac{负债}{股东权益})}{\frac{资产}{销售额} - [收益留存率 \times 销售净利率 \times (1-\frac{负债}{股东权益})]}$$

如果分子和分母,同时乘以(销售÷资产):

$$可持续增长率 = \frac{收益留存率 \times \frac{净利}{销售} \times \frac{资产}{权益} \times \frac{销售}{资产}}{1-收益留存率 \times \frac{净利}{销售} \times \frac{资产}{权益} \times \frac{销售}{资产}}$$

使用例3-6的数据,根据本公式计算的可持续增长率如表3-5所示。

表3-5 根据期末股东权益计算的可持续增长率 单位:万元

年度	2014	2015	2016	2017	2018
收入	1000	1100	1650	1375	1512.5
税后利润	50	55	82.5	68.75	75.63
股利	20	22	33	27.5	30.25
留存收益	30	33	49.5	41.25	45.38
股东权益	330	363	412.5	453.75	499.13
负债	60	66	231	82.5	90.75
总资产	390	429	643.5	536.25	499.13
可持续增长率计算					
销售净利率	5%	5%	5%	5%	5%
销售收入/总资产	2.5641	2.5641	2.5641	2.5641	2.5641
总资产/期初股东权益	1.1818	1.1818	1.5600	1.1818	1.1818
收益留存率	60%	60%	60%	60%	60%
可持续增长率	10%	10%	13.64%	10%	10%
实际增长率		10%	50%	-16.67%	10%

$$根据可持续增长率(2015年) = \frac{5\% \times 2.5641 \times 1.1818 \times 60\%}{1-5\% \times 2.5641 \times 1.1818 \times 60\%} = 10\%$$

其他各年的可持续增长率的计算方法与此相同。

通过比较表3-4和表3-5可以看出,两个公式计算的可持续增长率是一致的。

第三节 财务预算

财务预算是企业全面预算的一部分,它和其他预算是联系在一起的,整个全面预算是一个数字相互衔接的一个整体。

一、全面预算体系

预算是计划工作的成果,它既是决策的具体化,又是控制生产经营活动的依据。预算在传统上被看成是控制支出的工具,但新的观念将其看成是"使企业的资源获得最佳生产率和获利率的一种方法"。

(一) 全面预算的内容

全面预算是由一系列预算构成的体系,各项预算之间相互联系,关系比较复杂,很难用一个简单的办法准确描述。图3-1是一个简化了的例子,反映了各预算之间的主要联系。

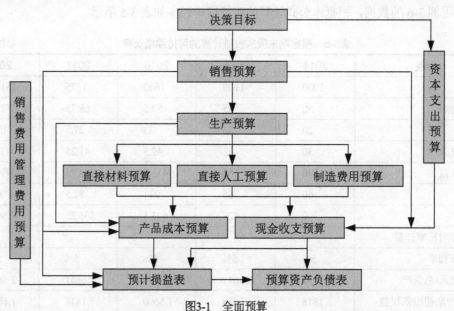

图3-1 全面预算

企业应根据长期市场预测和生产能力,编制长期销售预算,以此为基础,确定本年度的销售预算,并根据企业财力确定资本支出预算。销售预算是年度预算的编制起点,根据"以销定产"的原则确定生产预算,同时确定所需要的销售费用。生产预算的编制,除了考虑计划销售量外,还要考虑现有存货和年末存货。根据生产预算来确定直接材料、直接人工和制造费用预算。产品成本预算和现金预算是有关预算的汇总。利润表预算和资产负债表预算是全部预算的综合。

全面预算按其涉及的预算期分为长期预算和短期预算。长期预算包括长期销售预算和资本支出预算,有时还包括长期资金筹措预算和研究与开发预算。短期预算是指年度预算,或者时间更短的季度或月度预算，如直接材料预算、现金预算等。通常长期和短期的划分以1年为界限，有时把2~3年期的预算称为中期预算。

全面预算按其涉及的内容分为总预算和专门预算。总预算是指利润表预算和资产负债表预算，它们反映企业的总体状况，是各种专门预算的综合。专门预算是指其他反映企业某一方面经济活动的预算。

全面预算按其涉及的业务活动领域分为销售预算、生产预算和财务预算。前两个预算统称业务预算，用于计划企业的基本经济业务。财务预算是关于资金筹措和使用的预算，包括短期的现金收支预算和信贷预算，以及长期的资本支出预算和长期资金筹措预算。

(二) 全面预算的作用

企业预算是各级各部门工作的奋斗目标、协调工具、控制标准、考核依据，在经营管理中发挥着重大作用。

企业的目标是多重的，不能用唯一的数量指标来表达。企业的主要目标是盈利，但也要考虑社会的其他限制。因此，企业需要通过预算分门别类、有层次地表达企业的各种目标。企业的总目标，通过预算被分解成各级各部门的具体目标。它们根据预算安排各自的活动，如果各级各部门都完成了自己的具体目标，企业的总目标也就有了保障。预算中规定了企业一定时期的总目标以及各级各部门的子目标，可以动员全体职工为此而奋斗。

企业内部各级各部门必须协调一致，才能最大限度地实现企业的总目标。各级各部门因其职责不同，往往会出现互相冲突的现象。例如，企业的销售、生产、财务等各部门可以分别编出对自己来说是最好的计划，而该计划在其他部门不一定能行得通。销售部门根据市场预测，提出一个庞大的销售计划，生产部门可能没有那么大的生产能力；生产部门可以编制一个充分发挥生产能力的计划，但销售部门却可能无力将这些产品推销出去；销售和生产部门都认为应当扩大生产能力，财务部门可能认为无法筹集到必要的资金。企业预算运用货币度量来表达，具有高度的综合性，经过综合平衡以后可以体现解决各级各部门冲突的最佳办法，可以使各级各部门的工作在此基础上协调起来。

计划一经确定，就进入了实施阶段，管理工作的重心转入控制过程，即设法使经济活动按计划进行，控制过程包括经济活动状态的计量、实际状态和标准的比较、两者差异的确定和分析以及采取措施调整经济活动等。预算是控制经济活动的依据和衡量其合理性的标准，当实际状态和预算有了较大差异时，要查明原因并采取措施。

现代化生产是许多人共同劳动的过程，不能没有责任制度，而有效的责任制度离不开对工作成绩的考核，通过考核，对每个人的工作进行评价，并据此实行奖惩和人事任免，可以促使人们更好地工作，考核与不考核是大不一样的。当管理人员根据他们的工作业绩来评价其能力并实行奖惩时，他们将会更努力地工作。超过上年或历史最高水平，只能说明有所进步，而不说明这种进步已经达到了应有的程度。由于客观条件的变化，收入减少或成本增加并不一定是管理人员失职造成的，很难依据历史变化趋势说明工作的好坏，当然，考核时也不能只看预算是否被完全执行了，某些偏差可能是有利的，如增加销售费用可能对企业总体有利；反之，年终突击花钱，虽未超过预算，但也不是一种好的现象。

为使预算发挥上述作用，企业除了要编制一个高质量的预算外，还应制定合理的预算管理制度，包括编制程序、预算执行情况的分析方法、调查和奖惩办法等。

(三) 全面预算的编制程序

企业预算的编制,涉及经营管理的各个部门,只有执行人参与预算的编制,才能使预算成为他们自愿努力完成的目标,而不是外界强加于他们的枷锁。

企业预算的编制程序如下。

(1) 策划机构根据长期规划,利用本量利分析等工具,提出企业一定时期的总目标,并下达规划指标。

(2) 基层的成本控制人员自行草编预算,使预算能较为可靠、符合实际。

(3) 各部门汇总部门预算,并初步协调本部门预算,编制出销售、生产、财务等预算。

(4) 预算委员会审查、平衡各预算,汇总出公司的总预算。

(5) 经过总经理批准,审议机构通过或者驳回修改预算。

(6) 主要预算指标报告给董事会或上级主管单位,讨论通过或者驳回修改。

(7) 批准后的预算下达给各部门执行。

二、现金预算的编制

现金预算的内容,包括现金收入、现金支出、现金多余或不足的计算,以及不足部分的筹措方案和多余部分的利用方案等。它可以分开编成短期现金收支预算和短期信贷预算两个预算,也可以合在一起编成一个预算。

现金预算实际上是其他预算有关现金收支部分的汇总,以及收支差额平衡措施的具体计划,它的编制,要以其他各项预算为基础,或者说其他预算在编制时要为现金预算做好数据准备。

下面分别介绍各项预算,以及它们如何为编制现金预算准备数据。

(一) 销售预算

销售预算是整个预算的编制起点,其他预算的编制都以销售预算作为基础。表3-6是城科公司的销售预算。

表3-6 销售预算

季度	一	二	三	四	全年
预计销售量(件)	100	150	200	180	630
预计单位售价(元)	200	200	200	200	200
销售收入(元)	20 000	30 000	40 000	36 000	126 000
预计现金收入					
上年应收账款(元)	6 200				6 200
第一季度(销货20000)(元)	12 000	8 000			20 000
第二季度(销货30000)(元)		18 000	12 000		30 000
第三季度(销货40000)(元)			24 000	16 000	40 000
第四季度(销货36000)(元)				21 600	21 600
现金收入合计	18 200	26 000	36 000	37 600	117 800

销售预算的主要内容是销量、单价和销售收入。销量是根据市场预测或销货合同并结合企业生产能力确定的；单价是通过价格决策确定的；销售收入是两者的乘积，在销售预算中计算得出。

销售预算通常要分品种、分月份、分销售区域、分推销员来编制。为了简化，本例只划分了季度销售数据。

销售预算中通常还包括预计现金收入的计算，其目的是为编制现金预算提供必要的资料。第一季度的现金收入包括两部分，即上年应收账款在本年第一季度收到的货款，以及本季度销售中可能收到的货款部分。本例中，假设每季度销售收入中，本季度收到现金的60%，另外40%的现金要到下季度才能收到。

(二) 生产预算

生产预算是在销售预算的基础上编制的，其主要内容有销售量、期初和期末存货、生产量。表3-7是城科公司的生产预算。

表3-7 生产预算   单位：件

季度	一	二	三	四	全年
预计销售量	100	150	200	180	630
加：预计期末存货	15	20	18	20	20
合计	115	170	218	200	650
减：预计期初存货	10	15	20	18	10
预计生产量	105	155	198	182	640

通常，企业的生产和销售不能做到"同步同量"，企业需要设置一定的存货，以保证在发生意外需求时能按时供货，并可均衡生产，节省赶工的额外支出。存货数量通常按下期销售量的一定百分比确定，本例按下期销售量的10%安排期末存货，年初存货是编制预算时预计的，年末存货根据长期销售趋势来确定，本例假设年初有存货10件，年末留存20件。存货预算也可单独编制。

生产预算的"预计销售量"来自销售预算，其他数据在表3-7中计算得出：

预计期末存货 = 下季度销售量 × 10%
预计期初存货 = 上季度期末存货
预计生产量 = (预计销售量 + 预计期末存货) - 预计期初存货

生产预算在实际编制时是比较复杂的，产量受到生产能力的限制，存货数量受到仓库容量的限制，只能在此范围内来安排存货数量和各期生产量。此外，产品可能在有的季度销量很大，可以用赶工方法增产，为此要多付加班费，如果提前在淡季生产，会因增加存货而多付资金利息，因此，要权衡两者得失，选择成本最低的方案。

(三) 直接材料预算

直接材料预算，是以生产预算为基础编制的，同时要考虑原材料存货水平。

表 3-8 是城科公司的直接材料预算表。其主要内容有直接材料的单位产品用量、生产需用量、期初和期末存量等。"预计生产量"的数据来自生产预算;"单位产品材料用量"的数据来自标准成本资料或消耗定额资料;"生产需用量"是上述两项的乘积;年初和年末的材料存货量,是根据当前情况和长期销售预测估计的;各季度"期末材料存量"根据下季度生产量的一定百分比确定,本例按20%计算;各季度"期初材料存量"是上季度的期末存货。预计各季度"采购量"根据下式计算确定:

$$预计采购量=(生产需用量+期末存量)-期初存量$$

为了便于以后编制现金预算,通常要预计材料采购各季度的现金支出。每个季度的现金支出包括偿还上期应付账款和本期应支付的采购货款。本例假设材料采购的货款有50%在本季度内付清,另外50%在下季度付清。这个百分比是根据经验确定的。如果材料品种很多,需要单独编制材料存货预算。

表3-8 直接材料预算

季度	一	二	三	四	全年
预计生产量(件)	105	155	198	182	640
单位产品材料用量(千克/件)	10	10	10	10	10
生产需用量(千克)	1 050	1 550	1 980	1 820	6 400
加:预计期末存量(千克)	310	396	364	400	400
合计	1 360	1 946	2 344	2 220	6 800
减:预计期初存量(千克)	300	310	396	364	300
预计材料采购量(千克)	1 060	1 636	1 948	1 856	6 500
单价(元/千克)	5	5	5	5	5
预计采购金额(元)	5 300	8 180	9 740	9 280	32 500
预计现金支出					
上年应付账款(元)	2 350				2 350
第一季度(销货5300)(元)	2 650	2 650			5 300
第二季度(销货8180)(元)		4 090	4 090		8 180
第三季度(销货9740)(元)			4 870	4 870	9 740
第四季度(销货9280)(元)				4 640	4 640
现金支出合计	5 000	6 740	8 960	9 510	30 210

(四) 直接人工预算

直接人工预算也是以生产预算为基础编制的,其主要内容有预计产量、单位产品工时、人工总工时、每小时人工成本和人工总成本。预计产量数据来自生产预算;单位产品人工工时和每小时人工成本数据来自标准成本资料;人工总工时和人工总成本是在直接人工预算中计算出来的。城科公司的直接人工预算如表 3-9 所示。由于人工工资都需要使用现金支付,所以,不需另外预计现金支出,可直接参加现金预算的汇总。

表3-9 直接人工预算

季度	一	二	三	四	全年
预计产量(件)	105	155	198	182	640
单位产品工时(小时/件)	10	10	10	10	10
人工总工时(小时)	1 050	1 550	1 980	1 820	6 400
每小时人工成本(元/小时)	2	2	2	2	2
人工总成本(元)	2 100	3 100	3 960	3 640	12 800

(五) 制造费用预算

制造费用预算通常分为变动制造费用和固定制造费用两部分,变动制造费用以生产预算为基础来编制。如果有完善的标准成本资料,用单位产品的标准成本与产量相乘,即可得到相应的预算金额。如果没有标准成本资料,计划产量需要的各项制造费用就需要逐项预计。固定制造费用需要逐项进行预计,通常与本期产量无关,按每季度实际需要的支付额预计,然后求出全年数。表3-10是城科公司的制造费用预算表。

表3-10 制造费用预算　　　　　　　　　　单位:元

季度	一	二	三	四	全年
变动制造费用:					
间接人工	105	155	198	182	640
间接材料	105	155	198	182	640
修理费	210	310	396	364	1 280
水电费	105	155	198	182	640
小结	525	775	990	910	3 200
固定制造费用					
修理费	1 000	1 140	900	900	3 940
折旧	1 000	1 000	1 000	1 000	4 000
管理人员工资	200	200	200	200	800
保险费	75	85	110	190	460
财产税	100	100	100	100	400
小结	2 375	2 525	2 310	2 390	9 600
合计	2 900	3 300	3 300	3 300	12 800
减:折旧	1 000	1 000	1 000	1 000	4 000
现金支出费用	1 900	2 300	2 300	2 300	8 800

为了便于以后编制产品成本预算,需要计算小时费用率。

变动制造费用分配率 = 3200 ÷ 6400 = 0.5(元/小时)
固定制造费用分配率 = 9600 ÷ 6400 = 1.5(元/小时)

为了便于以后编制现金预算，需要预计现金支出。制造费用中除折旧费外，其他都需支付现金，所以，根据每个季度制造费用数额扣除折旧费后，即可得出"现金支出费用"。

(六) 产品成本预算

产品成本预算，是生产预算、直接材料预算、直接人工预算、制造费用预算的汇总，其主要内容是产品的单位成本和总成本。单位产品成本的有关数据，来自前述三个预算。生产量、期末存货量来自生产预算，销售量来自销售预算。生产成本、存货成本和销货成本等数据，根据单位成本和有关数据计算得出。表 3-11 是城科公司的成本预算。

表3-11 产品成本预算

	单位成本			生产成本(元)	期末存货(元)	销货成本(元)
	单价(元/件)	投入量(件)	成本(元)	(640件)	(20件)	(630件)
直接材料	5	10	50	32 000	1 000	31 500
直接人工	2	10	20	12 800	400	12 600
变动制造费用	0.5	10	5	3 200	100	3 150
固定制造费用	1.5	10	15	9 600	300	9 450
合计			90	57 600	1 800	56 700

(七) 销售及管理费用预算

销售费用预算，是指为了实现销售预算所需支付的费用预算。它以销售预算为基础，分析销售收入、销售利润和销售费用的关系，力求实现销售费用的最有效使用。在安排销售费用时，要利用本量利分析方法，费用的支出应能获取更多的收益。在草拟销售费用预算时，要对过去的销售费用进行分析，考察过去销售费用支出的必要性和效果。销售费用预算应和销售预算相配合，应有按品种、按地区、按用途的具体预算数额表。表 3-12 是城科公司的销售及管理费用预算表。

表3-12 销售及管理费用预算　　　　　　　　　　　　　　　　单位：元

销售费用：	
销售人员工资	2 000
广告费	5 500
包装、运输费	3 000
保管费	2 700
管理费用：	
管理人员薪金	4 000
福利费	800
保险费	600
办公费	1 400
合计	20 000
每季度支付现金(20 000÷4)	5 000

管理费用是搞好一般管理业务所必须的费用。随着企业规模的扩大，一般管理职能日益重要，其费用也相应增加。企业在编制管理费用预算时，要分析企业的业务成绩和一般经济状况，务必做到费用合理化。管理费用多属于固定成本，所以，企业一般是以过去的实际开支为基础，按预算期的可预见变化来调整它，重要的是，必须充分考察每种费用是否必要，以便提高费用效率。

(八) 现金预算

现金预算由四部分组成：现金收入、现金支出、现金多余或不足，现金的筹措和运用，如表 3-13 所示。

表3-13 现金预算 单位：元

季度	一	二	三	四	全年
期初现金余额	8 000	8 200	6 000	6 290	8 000
加：现金收入	18 200	26 000	36 000	37 600	117 800
可动用现金	26 200	34 200	42 000	43 890	125 800
减：现金支出					
直接材料	5 000	6 740	8 960	9 510	30 210
直接人工	2 100	3 100	3 960	3 640	12 800
制造费用	1 900	2 300	2 300	2 300	8 800
销售及管理费用	5 000	5 000	5 000	5 000	20 000
所得税费用	4 000	4 000	4 000	4 000	16 000
购置设备		10 000			10 000
股利		8 000		8 000	16 000
现金支出合计	18 000	39 140	24 220	32 450	113 810
现金多余或不足	8 200	-4 940	17 780	11 440	11 990
向银行借款		11 000			11 000
归还借款			11 000		11 000
短期借款利息(年利 10%)			550		550
长期借款利息(年利 12%)				1080	1080
期末现金余额	8 200	6 060	6 230	10 360	10 360

"现金收入"部分包括期初现金余额和预算期现金收入，销货取得的现金收入是其主要来源。期初的现金余额是在编制预算时预计的，销货现金收入的数据来自销售预算，"可动用现金"是期初余额与本期现金收入之和。

"现金支出"部分包括预算期的各项现金支出。其中"直接材料""直接人工""制造费用""销售及管理费用"的数据分别来自前述有关预算。此外，"现金支出"部分还包括所得税费用、购置设备，股利分配等现金支出，有关的数据分别来自另行编制的专门预算。

"现金多余或不足"部分列示现金收入合计与现金支出合计的差额。差额为正，说明收大于支，现金有多余，可用于偿还过去向银行取得的借款或用于短期投资；差额为负，说明支大于收，现金不足，要向银行取得新的借款。本例中，该企业需要保留的现金余额为6000元，不足此数时需要向银行借款。假设银行借款的金额要求是1000元的倍数，那么，第二季度借款额为

$$\begin{aligned}借款额 &= 最低现金余额 + 现金不足额 \\ &= 6000 + 4940 \\ &= 10\,940 \\ &\approx 11\,000(元)\end{aligned}$$

第三季度现金多余，可用于偿还借款。一般按"每期期初借入，每期期末归还"来预计利息，故本例借款期为6个月。假设利率为10%，则应计利息为550元：

$$利息 = 11\,000 \times 10\% \times 6 \div 12 = 550(元)$$

此外，长期借款利息应纳入预算。本例中，长期借款余额为9000元，利率为12%，第四季度预计支付的利息为1080元。

还款后，现金余额仍需保持最低，否则，借款只能被部分归还。

现金预算的编制，以各项营业预算和资本预算为基础，它反映各预算期的收入款项和支出款项，并作对比说明。其目的在于资金不足时筹措资金，资金多余时及时处理现金余额，并且提供现金收支的控制限额，发挥现金管理的作用。

三、利润表和资产负债表预算的编制

利润表和资产负债表预算是财务管理的重要工具，包括利润表预算和资产负债表预算。

财务报表预算的作用与历史实际的财务报表不同。所有企业都要在年终编制历史实际的财务报表，这是有关法规的强制性规定，其主要目的是向外部报表使用人提供财务信息，当然，这并不表明常规财务报表对企业没有价值。财务报表预算主要为企业财务管理服务，是控制企业资金、成本和利润总量的重要手段。因其可以从总体上反映一定时期企业经营的全局情况，通常称为企业的"总预算"。

（一）利润表预算的编制

表3-14是城科公司的利润预算表，它是根据上述各有关预算编制的。

表3-14 利润预算表 单位：元

项目	金额
销售收入	126 000
减：销售成本	56 700
毛利	69 300
销售及管理费用	20 000
利息	1 630
利润总额	47 670
所得税费用	16 000
税后净收益	31 670

其中，"销售收入"项目的数据，来自销售收入预算；"销售成本"项目的数据，来自产品成本预算；"毛利"项目的数据是前两项的差额；"销售及管理费用"项目的数据，来自销售费用及管理费用预算；"利息"项目的数据，来自现金预算。

另外，"所得税费用"项目是在利润规划时估计的，并已列入现金预算。它通常不是根据"利润"和所得税税率计算出来的，因为有诸多纳税调整的事项存在。此外，从预算编制程序上看，如果根据"本年利润"和税率重新计算所得税，就需要修改"现金预算"，引起信贷计划修订，进而改变"利息"，最终又要修改"本年利润"，从而陷入数据的循环修改。

利润表预算与实际利润表的内容、格式相同，只不过数据是面向预算期的。它是在汇总销售、成本、销售及管理费用、营业外收支、资本支出等预算的基础上加以编制的。通过编制利润表预算，企业可以了解企业预期的盈利水平。如果预算利润与最初编制方针中的目标利润有较大的不一致，企业就需要调整部门预算，设法达到目标，或者经企业领导同意后修改目标利润。

(二) 资产负债表预算的编制

资产负债表预算与实际的资产负债表内容、格式相同，只不过数据是反映预算期末的财务状况，该表是利用本期期初资产负债表，根据销售、生产、资本等预算的有关数据加以调整编制的。

表 3-15 是城科公司的资产负债表预算，大部分项目的数据来源已注明在表中。普通股、长期借款两项指标本年度没有变化，年末"未分配利润"是这样计算的：

$$期末未分配利润 = 期初未分配利润 + 本期利润 - 本期股利$$
$$= 16\ 250 + 31\ 670 - 16\ 000$$
$$= 31\ 920 (元)$$

表3-15　资产负债表预算　　　　　　　　　　　　　　　单位：元

资产			权益		
项目	年初	年末	项目	年初	年末
现金	8 000	10 360	应付账款	2 350	4 640
应收账款	6 200	14 400	长期借款	9 000	9 000
直接材料	1 500	2 000	普通股	20 000	20 000
产成品	900	1 800	未分配利润	16 250	31 920
固定资产	35 000	45 000			
累计折旧	4 000	8 000			
资产总额	47 600	65 560	权益总额	47 600	65 560

"应收账款"是根据表 3-6 中的第四季度销售额和本期收现率计算的：

$$期末应收账款 = 本期销售额 \times (1 - 本期收现率) = 36\ 000 \times (1 - 60\%) = 14\ 400(元)$$

"应付账款"是根据表 3-8 中的第四季度采购金额和付现率计算的：

$$期末应付账款 = 本期采购金额 \times (1 - 本期付现率) = 9280 \times (1 - 50\%) = 4640(元)$$

编制资产负债表预算的目的在于判断预算反映的财务状况的稳定性和流动性。如果通过资产负债表预算的分析，发现某些财务比率不佳，必要时可修改有关预算，以改善财务状况。

因为现金预算已经完成编制，通常现金流量表预算就没有必要再进行编制。

第四节 弹性预算

所谓弹性预算，是企业在不能准确预测业务量的情况下，根据本、量、利之间有规律的数量关系，按照一系列业务量水平编制的有伸缩性的预算。只要这些数量关系不变，弹性预算可以持续使用较长时期，不必每月重复编制。弹性预算主要用于各种间接费用预算，有些企业也用于利润预算。

一、弹性预算的特点

编制弹性预算，要选用一个最能代表生产经营活动水平的业务量计量单位。

弹性预算法所采用的业务量范围，视企业或部门的业务量变化情况而定，务必使实际业务量不至于超出相关的业务量范围，一般来说，可定在正常生产能力的 70%～110%，或以历史上最高业务量和最低业务量为其上下限。弹性预算法编制预算的准确性，在很大程度上取决于成本性态分析的可靠性。

与按特定业务量水平编制的固定预算相比，弹性预算有两个显著特点：第一，弹性预算是按一系列业务量水平编制的，从而扩大了预算的适用范围；第二，弹性预算是按成本性态分类列示的，在预算执行中可以计算一定实际业务量的预算成本，便于预算执行的评价和考核。

二、弹性预算的基本步骤

运用弹性预算法编制预算的基本步骤如下。
(1) 选择业务量的计量单位。
(2) 确定适用的业务量范围。
(3) 逐项研究并确定各项成本和业务量之间的数量关系。
(4) 计算各项预算成本，并用一定的方式来表达。

三、弹性预算的方法

弹性预算法又分两种具体方法：列表法和公式法。

1. 列表法

列表法是在预计的业务量范围内将业务量分为若干个水平，然后按不同的业务量水平编制预算。

列表法的优点是不管实际业务量多少，不必经过计算即可找到与业务量相近的预算成本。

混合成本中的阶梯成本和曲线成本，可按总成本性态模型计算填列，不必用数学方法修正为近似直线成本。但是，运用列表法编制预算，在评价和考核实际成本时，往往需要使用插补法来计算实际业务量与预算成本，比较麻烦。

【例3-7】ABC 公司预算年度某产品的销售量在 7 000 件和 12 000 件之间变动，销售单价为 100 元，单位变动成本为 86 元，固定成本总额为 80 000 元。

要求：根据上述资料以 1000 件为销售量的间隔单位编制该产品的弹性利润预算。

计算分析结果如表 3-16 所示：

表3-16　利润弹性预算

销售量(件)	7 000	8 000	9 000	10 000	11 000	12 000
单价(元/件)	100	100	100	100	100	100
单位变动成本(元)	86	86	86	86	86	86
销售收入(元)	700 000	800 000	900 000	1 000 000	1 100 000	1 200 000
减：变动成本(元)	602 000	688 000	774 000	860 000	946 000	1 032 000
边际贡献(元)	98 000	112 000	126 000	140 000	154 000	168 000
减：固定成本(元)	80 000	80 000	80 000	80 000	80 000	80 000
营业利润(元)	18 000	32 000	46 000	60 000	74 000	88 000

上述分析方法为列表法中的因素法。

适用范围：这种方法适用于单一品种经营或采用分算法处理固定成本的多品种经营的企业。

【例3-8】ABC 公司预算年度的销售业务量达到 100%时的销售收入为 1 000 000 元，变动成本为 860 000 元，固定成本为 80 000 元。

要求：根据上述资料以 10%的间隔为 ABC 公司按百分比法编制弹性利润预算。

计算分析结果如表 3-17 所示：

表3-17　利润弹性预算　　　　　　　　　　　　　　　　　　单位：元

销售收入百分比(1)	80%	90%	100%	110%	120%
销售收入(2)=1 000 000×(1)	800 000	900 000	1 000 000	1 100 000	1 200 000
变动成本(3)=860 000×(1)	688 000	774 000	860 000	946 000	1 032 000
边际贡献(4)=(2)-(3)	112 000	126 000	140 000	154 000	168 000
固定成本(5)	80 000	80 000	80 000	80 000	80 000
利润总额(6)=(4)-(5)	32 000	46 000	60 000	74 000	88 000

上述分析方法为列表法中的百分比法。

应用百分比法的前提条件是销售收入必须在相关范围内变动。这种方法适用于多品种经营的企业。

2. 公式法

公式法是运用总成本性态模型测算预算期的成本费用数额并编制成本费用预算的方法，根

据成本性态，成本与业务量之间的数量关系可用公式表示为

$$y = a + bx$$

式中：y 表示某项预算成本总额；a 表示该项成本汇总的预算固定成本额；b 表示该项成本中的预算单位变动成本额，x 表示预计业务量。

公式法的优点是便于计算任何业务量的预算成本。但是，阶梯成本和曲线成本只能用数学方法修正为直线，才能应用公式法，必要时，还需在"备注"中说明适用不同业务量范围的固定费用和单位变动费用。

【例3-9】 弹性成本预算的编制——公式法。

ABC 公司按公式法编制的制造费用弹性预算如表 3-18 所示。其中较大的混合成本项目已经被分解。直接人工工时变动范围：70 000～120 000 小时。

表3-18　ABC公司预算期制造费用弹性预算(公式法)　　　　　　　　　单位：元

项目	a	b
管理人员工资	15 000	—
保险费	5 000	—
设备租金	8 000	0.25
维修费	6 000	0.15
水电费	500	0.30
辅助材料	4 000	0.45
辅助工工资	—	0.35
检验员工资	—	
合计	38 500	1.50

根据上表，可利用 $y=38\,500+1.5x$，计算出人工小时在 70 000～120 000 小时内，任意业务量基础上的制造费用预算总额。

该种方法的优点：在一定范围内不受业务量波动影响，编制预算的工作量较小。

该种方法的缺点：在进行预算控制和考核时，不能直接查出特定业务量下的总成本预算额，而且按细目分解成本比较麻烦，同时又有一定误差。

【本章小结】

财务预测是融资计划的前提，它有助于改善投资决策，预测的真正目的是有助于应变。

财务预测的方法有销售百分比法、资金习性法以及编制现金预算法和使用计算机进行财务预测等方法。

销售增长与外部融资的关系：外部融资额=(经营资产销售百分比×新增销售额)-(经营负债销售百分比×新增销售额)-[计划销售净利率×计划销售额×(1-股利支付率)]。

外部融资需求的敏感分析，外部融资需求的多少，不仅取决于销售的增长，还要看股利支付率和销售净利率。股利支付率越高，外部融资需求越大；销售净利率越大，外部融资需求越少。

当资产销售百分比-负债销售百分比-计划销售净利率×[(1+增长率)÷增长率]×(1-股利支付率)=0 时，此时的增长率为内部增长率。

可持续增长率是指不增发新股并保持目前经营效率和财务政策条件下公司销售所能增长的最大比率，但它需要符合五个假设条件。当五个假设条件成立时，销售的实际增长率与可持续增长率相等。可持续增长率可以根据期初股东权益或期末股东权益计算。

财务预算的工作步骤为：销售预算；生产预算；直接材料、直接人工、制造费用预算；产品成本预算；期间费用预算；利润表预算；现金预算；资产负债表预算。掌握各种预算表的填制是本章学习的一个重点。

财务预算的方法有：弹性预算、零基预算、滚动预算和概率预算。本章重点介绍了弹性预算。

【课后习题】

一、单选题

1. 某企业 2016 年年末经营资产总额为 4000 万元，经营负债总额为 2000 万元。该企业预计 2017 年度的销售额比 2006 年度增加 10%(即增加 100 万元)，预计 2017 年度留存收益的增加额为 50 万元，假设可以动用的金融资产为 0。则该企业 2017 年度对外融资需求为(　　)万元。
   A. 0　　　　　B. 2000　　　　　C. 1950　　　　　D. 150

2. 某企业预计 2017 年经营资产增加 1000 万元，经营负债增加 200 万元，留存收益增加 400 万元，销售增加 2000 万元，可以动用的金融资产为 0，则外部融资销售增长比为(　　)。
   A. 20%　　　　B. 25%　　　　C. 14%　　　　D. 35%

3. 某企业外部融资占销售增长的百分比为 5%，若上年销售收入为 1000 万元，预计销售收入增加 20%，则相应外部应追加的资金为(　　)万元。
   A. 50　　　　　B. 10　　　　　C. 40　　　　　D. 30

4. 在企业有盈利的情况下，下列有关外部融资需求表述正确的是(　　)。
   A. 销售增加，必然引起外部融资需求的增加
   B. 销售净利率的提高必然引起外部融资的减少
   C. 外部融资需求大于0时，股利支付率的提高必然会引起外部融资增加
   D. 资产周转率的提高必然引起外部融资增加

5. 某公司具有以下的财务比率：经营资产与销售收入之比为 1.6；经营负债与销售收入之比为 0.4；计划下年销售净利率为 10%，股利支付率为 55%，该公司去年的销售额为 200 万元，假设这些比率在未来均会维持不变，并且可以动用的金融资产为 0，则该公司的销售增长达到(　　)程度，才无须向外筹资。
   A. 4.15%　　　　B. 3.90%　　　　C. 5.22%　　　　D. 4.6%

6. 某企业外部融资占销售增长的百分比为 5%，若上年销售收入为 1000 万元，预计销售收入增加 200 万，则相应外部应追加的资金为(　　)万元。
   A. 50　　　　　B. 10　　　　　C. 40　　　　　D. 30

7. 某企业上年销售收入为1000万元，预计下一年通货膨胀率为5%，公司销量增长10%，所确定的外部融资占销售增长的百分比为25%，则相应外部应追加的资金为(　　)万元。
   A. 38.75　　　　B. 37.5　　　　C. 25　　　　D. 25.75

8. 下列预算中，在编制时不需以生产预算为基础的是(　　)。
   A. 变动制造费用预算
   B. 销售费用预算
   C. 产品成本预算
   D. 直接人工预算

二、多选题

1. 用多水平法编制的弹性预算，主要特点是(　　)。
   A. 不管实际业务量是多少，不必经过计算即可找到与业务量相近的预算成本，控制成本比较方便
   B. 混合成本中的阶梯成本和曲线成本可按其性态直接在预算中反映
   C. 评价和考核实际成本时往往需要使用插补法计算实际业务量的预算成本
   D. 便于计算任何业务量的预算成本

2. 现金预算主要包括(　　)。
   A. 现金收入预算　　B. 现金支出预算　　C. 资本融通预算　　D. 现金结余预算

3. 全面预算按其体系分类为(　　)。
   A. 业务预算　　B. 专门决策预算　　C. 财务预算　　D. 预计利润表

4. 在采用变动成本法编制制造费用预算时，应将制造费用按其性态划分为(　　)。
   A. 变动制造费用
   B. 固定性制造费用
   C. 直接费用
   D. 间接费用

5. 财务预算主要包括(　　)。
   A. 现金预算
   B. 预计利润表
   C. 预计资产负债表
   D. 销售预算

三、判断题

1. 企业按内含增长率增长的情况下，其资产负债率不变。(　　)
2. 某公司2006年的净利润为100万元，2006年期初股东权益为500万元，收益留存率为60%。则可以计算出该公司的可持续增长率为12%(假设不增发新股)。(　　)
3. 在编制现金预算时，如果某个期间现金为多余，则需要考虑资金运用，而不需要考虑资金筹措。(　　)
4. 由于通货紧缩，某公司不打算从外部融资，而主要靠调整股利分配政策、扩大留存收益来满足销售增长的资金需求。历史资料表明，该公司资产、负债与销售总额之间存在着稳定的百分比关系。现已知资产销售百分比为60%，负债销售百分比为15%，计划下年销售净利率5%，不进行股利分配。据此可以预计下年销售增长率为12.5%。(　　)
5. 生产预算是在销售预算的基础上编制的。按照"以销定产"的原则，生产预算中各季度的预计生产量应该等于各季度的预计销售量。(　　)

四、计算题

1. A 公司 11 月份现金收支的预计资料如下：

(1) 11 月 1 日的现金(包括银行存款)余额为 13 700 元，已收到未入账支票 40 400 元。

(2) 产品售价 8 元/件。9 月销售 20 000 件，10 月销售 30 000 件，11 月预计销售 40 000 件，12 月预计销售 25 000 件。根据经验，商品售出后当月可收回货款的 60%，次月收回 30%，再次月收回 8%，另外 2%为坏账。

(3) 进货成本为 5 元/件，平均在 15 天后付款。编制预算时月底存货为次月销售的 10%加 1000 件。10 月底的实际存货为 4000 件，应付账款余额为 77 500 元。

(4) 11 月的费用预算为 85 000 元，其中折旧为 12 000 元，其余费用须当月用现金支付。

(5) 预计 11 月份将购置设备一台，支出 150 000 元，须当月付款。

(6) 11 月份预交所得税 20 000 元。

(7) 现金不足时可从银行借入，借款额为 10 000 元的倍数，利息在还款时支付。期末现金余额不少于 5000 元。

【要求】

编制 11 月份的现金预算(请将结果填列在如表 3-19 所示的"11 月份现金预算"表格中，分别列示各项收支金额)。

表3-19 11月份现金预算   单位：元

项目	金额
期初现金	
现金收入	
可使用现金合计	
现金支出	
现金支出合计	
现金结余	
借入银行借款	
期末现金余额	

2. 城科公司 2017 年销售收入为 200 万元，税后净利润为 8 万元，发放股利 4 万元，2017 年厂房设备利用率已经达到饱和状态，公司 2017 年简略资产负债表如表 3-20 所示，若预计城科公司 2018 年销售收入总额可达 300 万元，并仍按照 2017 年股利支付率支付股利，预计 2018 年折旧额为 1 万元，其中预计 60%用于更新改造，又假定零星资金需求量为 2 万元。

表3-20 调整资产负债表   单位：万元

资产	金额	负债及股东权益	金额
银行存款	4	应付账款	30
应收账款	34	短期借款	6
存货	40	长期借款	40

(续表)

资产	金额	负债及股东权益	金额
固定资产(净值)	60	实收资本	80
无形资产	22	留存收益	4
合计	160	合计	160

请分析企业预测期需筹措的资金为多少？

3. 城科公司2017年上半年的历史成本资料如表3-21所示，预计7月份的生产量为60件。要求用高低点法预测城科公司7月份的成本总额。

表3-21 城科公司2017年上半年历史成本表

月份	1	2	3	4	5	6	7
生产量(件)	10	40	30	20	50	20	60
总成本(元)	600	1 200	1 350	1 100	2 000	1 100	

第四章

筹资管理

【知识目标】
1. 了解企业筹资的动机、类型以及筹资的渠道和方式。
2. 了解企业短期筹资的方式、优缺点和适用条件。
3. 了解企业长期筹资方式的运用,包括权益筹资、债务筹资和混合性筹资三类。
4. 了解企业各种长期资金筹措的方式、优缺点和适用条件。
5. 理解权益筹资和债务筹资的方式和优缺点。
6. 短期筹资方式下补偿性余额、贴现利息法、放弃现金折扣的机会成本的计算。
7. 长期筹资方式下股票的每股收益计算、债券发行价格计算、融资租赁租金的计算。

案例导入

假设某上市公司为适应公司战略,决定扩张厂房及生产线,拟筹集10亿资金,其中1亿元可以通过公司自有资金解决,剩余的9亿资金需要从外部筹措。目前公司可以选择的主要筹资方式有:①从银行取得长期贷款筹集部分资金;②发行公司债券筹资;③发行普通股股票筹资;④发行可转换公司债券筹资。那么请问该公司应选择什么样的筹资方式。通过本章的学习,大家可以对筹资的方式有所了解,并了解各种筹资方式的特点。

企业的任何一项经营活动、投资活动、资本结构管理和其他活动都需要有一定的资金支持。企业筹资是指企业运用一定的筹资方式,通过一定的筹资渠道,从外部有关单位或个人以及企业内部筹措和获取其生产经营活动、投资活动、资金结构调整等活动所需资金的一种财务行为。资金筹集是企业资金运动的起点,企业的生存和发展均以筹集足够的资金并加以有效运用为前提,因此,企业筹资管理是企业财务管理活动的一项重要内容。

本章将介绍筹资管理的基本概念,各种筹资方式的具体内容及其特点。

第一节　筹资管理概述

一、资金筹集的动机

企业在创立、生存和发展的过程中都需要进行资金的筹集，企业的每次筹资行为往往都受到特定动机的驱动，比如为提高技术水平购置新设备而筹资；为对外投资活动而筹资；为产品研发而筹资；为解决资金周转临时需要而筹资。一般来说，这些动机有时是单一的，有时是互相结合的，归纳起来一般有五种类型的筹资动机，它们分别是创立性筹资动机、支付性筹资动机、扩张性筹资动机、调整性筹资动机以及混合性筹资动机。

(一) 创立性筹资动机

创立性筹资动机是指企业在初始创立阶段，为筹集企业筹建及正常生产经营活动所需的基本资金而产生的筹资动机。初创时期的资本金是指根据《中华人民共和国公司法》(以下简称《公司法》)、《中华人民共和国合伙企业法》(以下简称《合伙企业法》)等相关法律中所规定的，任何一家公司或企业在设立时必须有法定的资本金，也就是在公司章程或企业合伙协议中规定的全体股东认缴的出资额。虽然 2014 年我国修订了《公司法》中相对于公司注册资本的最低限额制度，以及将资本金的缴纳制度由实缴制改为认缴制，但是企业初创时，为了保障生产经营活动的顺利开展，需筹集资金用于厂房的建设，购买机器、设备、加装生产线、安排铺底流动资金等，股东仍需对公司进行实际出资，因而产生了创立性筹资动机。

(二) 支付性筹资动机

支付性筹资动机是指企业为了满足超出日常经营活动的正常波动所形成的支付需要而产生的筹资动机。当企业出现临时性交易、季节性交易等超出维持正常经营活动的资金需求时会产生支付性筹资动机。例如，原材料购买的大额支付、员工工资的集中发放、银行借款的提前偿还和股东股利的发放等。

企业的创立性筹资动机中已经为企业的营运资金做好了铺垫，而支付性筹资动机所筹得的资金，虽然也用于企业的日常生产经营活动，但当企业出现临时性或季节性的资金需求时，基本的营运资金无法满足企业的资金需要，此时企业将会产生支付性筹资动机。

(三) 扩张性筹资动机

当企业具有良好的发展前景，处于成长期时，企业为了扩大生产经营规模或对外投资的需要往往会产生扩张性筹资动机。扩张性的筹资活动在筹资的时间和数量上都要服从于投资决策和投资计划的安排。同时，扩张性筹资动机会导致企业资产总额的增加，也可能会导致企业资本结构的变化。

扩张性筹资动机，通常是为了满足企业扩大生产经营规模而产生的资金需求。这与日常的资金支付不同。通常扩张性筹资动机往往产生于企业的成长阶段，企业为扩大市场占有率、扩大生产经营规模而产生了扩张性投资的需求。

【例 4-1】某企业根据扩大生产经营和对外投资的需要，拟追加筹资 1500 万元，计划追加长期借款 1000 万元，企业所有者追加投资 500 万元。该企业追加筹资后会形成 600 万元的存货以及 900 万元的固定资产。假设不考虑其他情况，则企业的资产负债表应产生如表 4-1 所示的变动：

表4-1　某企业筹资前后的资产、负债和所有者权益变动表　　　　　　　单位：万元

资产	扩张筹资之前	扩张筹资之后	负债和所有者权益	扩张筹资之前	扩张筹资之后
货币资金	1000	1000	短期借款	500	500
应收账款	1500	1500	长期借款	1000	2000
存货	2000	2600	应付债券	1500	1500
流动资产合计	4500	5100	负债合计	3000	4000
固定资产	2000	2900	实收资本	3000	3500
无形资产	500	500	留存收益	1000	1000
长期资产合计	2500	3400	所有者权益	4000	4500
资产合计	7000	8500	负债和所有者权益	7000	8500

通过比较可以看出，该企业采取扩张性筹资后，企业资产合计增加 1500 万元，负债及所有者权益合计增加 1500 万元，同时企业的资本结构也产生了变化。

(四) 调整性筹资动机

调整性筹资动机是指企业因调整资本结构而产生的筹资动机。资本结构是指企业以不同筹资方式筹集资金所形成的不同组合。合理的资本结构有助于企业降低资本成本，控制财务风险，提升企业价值。当企业的资本结构不合理时，通过调整筹资方式可以使其达到最佳。调整性筹资动机所产生的结果，是在不增加资产总额的情况下，使企业价值增加的同时降低企业的资本成本，或使企业达到最合理的资本结构。

如企业现有资本结构是合理的，但因有些债务即将到期需要偿还，为了保持现有的资本结构不变，企业会举借新债偿还旧债。再比如，企业现有资本结构不合理，需要优化资本结构，在这种情况下，如果企业资产负债率过高，就可采用权益筹集方式筹集一定数量的权益资本来偿还部分债务，从而降低资产负债率。如果企业资产负债率过低，无法发挥财务杠杆的效用，这时企业就可能需要筹集一定数量的负债资本，以提高资产负债率，最终达到优化资本结构的目的。

【例 4-2】某企业希望通过调整筹资方式改变企业的资本结构，该企业认为现有资本结构下企业到期还本付息的压力过大，希望通过将债务转为股权的方式降低企业的财务风险。假设不考虑其他情况，则企业的资产负债表应产生如表 4-2 所示的变动：

表4-2　某企业筹资前后的资产、负债和所有者权益变动表　　　　　　　单位：万元

资产	扩张筹资之前	扩张筹资之后	负债和所有者权益	扩张筹资之前	扩张筹资之后
货币资金	1000	1000	短期借款	500	500
应收账款	1500	1500	长期借款	2000	1000
存货	2000	2000	应付债券	1500	1500

(续表)

资产	扩张筹资之前	扩张筹资之后	负债和所有者权益	扩张筹资之前	扩张筹资之后
流动资产合计	4500	4500	负债合计	4000	3000
固定资产	2000	2000	实收资本	2000	3000
无形资产	500	500	留存收益	1000	1000
长期资产合计	2500	2500	所有者权益	3000	4000
资产合计	7000	7000	负债和所有者权益	7000	7000

通过比较可以看出，该企业通过采取调整性筹资的方式调整了企业的资本结构，但资产总额并未发生变化。

(五) 混合性筹资动机

混合性筹资动机是指既为了扩张企业规模，又为了调整企业资本结构而产生的筹资动机。在这种混合性筹资动机的驱使下，企业不仅增加了资产总额，同时还会改变企业的资本结构。

二、资金筹集的要求

筹资活动是企业资金流转运动的起点。企业筹集资金的基本要求是解决企业为什么要筹集资金，需要筹集多少资金，从什么渠道筹集资金，筹集资金的方式以及需要如何协调财务风险和资本成本，合理安排资本结构等问题。资金筹集的具体要求如下。

(一) 合理确定资金需要量

任何一家企业，无论通过何种渠道，采用何种方式进行资金的筹集，都需预先确定合理的资金需要量。资金的筹集量应与资金的需要量相配比，若筹集量大于需要量，会造成资金闲置，增加企业的财务成本，降低企业的利润；若资金的筹集量小于资金需要量，会由于筹资不足而影响企业的正常生产经营活动，此时企业有可能会面临临时借贷的困境，那么为获得额外资金，企业有可能要支付超出正常范围的资本成本，同样会影响企业的利润。

(二) 安排筹资渠道和筹资方式

资金需要量确定后，企业需要解决的问题是资金从哪里取得，并以什么方式取得。一般来说，企业最基本的筹资渠道分为直接筹资和间接筹资。对于不同渠道的资金，企业可以通过不同的筹资方式来取得，即企业筹集资金所采用的具体筹资方式。企业的筹资方式总体来说可以分为从企业内部取得和从企业外部取得两种。

(三) 适时取得所筹的资金以保证资金投放的需求

筹集资金要按照资金投放使用的时间来合理安排，使资金的筹集时间与资金的使用时间相互衔接。避免取得资金滞后延误，错失有利的投资时机，也要防止取得资金过早而造成投放前的闲置。

(四) 谨慎选择筹资来源，降低资本成本

资本成本是企业筹集和使用资金所付出的代价，具体包括筹资费用和占资费用。不同方式取得的资金，其资本成本是不同的。一般来说，债务筹资的资本成本低于股权筹资的资本成本。同时，对筹资企业而言，债务筹资的风险要高于股权筹资的风险，也就是说财务风险与资本成本成反比例关系。企业如要承担较低的财务风险，就要承担较高的资本成本，反之亦然。因此，企业要综合考察各种筹资渠道和筹资方式，研究各种资金来源的构成，求得最优的筹资组合，以降低组合的资本成本。

(五) 合理安排资本结构，保持适当偿债能力

企业资本结构由股权筹资和债务筹资共同构成。合理安排资本结构，既要防止由于债务过多导致企业财务风险过大，偿债能力不足，又要有效通过负债经营，合理利用财务杠杆，进一步提高权益资金的收益水平。

三、资金筹集的渠道、方式和分类

资金筹集的渠道是指筹措资金的来源问题，即资金从哪里来的问题。资金筹措方式是指企业筹措资金所采取的具体形式，即资金以何种形式取得。筹资渠道与筹资方式有着密切的关系，同一渠道的资金往往可以采取不同的筹资方式，同一筹资方式往往又适用于不同的筹资渠道。当然有些情况下，一定的资金筹措方式可能只适用于某一特定的筹资渠道。因此，企业进行筹资决策时，需要考虑两者如何达成最合理的配合。

(一) 资金筹集的渠道

目前我国企业资金筹集的渠道主要包括：政府财政资金、银行信贷资金、非银行金融机构资金、其他企业资金、民间资金、企业内部资金以及境外资金。

1. 政府财政资金

政府财政资金是国有企业筹资的主要来源，具有较强的政策性。通常只有国有独资企业或国有控股企业才可以利用。政府财政资金具有稳固的基础，是国有独资企业或国有控股企业股权资本筹资的重要渠道。

2. 银行信贷资金

银行信贷资金是各类企业筹资的来源之一。我国现行的银行体系按其职能可以分为：中国人民银行、政策性银行和商业银行。中国人民银行，简称央行，是监督和管理金融业的国家机关。央行主要有三项基本职能：制定和执行货币金融政策、对金融活动实施监督管理以及提供支付清算服务。政策性银行是指由政府发起出资成立，为贯彻和配合政府特定经济政策和意图而进行融资和信用活动的机构。我国的政策性银行包括国家开发银行、中国进出口银行、中国农业发展银行三大政策性银行。政策性银行主要为特定企业提供一定的政策性贷款。商业银行是一个以盈利为目的，以多种金融负债筹集资金的同时以多种金融资产为经营对象，具有信用创造功能的金融机构。商业银行通常为各类企业提供各种商业贷款。银行贷款方式灵活多样，

可以适应各类企业短期或长期的债务资本的筹资需求。

3. 非银行金融机构资金

非银行金融机构资金是指由非银行金融机构向企业提供的一定资金的筹资来源。非银行金融机构是指除银行以外的各种金融机构及金融中介机构。在我国，非银行金融机构主要包括信托公司、保险公司、租赁公司和证券公司等。这些机构可以通过一定的途径和方式为企业提供资金或服务。这种筹资渠道的财力虽然比银行小，但具有广阔的发展前景。

4. 其他企业资金

企业在生产经营过程中，往往也会形成部分暂时闲置的资金。其他企业资金是指企业将这些闲置的资金在企业之间以各种方式调剂使用，使其发挥一定的效益。企业会以股权或债权的形式向其他企业提供一定的筹资来源。

5. 民间资金

企业可以通过发行债券和发行股票等方式，将民间闲置的资金筹集起来，这是企业通过直接筹资渠道进行的筹资。

6. 企业内部资金

企业内部资金是指企业内部形成的资金，是企业内部的积累。在企业的财务报表中，其通常反映为企业的盈余公积和利润分配未分配利润两项。

7. 境外资金

境外资金是指国外的企业、政府和其他组织向企业提供的资金。

(二) 资金筹集的方式

企业资金筹集的方式是指企业筹集资金所采取的具体形式，即企业如何取得资金。一般来说，企业最基本的筹资方式有两种：债务筹资和股权筹资，具体包括以下几种。

1. 商业信用

商业信用是指企业之间在销售商品或提供劳务过程中，由于延期付款或延期交货所形成的信用关系。商业信用属于企业短期资金的重要和经常性来源，属于债务筹资的一种方式。

2. 向金融机构借款

向金融机构借款是指企业根据借款合同从银行或非银行金融机构取得资金的筹措方式。它既可用于筹集长期资金，也可以用于筹集短期资金。

3. 发行债券

发行债券是指企业以向专业投资者或社会公众投资者等发售公司债券取得资金的一种筹资方式。根据《公司债券发行与交易管理办法》的规定，企业发行公司债券，应当符合《中华人民共和国证券法》(以下简称《证券法》)、《公司法》的相关规定。非公开发行的公司债券应当向专业投资者发行，不得采用广告、公开劝诱和变相公开方式，每次发行对象不得超过 200 人。公开发行包括面向公众投资者公开发行和面向合格投资者公开发行两种方式。所谓专业投资者，应当具备相应的风险识别和承担能力，知悉并自行承担公司债券的投资风险，并符合下列资质条件之一：①经有关金融监管部门批准设立的金融机构，包括证券公司、期货公司、基金管理公司及其子公司、商业银行、保险公司、信托公司、财务公司等，经行业协会备案或者登记的证券公司子公司、期货公司、私募基金管理人；②上述机构面向投资者发行的理财产品，包括但不限于证券公司资产管理产品、基金管理公司及其子公司产品、期货公司资产管理产品、银行理财产品、保险产品、信托产品、经行业协会备案的私募基金；③社会保障基金、企业年金等养老基金，慈善基金等社会公益基金，合格境外机构投资者(QFII)、人民币合格境外机构投资者(RQFII)；④净资产不低于人民币1000万元的企事业单位法人、合伙企业；⑤名下金融资产不低于人民币300万元的个人投资者；⑥经中国证监会认可的其他专业投资者。

4. 融资租赁

融资租赁是指企业与融资公司签订租赁合同，从租赁公司处取得租赁物资产。通过对租赁物的占有与使用来取得资金，是一种间接筹资方式。融资租赁属于长期债务筹资。

5. 吸收直接投资

吸收直接投资是指企业以投资合同、协议等方式吸收国家、法人、单位、自然人等投资主体资金的一种资金筹集方式。其主要适用于非股份制公司筹集股权资本，是一种股权筹资方式。

6. 发行股票

发行股票是指企业以发售股票的方式取得资金的筹资方式。只有股份有限公司才能发行股票，当投资方购入公司股票时，投资方即成为公司的股东。根据《上市公司证券发行管理办法》的规定，上市公司发行证券，可以向不特定对象公开发行，也可以向特定对象非公开发行。上市公司发行证券，必须真实、准确、完整、及时、公平地披露或者提供信息，不得有虚假记载、误导性陈述或者重大遗漏。

7. 留存收益筹资

留存收益是指企业从税后净利润中提取的盈余公积以及从企业可供分配利润中留存的未分配利润。企业的留存收益相当于股东将当年的利润转化为对企业投资的一个追加过程，因而留存收益筹资属于股权筹资的一种方式。

(三) 筹资的分类

企业从不同的渠道以不同的方式筹集资金会形成不同的筹资类型。

1. 直接筹资与间接筹资

按照企业的筹资活动是否通过银行等金融机构为媒介来获取社会资金，企业筹资可以分为直接筹资和间接筹资两种。

1) 直接筹资

直接筹资是指企业不通过银行等金融机构直接与资金所有者协商融通资本的一种筹资活动。直接筹资的主要方式有发行股票、发行债券、吸收直接投资等。直接筹资方式既可以形成股权资金也可以形成债务资金。

2) 间接筹资

间接筹资是指企业通过银行和非银行金融机构而筹集资金。在间接筹资活动过程中，银行等金融机构充分发挥着中介的作用，银行将资金预先聚集之后提供给企业使用。间接筹资的最基本方式是银行借款和融资租赁。间接筹资形成的主要是债务资金。

直接筹资的筹资手续比较复杂，筹资费用较高。由于直接筹资向社会公众募集资金，故筹资领域广阔，同时有利于提高企业的知名度；间接筹资手续相对比较简便，筹资效率高，筹资费用低，但容易受到筹资规模的限制。

2. 内部筹资与外部筹资

按资金的来源范围不同，企业筹资分为内部筹资和外部筹资两种类型。

1) 内部筹资

内部筹资是指企业通过利润留存而形成的筹资来源。内部筹资数额大小取决于企业可分配的利润以及企业对利润的分配政策。一般来说，内部筹资不会稀释股东对公司的控制权，也无须花费筹资费用，这相比较于股权筹资而言，在一定程度上降低了企业的资本成本。

2) 外部筹资

外部筹资是指企业向外部筹措资金的一种筹资活动。当内部筹资无法满足企业成长对资金的需求时，就需要企业广泛地开展外部筹资，如发行股票、债券，取得商业信用、银行存款等。

3. 长期筹资与短期筹资

按所筹集资金的使用期限不同，企业筹资分为长期筹资和短期筹资两种类型。

1) 长期筹资

长期筹资是指企业筹集使用期限在一年以上的资金。长期筹资所得资金通常是企业的长期资金来源，主要用于构建固定资产、形成无形资产、对外进行长期股权投资以及形成铺底性流动资金等。长期筹资通常可以采取吸收直接投资、发行股票、发行债券、长期借款、融资租赁等方式取得。

2) 短期筹资

短期筹资是指企业筹集使用期限在一年以内的资金。短期资金主要用于企业的波动性流动资产。短期筹资通常是以营运为目的，可以采用商业信用、短期借款、短期融资券以及应收账款转让等方式取得。

4. 股权筹资、债务筹资及混合性筹资

按企业所取得的资本性质不同，企业筹资可分为股权筹资、债务筹资及混合性筹资三种类型。

1) 股权筹资

股权筹资是指股东投入的，企业依法长期拥有并能自主调配运用的资本。由于股权资本是所有者投入的，且根据我国《公司法》的相关规定，股东应按期足额缴纳所认缴的出资，期间不得擅自抽回出资，故股权筹资一般不用偿还，会形成企业的永久性资本。股权筹资具有财务风险较小，但付出的资本成本相对较高的特点。企业股权资金通常是通过吸收直接投资、发行股票以及内部积累等方式取得。

股权资本具体包括所有者投入的资本，直接计入所有者权益的利得和损失、留存收益等。所有者投入的资本是指所有者投入企业的资本部分，它既包括构成企业注册资本或股本的金额，也包括投入资本超过注册资本或股本部分的金额，即资本溢价或股本溢价。留存收益是企

业历年实现的净利润留存于企业的部分,主要包括盈余公积和未分配利润。

2) 债务筹资

债务筹资是指企业依法取得将来需要按期还本付息的筹资形式。债务筹资通常通过向金融机构借款发行债券、融资租赁等方式取得。由于将来到期时需要还本付息的,故债务筹资风险较高,但付出的资本成本相对较低。

3) 混合性筹资

混合性筹资是指兼具股权筹资与债务性筹资双重性质的筹资活动。混合性筹资所涉及筹资性质既有一定的权益成分,也有一定的债务成分。常见的混合性筹资方式主要有发行优先股、发行可转换债券等筹资方式。通常混合性筹资的财务风险及资本成本介于股权筹资与债务筹资二者之间。

第二节 短期筹资方式

短期筹资是指筹资期限在一年以内或超过一年的一个营业周期内的资金筹集方式,通常指的是短期负债筹资。短期筹资具有筹资速度快、筹资弹性好、筹资成本低、财务风险大的特点。

企业的短期筹资方式主要有短期借款、商业信用、短期融资券以及应收票据转让等。

一、短期借款

短期借款是指企业向银行或其他金融机构借入的期限在一年以内的各种借款,是企业为解决短期资金需求而借入的款项。短期借款可以随企业的需要安排,便于灵活使用,相对于长期借款亦比较容易取得。

(一) 短期借款的信用条件

按照惯例,银行发放短期借款的附加条件有信贷额度、周转信贷协定、补偿性余额以及借款抵押等。

(1) 信贷额度是指贷款企业与银行在协议中规定的无担保贷款的最高借款限额。信贷额度的期限通常为一年,但根据情况也可延期一年。一般情况下,在信贷额度内企业可以随时使用银行借款,但银行不必承担支付全部信贷数额的义务。如果企业信誉恶化,即使在信贷限额内,企业也可能得不到借款,这时银行也不会承担法律责任。

(2) 周转信贷协定是指银行从法律上承诺向企业提供不超过某一最高限额的贷款协定。在协定的有效期限内只要企业借款总额未超过最高限额,银行必须满足企业任何时候提出的借款要求。当然,企业在享有周转信贷协议规定时,通常对贷款限额中未使用的部分须向银行支付一笔承诺费用。

【例4-3】某企业2020年从银行取得为期一年的周转信贷额1000万元,承诺费率为0.4%。该企业2020年1月1日从银行借入600万元,7月1日又借入200万元,如果年利率为4%,则该公司2020年年末向银行支付的利息和承诺费合计应为

$$借款利息 = 600 \times 4\% + 200 \times 4\% \times \frac{6}{12} = 28(万元)$$

$$承诺费 = 400 \times 0.4\% \times \frac{6}{12} + 200 \times 0.4\% \times \frac{6}{12} = 1.2(万元)$$

利息费和承诺费合计 28+1.2=29.2 万元。

通过此例可以看出，针对周转信贷协定中企业对未使用部分的资金也是会产生一定的资本成本的。

(3) 补偿性余额是指银行要求借款企业在银行保持按贷款限额或实际金额的一定比例计算出的最低存款余额。对银行来说，补偿性余额可以帮助银行降低贷款风险，补偿其可能遭受的损失；对企业来说，补偿性余额却意味着提高了企业借款的实际利率进而加重了企业负担。

$$借款实际利率 = \frac{实际利息}{贷款 - 补偿性余额} \times 100\% = \frac{名义利率}{1 - 补偿性余额比率} \times 100\%$$

【例 4-4】某公司向银行借款 1000 万元，利率为 6%，银行要求保留 10% 的补偿性余额，则此时该企业实际可动用的贷款为 900 万元，该笔贷款的实际利率为

$$借款实际利率 = \frac{1000 \times 6\%}{900} = \frac{6\%}{1 - 10\%} = 6.67\%$$

(4) 借款抵押是指贷款企业以应收账款、应收票据、债券等进行抵押，贷款额占抵押品价值的比例为 30% 至 90%，具体比例取决于抵押品的变现能力和银行对风险的态度。

(二) 短期借款利息的支付方式

短期借款的成本主要包括利息和手续费。短期借款成本的高低主要取决于贷款利率的高低和利息的支付方式。通常短期借款利息的支付方式有收款法、贴现法和加息法三种，不同的付息方式下短期借款的成本也有所不同。

1. 收款法

收款法是指在借款到期时向银行支付利息的方法，银行向企业贷款一般都采用这种方式。收取利息采用收款法时，短期贷款的名义利率等于实际利率。

2. 贴现法

贴现法是指银行向企业发放贷款时预先从本金中扣除利息部分，到期时借款企业则要偿还全部贷款的本金的一种利息支付方式。采用贴现法企业实际可动用的借款金额为本金减除利息的部分，因此贷款的实际利率要高于名义利率。

$$实际利率 = \frac{利息}{本金 - 利息} = \frac{名义利率}{1 - 名义利率}$$

【例 4-5】某公司向银行借款 1000 万元，利率为 6%，期限一年，利息为 60 万元。按贴现法付息，该企业实际可动用的贷款金额为 940 万元。

$$借款实际利率 = \frac{1000 \times 6\%}{940} = \frac{6\%}{1 - 6\%} = 6.38\%$$

3. 加息法

加息法是指银行发放分期等额偿还贷款时采用的利息收取方法。在分期等额偿还贷款的方式下，银行将根据名义利率计算的利息加到贷款本金上计算出贷款的本利和，并要求企业在贷款期限内分期偿还本息和。由于贷款本息要求被分期偿还，借款企业实际上平均只使用了贷款本金的一半，而却支付了全额的利息。采用加息法，企业所负担的实际利率要高于名义利率大约一倍。

【例 4-6】 某公司向银行借款 1 000 万元，利率为 6%，期限一年。银行要求企业分 12 个月等额偿还本息，该项借款的实际年利率为

$$借款实际利率 = \frac{1000 \times 6\%}{1000 \div 2} = 12\%$$

(三) 短期借款筹资的优缺点

短期借款可以按企业的需要进行安排，对于企业临时性的资金需求采用银行短期借款尤为方便，而对于规模较大、信誉较好的大型企业更可以以较低的利率借入资金。银行短期借款有较好的弹性，企业可以灵活使用，合理安排资金的借贷，在资金需要增加时取得借款，在资金需要减少时偿还借款。

二、商业信用

商业信用是指在商品交易过程中由于延期付款或延期交货所形成的借贷关系，是企业之间的一种直接信用关系，也是通常所说的自发性筹资。针对商品的购买方，由于延期付款而占用了销售方的资金；针对商品的销售方，由于延期交货或预收资金而占用了购买方的资金，这都会使企业在一定时间内占用了对方的资金，而形成一种资金来源。商业信用运用广泛，是企业短期资金的重要来源，在短期负债筹资中占有相当大的比重。

商业信用的主要形式有应付账款、应付票据和预收货款。

(一) 应付账款

1. 应付账款的成本

赊购是一种最典型、最常见的商业信用形式。应付账款主要源于赊购商品。当企业在购买商品或劳务的时候，透支了自己的商业信用而延期付款时就会产生应付账款。供应商利用这种方式促销，而对买方而言，延期付款则相当于向供应商借用资金购进商品，也就相当于产生了一笔企业向供应商的借款。

供应商为维持企业正常经营运转，避免资金损害，通常会对赊购企业规定一系列的信用条件。当信用条件为 "2/10, 1/20, n/30" 时，表示赊购企业在 10 天之内付款可以享受 2% 的现金折扣；在 20 天之内付款可以享受 1% 的现金折扣；如果赊购企业放弃现金折扣，则 30 天内必须付清款项。

从赊购企业的角度看，"2/10, 1/20, n/30" 的信用条件表示本企业在 10 天之内支付货款可获得免费的商业信用，如果要继续使用资金，每 10 天将会损失 1% 的现金折扣。此时赊购企业在决定是否享受现金折扣时，需认真考虑放弃现金折扣的成本。

$$放弃现金折扣的成本 = \frac{折扣百分比}{1-折扣百分比} \times \frac{360}{信用期-折扣期}$$

通过计算可以得出,放弃现金折扣的信用成本率与折扣百分比大小、折扣期长短和付款期长短有关系,与货款额和折扣额没有关系。

【例4-7】某企业按"2/10, n/30"的付款条件购入货物100万元。如果企业在10天以后付款,便放弃了现金折扣2万元(100万元×2%),信用额为98万元(100万元-2万元)。放弃现金折扣的信用成本为

$$放弃现金折扣的成本 = \frac{折扣百分比}{1-折扣百分比} \times \frac{360}{信用期-折扣期}$$

$$= \frac{2\%}{1-2\%} \times \frac{360}{30-10} = 36.73\%$$

由此可见,赊购企业放弃现金折扣的机会成本是较高的。

2. 利用现金折扣的决策

当企业计算出放弃现金折扣的成本,那么在企业资金短缺时,可根据比较该成本做出是否进行短期借款的筹资决策。

【例4-8】某企业采购一批原材料,供应商报价为1万元,付款条件为"2/10, 1/20, n/30"。目前企业用于支付账款的资金需要在第30天时才能周转回来,如果企业想在30天内付款,只能通过银行借款的方式解决。如果银行借款利率为7%,请确定该企业原材料采购款的付款时间和价格。

1) 确定放弃现金折扣的信用成本率

(1) 第10天付款放弃折扣的成本率。

$$放弃现金折扣的成本 = \frac{折扣百分比}{1-折扣百分比} \times \frac{360}{信用期-折扣期}$$

$$= \frac{2\%}{1-2\%} \times \frac{360}{30-10} = 36.73\%$$

(2) 第20天付款放弃折扣的成本率。

$$放弃现金折扣的成本 = \frac{折扣百分比}{1-折扣百分比} \times \frac{360}{信用期-折扣期}$$

$$= \frac{1\%}{1-1\%} \times \frac{360}{30-20} = 36.36\%$$

由于放弃折扣的成本率均高于短期借款的利率,因此该公司应借入银行借款偿还货款。

2) 确定付款时间和价格

(1) 10天付款方案"2/10, n/30"。

获得现金折扣200元,所用资金9800元,借款时间20天,利息=9800×(7%÷360)×20=38.11(元),净收益=200-38.11=161.89(元)。

(2) 20天付款方案"1/20, n/30"。

获得现金折扣100元,所用资金9900元,借款时间10天,利息=9900×(7%÷360)×10=19.25(元),

净收益=100-19.25=80.75(元)。

3) 结论

第 10 天付款是最佳方案，该公司需支付货款 9800 元。

3. 赊购企业放弃现金折扣的信用决策

(1) 如果赊购企业在折扣期内将应付账款用于短期投资所获得的投资收益高于放弃折扣的隐含利息成本，则应放弃现金折扣而去追求更高的收益。

(2) 如果赊购企业能以低于放弃折扣的利息成本的利率借入资金，便应在现金折扣期内利用借入的资金支付货款，享受现金折扣。

(3) 如果有多种现金折扣，赊购企业需要考虑净收益，即选择净收益最大的方案。

(二) 应付票据

应付票据是指企业在购买商品或接受劳务结算价款时采用商业汇票结算而产生的一种商业信用。根据我国《票据法》的规定，汇票是出票人签发的，委托付款人在见票时或者在指定日期无条件支付确定的金额给收款人或持票人的票据。汇票分为银行汇票和商业汇票。商业汇票按照承兑人的不同分为银行承兑汇票和商业承兑汇票。银行承兑汇票由银行承兑，商业承兑汇票由银行以外的付款人承兑。当企业开具商业汇票时，企业会透支自己的商业信用，会产生应付票据，进而形成了短期筹资。纸质商业汇票的付款期限，最长不超过 6 个月，电子承兑汇票期限自出票日至到期日不超过 1 年。应付票据可以带息，也可以不带息。带息的应付票据利率一般比银行借款的利率低，且不用保持相应的补偿性余额，所以应付票据的筹资成本低于银行借款成本。应付票据到期必须偿还，若延期将会给企业带来较大的信用风险。

(三) 预收货款

预收货款是指销货企业按照合同和协议的规定，在发出货物之前向购货企业预先收取部分或全部货款的信用销售行为。预收货款相当于向购买方借入了一笔款项，获得了临时性的短期借款。通常针对生产周期较长、造价较高的商品，企业往往采用预收货款方式销售，以缓解企业资金压力。

此外，企业往往还存在着一些非商品交易中产生的自发性筹资，如应付职工薪酬、应交税费和其他应付款等。这些应付费用都属于企业受益在前，支付在后的费用。这相当于企业享用了收款方的借款，也在一定程度上缓解了企业的资金需求。

(四) 商业信用筹资的特点

商业信用筹资的特点主要包括以下几个方面。

(1) 商业信用容易获得，使用方便。商业信用与商品买卖同时产生，企业不用进行正规的借贷安排。

(2) 企业无须办理复杂的借贷手续，一般也没有附加条款，也不需要担保。

(3) 在不考虑现金折扣或者企业不放弃现金折扣的情况下，企业利用商业信用筹资没有实际成本。

(4) 当企业放弃现金折扣时，通常付出的成本较高。

(5) 商业信用尤其对于应付账款的资金使用时间一般较短，不利于企业对资本的统筹运用。如果企业无法在信用期内还款，这有可能导致企业信用地位和信用等级的下降，进而恶化企业的信用水平。

(6) 企业能否获得商业信用本身还受外部环境影响。

三、短期融资券

(一) 短期融资券的相关规定

短期融资券是由企业依法发行的无担保短期本票。

我国《银行间债券市场非金融企业债务融资工具管理办法》中对短期融资券做了如下(部分)规定。

(1) 非金融企业债务融资工具(以下简称债务融资工具)，是指具有法人资格的非金融企业(以下简称企业)在银行间债券市场发行的，约定在一定期限内还本付息的有价证券。

(2) 企业发行债务融资工具应在中国银行间市场交易商协会(以下简称交易商协会)注册。

(3) 债务融资工具在中央国债登记结算有限责任公司(以下简称中央结算公司)登记、托管、结算。

(4) 全国银行间同业拆借中心(以下简称同业拆借中心)为债务融资工具在银行间债券市场的交易提供服务。

(5) 企业发行债务融资工具应在银行间债券市场披露信息。信息披露应遵循诚实信用原则，不得有虚假记载、误导性陈述或重大遗漏。

(6) 企业发行债务融资工具应由金融机构承销。企业可自主选择主承销商。需要组织承销团的，由主承销商组织承销团。

(7) 企业发行债务融资工具应由在中国境内注册且具备债券评级资质的评级机构进行信用评级。

(8) 债务融资工具发行利率、发行价格和所涉费率以市场化方式确定，任何商业机构不得以欺诈、操纵市场等行为获取不正当利益。

(二) 短期融资券的筹资特点

(1) 短期融资券的筹资成本较低。与企业发行债券筹资相比，发行短期融资券的筹资成本较低。

(2) 短期融资券筹资数额较大。与银行短期借款相比，发行短期融资券一次性筹资的数额较大。

(3) 发行短期融资券条件比较严格。只有具备一定条件信用等级的企业，才能依靠发行短期融资券筹集资金。

四、应收票据转让

在实际工作中，企业如果出现资金短缺，可将已持有未到期的商业汇票向银行申请票据贴现，以便获得所需资金。票据贴现是指企业将持有未到期的商业汇票转让给银行，以换取银行资金的一种短期借贷行为。当票据的持票人将未到期的票据背书给银行，银行受理后，便会从票据到期值中扣除按银行贴现率计算确定的贴息，然后将款项交付给持票人。

$$贴现息=商业汇票到期值\times 贴现率\times \frac{贴现天数}{360}$$

$$商业汇票贴现金额=商业汇票到期值-贴现息$$

其中，贴现天数是指贴现日至票据到期前一日的实际天数。

【例4-9】某企业将一张面值为1万元的商业汇票向银行进行贴现。该商业汇票不带息，出票日为1月1日，到期日为6月30日。该企业于5月1日向银行办理贴现，贴现利率为10%。

$$贴现息=商业汇票到期值\times 贴现率\times \frac{贴现天数}{360}=10\,000\times 10\%\times \frac{60}{360}$$
$$=166.67(元)$$

$$商业汇票贴现金额=商业汇票到期值-贴现息=10\,000-166.67$$
$$=9833.33(元)$$

五、短期筹资的特点

(一) 筹资速度快，容易获得

长期负债的债权人为了保护自身的利益，往往要对债务人进行尽职调查以及全面的财务清查，因而筹资所需时间一般较长且不易取得。短期负债由于在较短的时间内即可归还，故债权人顾虑较少而容易取得。

(二) 筹资富有弹性

举借长期借款时，债权人或相关方经常会对债务人提出很多的限定性条件或管理规定。短期负债的限制性条件则相对宽松，使得筹资企业的资金使用较为灵活，富有弹性。

(三) 筹资成本较低

一般而言，短期负债的利率低于长期负债，短期负债筹资的资本成本也就较低。

(四) 筹资风险高

短期负债需要在短期内偿还，因而要求筹资企业在短期内拿出足够的资金偿还债务。若企业届时资金安排不当，就会陷入财务危机。此外，短期负债的利率波动比较大。

第三节 长期筹资方式——债务筹资

长期筹资方式中的债务筹资是指企业通过长期借款、发行债券和融资租赁等方式筹集债务资金。债务筹资与权益筹资性质不同，权益筹资企业无须归还股本，债务性筹资企业需承担到期还本付息的义务,且无论企业经营好坏都必须支付。这会形成企业固定的财务负担,但长期负债筹资的资本成本一般比普通股股票筹资资本成本低,且不会分散投资者对企业的控制权。

本节将介绍长期借款、发行债券和融资租赁三种长期债务性筹资方式。

一、长期借款

长期借款是指企业向银行或其他非银行金融机构借入的期限在一年以上的借款,主要用于构建固定资产和满足长期流动资金占用的需求。

(一) 长期借款的种类

1. 按照提供贷款的机构不同分类

按照提供贷款的机构不同,长期借款可以分为政策性银行贷款、商业性银行贷款和其他金融机构贷款。

政策性银行不以营利为目的,专门为贯彻、配合政府社会经济政策或意图在特定的业务领域内,直接或间接地从事政策性融资活动,充当政府经济发展、促进社会进步进行宏观经济管理的工具。政策性银行贷款是指执行国家政策性贷款业务的银行向企业发放的贷款。政策性银行贷款具有利率较低,期限较长,有特定的服务对象等特点。

商业性银行通过吸收社会闲散资金形成负债,再将这些资金和自有资金贷给需要资金支持的各经济部门,形成资产。商业性银行是作为货币资本的贷出者与借入者的中介人或代表来实现资本的融通,从吸收资金的利息支出与发放贷款的利息收入、进行投资的投资收益的差额中形成银行利润。商业性银行贷款主要是为了满足企业生产经营的资金需要,包括短期贷款和长期贷款。

其他金融机构贷款是指从信托公司、保险公司和财务公司等处获得的贷款。其他金融机构对企业的贷款相比商业银行贷款,要求的利率更高,对借款企业的信用要求和担保的选择也比较严格。

2. 按照贷款有无担保分类

按照贷款有无担保分类,长期借款可以分为信用贷款和担保贷款。

信用贷款是指不需企业提供抵押品,仅以借款人信用和保证人信用为依据而获得的贷款。在信用贷款中由于风险较高,银行通常要收取较高的利息并且会附加一定的限制条件。

担保贷款是指由借款人或第三方依法提供担保而获得的贷款。担保贷款按担保的方式可以分为保证贷款、抵押贷款和质押贷款。

3. 按企业取得贷款的用途分类

按企业取得贷款的用途分类,长期借款可分为基本建设贷款、专项贷款和流动资金贷款。

基本建设贷款是指企业为从事新建、改建、扩建等基本项目而需要借入的贷款;专项贷款是指企业向银行申请的有专门用途的贷款;流动资金贷款是指企业为满足流动资金需求而向银行借入的贷款。

(二) 长期借款的程序

1. 企业提出申请

企业根据筹资需求向银行提出书面申请，按银行要求的条件和内容填报借款申请书。一般而言，企业申请借款必须符合以下基本条件，具体包括：①独立核算，自负盈亏，有法人资格；②经营方向和业务范围符合国家产业政策，借款用途属于银行贷款办法规定的范围；③借款企业具有一定的物资和财产保证，担保单位具有相应的经济实力；④具有偿还贷款的能力；⑤财务管理和经济核算制度健全，资金使用效益及企业经济效益良好；⑥在银行设有办理结算的账户。

2. 银行进行审批

银行按照有关政策和贷款条件，对借款企业进行信用审查，核准公司申请的借款金额和用款计划。银行审查的具体内容包括：①企业的财务状况；②企业的信用状况；③企业的盈利稳定性；④企业的发展前景；⑤借款投资项目的可行性。

3. 签订借款合同

贷款申请获批准后，银行与企业进一步协商贷款的具体条件，签订正式的借款合同。合同规定借款的数额、利率、期限、还款方式和一些约束性条款。

4. 企业取得借款

借款合同生效后，银行在核定的借款指标范围内，根据用款计划和实际需要一次或分次将借款转入企业的存款结算账户，以便企业使用借款。

(三) 长期借款合同的内容

借款合同是规定借款当事人双方权利与义务的合同。借款合同具有法律约束力，当事人双方必须遵循合同条款履行合同所约定的权利及义务。借款合同通常包括基础性条款和限定性条款。

1. 借款合同的基础性条款

根据《中华人民共和国民法典》有关规定，①借款合同是借款人向贷款人借款，到期返还借款并支付利息的合同。②借款合同的内容包括借款种类、币种、用途、数额、利率、期限和还款方式等条款。③订立借款合同，借款人应当按照贷款人的要求提供与借款有关的业务活动和财务状况的真实情况。④贷款人未按照约定的日期、数额提供借款，造成借款人损失的，应当赔偿损失。⑤贷款人按照约定可以检查、监督借款的使用情况。借款人应当按照约定向贷款人定期提供有关财务会计报表或其他资料。⑥借款人未按照约定的借款用途使用借款的，贷款人可以停止发放借款、提前收回借款或者解除合同。

企业应当按照借款合同的规定按期还本付息，企业偿还贷款的方式通常有三种。①到期一次还本付息。在这种方式下还本付息比较集中，借款企业须在贷款到期之前做好准备，以保证清偿全部贷款的本息。②到期一次还本，分次付息。在这种方式下，企业于贷款到期时一次性偿还贷款本金。每期期末，企业须偿还贷款产生的利息。这是最普通、最具代表性的偿还方式，采用这种方式对借款企业来说，分期支付利息的压力较小，但借款到后期偿还本金的压力同样较大。③分次还本付息。在这种方式下,企业每期都需要偿还一定数额的本金及利息。这种偿还方式减轻了一次性偿还本金的压力,但可供借款企业实际使用的借款金额会逐期减少,因此会提高企业借款的实际利率。

2. 长期借款的保护性条款

长期借款的保护性条款也称借款合同的限制性条款。由于长期借款的金额高、期限长、风险大,除借款合同的基本条款之外,银行通常会提出一些保护贷款利益人的条款。银行通过在借款合同中提出一些有助于保证贷款按时足额偿还的条件,以确保企业按要求使用借款和按时偿还借款。

归纳起来,保护性条款主要有例行性保护条款、一般性保护条款和特殊性保护条款三类。

1) 例行性保护条款

作为合同的常规条款,大多数借款合同中都会规定例行性保护条款。其主要包括:①企业定期向提供贷款的金融机构报送公司的财务报表,以使债权人随时掌握公司的财务状况、经营成果和现金流量;②保持正常的存货储备量,不准在正常情况下出售较多的非产成品存货,以保持企业的正常生产经营能力;③及时清偿到期债务,包括及时清偿应缴纳税款及其他债务,以防产生罚款造成不必要的资产流失;④不准贴现应收票据或出售应收账款,以避免产生或有负债;⑤不准以任何资产作为其他承诺的担保或抵押,以避免企业负担过重。

2) 一般性保护条款

一般性保护条款是对企业资产的流动性及偿债能力等方面的要求条款。这类条款应用于大多数借款合同,主要包括:①保持企业的资产流动性。企业被要求持有一定最低额度的货币资金或其他流动资产,以保持企业资产的流动性和偿债能力。②限制企业的非经营性支出。如限制支付现金股利、职工加薪的数额等,其目的在于减少企业资金的过度外流。③限制企业资本支出的规模,其目的在于减少企业以后不得不变卖固定资产以偿还贷款的可能性。④限制企业再举债的规模。其目的在于防范其他债权人取得对公司资产的优先索偿权。⑤限制租赁固定资产的规模,其目的在于防止企业负担巨额租金而导致偿债能力下降。

3) 特殊性保护条款

特殊性保护条款是针对某些特殊情况而出现在部分借款合同中的条款。该条款只有在特殊情况下才能生效,主要包括:①贷款专款专用,借款用途不得改变;②要求企业主要领导人在合同有效期内担任领导职务;③限制企业董事、监事、高级管理人员的薪资和奖金总额;④要求企业主要领导人购买人身保险;⑤违约惩罚条款等。

此外,在短期借款中所涉及的周转信贷协定、补偿性余额等条件也同样适用于长期借款。银行通常将上述各项条款结合使用,以全面保护银行等债权人的利益。

(四) 长期借款筹资的特点

与发行股票和发行债券等长期筹资方式相比,长期借款筹资具有以下特点。

(1) 与发行各种证券筹集长期资金所需时间相比,长期借款的筹资速度较快。企业利用长期借款筹资,相对于发行的各种证券筹集资金所需要的时间和程序而言,一般所需时间较短,程序较为简单,可以快速获得现金。

(2) 长期借款的利息率通常高于短期借款,但低于发行债券所需支付的利息费用。采用长期借款筹资时，除了利息费用低于发行债券的利息费用外，长期借款也无须像发行股票及债券那样支付大量的发行费用。

(3) 筹资弹性较大。在借款时，企业可与银行等金融机构直接商定贷款的时间、数额、利率及偿付方式等条件。在借款期间，如果企业情况发生变化，也可与银行继续进行协商，修改借款的相关条款。因此对企业而言，长期借款筹资具有较大的灵活性。

(4) 限制条款较多。企业与银行等金融机构签订的借款合同中通常都有很多的限制性条款，这些条款有可能会限制企业的经营活动、投资活动和筹资活动等。

(5) 筹资数额有限。长期借款的数额往往受贷款机构自身资本实力的制约，难以向发行公司债券或股票那样一次性筹集到大笔资金，有时无法满足公司大规模筹资的资金需要。

(6) 财务风险高。企业进行长期借款筹资，必须定期支付本金及利息，在经营不利的情况下可能会产生不能偿付的风险，故使企业面临较高的财务风险。

二、发行债券

债券是债务人依照法定程序为筹集债务资本而发行的，约定在一定期限内向债券持有人按一定利率到期支付利息和偿付本金的有价证券。公司债券是企业筹集长期债务筹资的常用方式，是持券人拥有公司债权的书面证明，代表着债券持券人与发债公司之间的债权债务关系。这里所说的债券指的是期限超过一年的公司债券。

(一) 债券的种类

1. 按照是否记名，债券可分为记名债券和无记名债券

(1) 记名债券是指在债券存根簿上记载持券人的姓名、名称、住所、债券持有人取得债券的日期及债券的编号等信息。记名债券公司只对记名人偿付本息。记名债券的转让由债券持有人以背书等方式进行，并由发行公司将受让人的姓名或名称记载于公司债券存根簿。

(2) 无记名债券是指在债券上不记载债券持有人的姓名、名称、住址等信息。无记名债券的转让，由债券持有人将该债券交付受让人后即发生转让的效力。对于无记名债券，应在债券存根簿上记载债券总额、利率偿还期限与方式、发行日期及债券的编号等事项。

2. 按照是否能转换成公司股权，债券可分为可转换债券和不可转换债券

(1) 可转换债券是指债券持有人可以在规定的时间内按规定的价格转换为发债公司股票的一种债券。这种债券在发行时，对债券转换为股票的价格和比率都做了详细的规定。根据我国《公司法》的规定，可转换债券的发行主体必须是股份有限公司中的上市公司，且发行公司应同时具备发行公司债券和发行公司股票的相应条件。可转换公司债券具有债务与权益的双重属性，属于混合性筹资方式，我们将在混合性筹资方式中为大家做详细的介绍。

(2) 不可转换债券是指不能转换为发债公司股票的债券。大多数公司债券都属于这种类型。

3. 按照有无特定财产担保，债券可分为担保债券和信用债券

(1) 担保债券又称抵押债券，是指发行公司通过特定的财产抵押方式担保发行人按期还本付息的债券。根据抵押品的不同，其又可以分为一般抵押债券、不动产抵押债券、动产抵押债券和证券信托抵押债券等。

(2) 信用债券是指不以任何公司财产作为担保,完全凭借信用发行的债券。通常来说,只有经济实力雄厚、信用较高的企业才有能力发行信用债券。根据我国法律的相关规定,在公司清算时,信用债券的持有人因无特定的资产作为担保,只能作为一般债权,参与企业剩余财产的分配。因此,信用债券要求的利率也相对较高。

4. 按照是否能提前偿还,债券可分为可赎回债券和不可赎回债券

(1) 可赎回债券是指在债券到期前发行人可以依事先约定的赎回条款收回的债券。一般来讲,债券的赎回价格要高于债券面值,高出的部分称为赎回溢价。当公司考虑到未来的投资机会和回避利率风险等情况下,公司发行可赎回债券可以增加公司资本结构的灵活性,帮助公司降低资本成本。

(2) 不可赎回债券是指不能在债券到期前提前收回的债券。

5. 按照利率是否固定,债券可分为固定利率债券和浮动利率债券

(1) 固定利率债券是指将利率印在票面上,并按其向债券持有人支付利息的债券。该债券利率固定不变,不随市场利率的变化而调整。当预期市场利率会上升时,发行固定利率债券有利于企业降低资本成本,但预期市场利率下降时,发行固定利率债券这可能增加企业的资本成本。

(2) 浮动利率债券是指债券上明确利率,发放利息时利率水平按某一标准(如政府债券利率、银行存款利率等)的变化而同方向调整的债券,浮动利率一般6个月或1年调整一次。通常,在市场利率波动幅度较大时,由于浮动利率债券的利率同当前市场利率挂钩,发行浮动利率债券可以在投资者和发行企业之间分摊利率风险。

6. 按照是否可以公开发行,债券可分为公开发行债券和非公开发行债券

(1) 资信状况符合规定标准的公司债券可以向公众投资者公开发行,也可以自主选择仅向专业投资者公开发行。未达到规定标准的公司债券公开发行时应当面向专业投资者。

(2) 非公开发行的公司债券应当面向专业投资者发行。

7. 按照是否能上市,债券可分为上市债券和非上市债券

(1) 可在证券交易所挂牌交易的债券为上市债券。上市债券具有信用度高、价值高、变现速度快等优点。但是,上市条件严格,公司要承担高额的上市费用。

(2) 不可上市交易的债券属于非上市债券。

(二) 债券的发行条件

在我国,根据《公司法》的规定,股份有限公司和有限责任公司具有发行债券的资格。

(1) 债券发行的一般规定包括以下几点。

① 根据《证券法》及相关规定,发行公司债券的发行人应当依照《公司法》或者《公司章程》的相关规定对以下事项做出决议:发行债券的数量、发行方式、债券期限、募集资金的用途、决议的有效期等需要明确的事项。如果发行人对增信机制、偿债保障措施做出安排的,也应当在决议事项中载明。

② 公开发行公司债券筹集的资金,必须按照公司债券募集办法所列资金用途使用;非公开发行公司债券,募集资金应当用于约定的用途。

③ 发行人应当指定专项账户，用于公司债券募集资金的接收、存储、划转与本息偿付。

(2) 向专业投资者公开发行债券，应当符合《证券法》《公司法》的相关规定，并经中国证监会注册。公开发行公司债券应当符合下列条件。

① 具备健全且运行良好的组织机构。

② "最近 3 年平均可分配利润"足以支付公司债券"1 年的利息"。

③ 国务院规定的其他条件。

公开发行公司债券筹集的资金，必须按照公司债券募集办法所列资金用途使用，改变资金用途，必须经债券持有人会议做出决议。公开发行公司债券筹集的资金，不得用于弥补亏损和非生产性支出。

(3) 存在下列情形之一的，发行人不得再次公开发行公司债券。

① 对已发行的公司债券或者其他债务有违约或者迟延支付本息的事实"仍处于继续状态"。

② 违反规定，改变公开发行公司债券所募资金的用途。

(4) 根据《公司债券发行与交易管理办法》中的规定，资信状况符合下列标准的公司债券可以向公众投资者公开发行，也可以自主选择仅面向专业投资者公开发行。

① 发行人"最近 3 年"无债务违约或者迟延支付本息的事实。

② 发行人"最近 3 年的平均可分配利润"不少于债券一年利息的"1.5 倍"。

③ 债券信用评级达到"AAA 级"。

(5) 非公开发行公司债券。

非公开发行公司债券不得采用广告、公开劝诱和变相公开方式。非公开发行的对象应当是专业投资者，每次发行对象不得超过 200 人。

发行人、承销机构应当按照中国证监会证券自律组织规定的投资者适当性制度，了解和评估投资者对非公开发行公司债券的风险识别和承担能力，确认参与非公开发行公司债券认购的投资者为专业投资者，并充分揭示风险。非公开发行公司债券是否进行信用评级由发行人确定，并在证券募集说明书中披露。

非公开发行的公司债券仅限于在专业投资者范围内转让。转让后持有同次发行债券的专业投资者合计不得超过 200 人。发行人的董事、监事、高级管理人员及持股比例超过 5%的股东可以参与本公司非公开发行公司债券的认购与转让，不受专业投资者资质条件的限制。

(三) 债券的发行程序

公司发行债券需要遵循一定的法定程序办理有关的手续。

1. 做出发行债券的决议

拟发行债券的公司，在实际发行之前，通常由董事会制定发行方案，股东会等类似机构做出决议。决议的具体内容包括：公司债券的发行总额、票面金额、发行价格、募集办法、债券利率、偿还日期及方式等内容。

2. 提出发行债券的申请

公司发行债券应当向国务院授权的部门或者国务院证券监督管理机构报送下列文件：公司登记证明、《公司章程》、公司债券募集办法、资产评估报告、验资报告以及国务院授权的部门或者国务院证券监督管理机构规定的其他文件等正式文件。依照本法规定聘请保荐人的，还应当报送保荐人出具的发行保荐书。

3. 公告募集办法

公司公开向社会发行债券，应当向社会公告债券募集的办法。根据《公司法》的规定，公司债券募集办法中应当载明的主要事项有发行公司的名称、债券募集资金的用途、债券总额和债券的票面金额、债券利率的确定方式、还本付息的期限和方式以及债券担保情况、债券的发行价格、发行的起止日期、公司净资产额、已发行的尚未到期的公司债券总额及公司债券的承销机构。

4. 委托证券机构发售

公司债券募集分为私募发行和公募发行。私募发行是以特定的少数投资者为指定的对象发行债券。公募发行是指在证券市场上以非特定的广大投资者为对象发行债券。我国债券通常的发行方式为公募发行。在这种发行方式下，发行公司要与承销团签订承销协议。承销团由数家证券公司或投资银行组成。承销团的承销方式有包销和代销两种。包销是指由承销团先行购入发行公司拟发行的全部债券，然后再出售给社会上的投资者。如果在约定期限内未能全部出售，余额要由承销团负责认购。代销是指由承销机构代为推销债券，在约定期限内未售出的余额将退还给发行公司的一种发行方式。

5. 交付债券，收缴债券款

债券购买人向债券承销机构支付购买债券款，承销机构向购买人交付债券。然后债券发行公司向承销机构收缴债券款，登记债券存根簿，并结算发行代理费。

(四) 债券的发行价格

债券的发行价格是指债券发行时使用的价格，也是原始投资者购入债券时应支付的价格。它与债券的面值可能是一致的，也可能是不一致的。通常公司债券的发行价格有平价、溢价和折价三种。

平价是指以债券的票面金额为发行价格。溢价是指以高出债券票面金额的价格为发行价格。折价是指以低于债券票面金额的价格为发行价格。

通常债券的发行价格受债券的面额、票面利率、市场利率以及债券期限的影响。债券发行价格基本公式的原理是将债券的全部现金流，按照债券发行时的市场利率进行折现并求和。债券的全部现金流，包括债券持续期内各期的利息现金流与债券到期支付的面值现金流。

债券的发行价格计算公式为

$$P=\sum_{t=1}^{n}\frac{F\times i}{(1+R)^n}+\frac{F}{(1+R)^n}=F\times i\times(P/A,R,n)+F\times(P/F,R,n)$$

式中：P——债券的发行价格；

　　　i——票面利率；

　　　F——债券的面值；

　　　R——市场利率；

　　　n——债券期限。

根据债券发行价格的公式，我们可以归纳出各因素对债券发行价格的影响。

1. 债券面额

债券的票面金额是决定债券发行价格的最基本因素。债券发行价格的高低从根本上取决于债券面额的大小。

2. 票面利率

债券的票面利率也称债券的名义利率，通常在债券发行之前已确定。票面利率将影响投资者每期实际收到的利息金额。一般来说，票面利率越高，发行价格越高；票面利率越低，发行价格越低。

3. 市场利率

市场利率也可看成投资人的必要报酬率。当衡量企业债券票面利率高低与否时，通常是将其与债券发行时的市场利率进行对比。

4. 债券期限

债券的期限越长，不确定因素就越多，债权人的风险就越大，所要求的利息报酬率就越高，债券的发行价格就可能较低。反之，发行价格可能较高。

在发行债券时，当票面利率与市场利率一致时，以平价发行债券。当已确定的票面利率与当时的市场利率不一致时，为协调债券购销双方在利息上的利益，就要调整发行价格。当票面利率高于市场利率时，以溢价发行债券；当票面利率低于市场利率时，以折价发行债券。

【例4-10】某公司计划发行五年期债券。每张债券面值100元，票面利率8%，分期付息，到期还本。若发行时市场利率为8%，则该债券的发行价格为多少？

$$P = \sum_{t=1}^{n} \frac{F \times i}{(1+R)^n} + \frac{F}{(1+R)^n} = F \times i \times (P/A, R, n) + F \times (P/F, R, n)$$

$$P = \sum_{t=1}^{5} \frac{100 \times 8\%}{(1+8\%)^5} + \frac{100}{(1+8\%)^5}$$

$$= 100 \times 8\% \times (P/A, 8\%, 5) + 100 \times (P/F, 8\%, 5)$$

$$= 8 \times 3.9927 + 100 \times 0.6806 = 100(元)$$

计算结果表明，如果票面利率等于市场利率，债券应当按照面值发行。在按面值发行的情况下，债券的票面利率为8%，而市场给投资人的收益率也是8%。

【例4-11】承上例，若发行时市场利率为10%，则该债券的发行价格为多少？

$$P = \sum_{t=1}^{5} \frac{100 \times 8\%}{(1+10\%)^5} + \frac{100}{(1+10\%)^5}$$

$$= 100 \times 8\% \times (P/A, 10\%, 5) + 100 \times (P/F, 10\%, 5)$$

$$= 8 \times 3.7908 + 100 \times 0.6209 = 92.42(元)$$

计算结果表明，如果市场利率大于票面利率，债券应当折价发行。也就是说，只有按92.42元的价格出售，投资者才会购买此债券，并获得8%的利息。发行价与面值之间的差额7.58元就是投资者在持有债券期间与市场利率10%相比，每年少获得的利息的现值，相当于发行方给投资方的补偿。

【例 4-12】 承上例，若发行时市场利率为6%，则该债券的发行价格为多少？

$$P = \sum_{t=1}^{5} \frac{100 \times 8\%}{(1+6\%)^5} + \frac{100}{(1+6\%)^5}$$
$$= 100 \times 8\% \times (P/A, 6\%, 5) + 100 \times (P/F, 6\%, 5)$$
$$= 8 \times 4.2124 + 100 \times 0.7473 = 108.43(元)$$

计算结果表明，如果市场利率小于票面利率，债券应当溢价发行。也就是说，投资者把108.43元的资金投资于该债券，并可获得8%的利息。发行价与面值之间的差额8.43元就是投资者在持有债券期间与市场利率6%相比，每年多获得的利息的现值，相当于投资方给发行方的补偿。

(五) 债券筹资的特点

与长期借款和融资租赁筹资等方式相比，债券筹资具有以下特点。

(1) 一次性筹资数额较大。债券筹资属于直接筹资，发行对象分布广泛，市场容量相对较大且不受金融机构自身资产规模及风险管理的约束。当企业公开向社会公众发行公司债券时，能够募集大量的资金，满足企业大规模筹资的需要。

(2) 资本成本低于股权筹资的资本成本。债券的利息支出可以所得税前列支，具有抵税的作用。与发行股票相比，债券的发行成本也较低。同时债券投资人所承担的风险低于股票投资人所承担的风险，因此其要求的报酬率也较低。

(3) 资本成本高于长期借款筹资的资本成本。与长期借款筹资相比，发行债券的利息负担和筹资费用都比较高，且债券不能像银行借款一样进行债务的展期，在固定的到期日将会对公司现金流量产生巨大的财务压力。

(4) 与长期借款筹资相比，发行债券募集资金的使用限制条件较少。发行债券募集的资金在使用上具有相对的灵活性和自主性，但由于债权人没有参与企业经营管理的权利，为保障债权人的合法权利，债权人通常也会在债券合同制定一些限制性条款。

(5) 有利于保障股东对公司的控制权。债券持有者无权参与企业的经营管理，因此通过债券筹资不会稀释股东对公司的控制权，同时又能扩大公司的投资规模。

(6) 信息披露成本高。发行债券需要公开披露募集说明书及其引用的审计报告、资产评估报告、资信评级报告等多种文件。债券上市后也需要披露定期报告和临时报告，信息披露成本较高，同时也对保守企业的经营财务等信息及其他商业秘密不利。

三、融资租赁

(一) 租赁的概念

租赁是指资产的所有者出租人以收取租金为条件，通过签订财产出让合同的方式，将资产的使用权让渡给承租方的一种交易行为。租赁行为在实质上具有借贷属性，但其直接涉及的是物而不是钱。租赁仅让渡了资产的使用权，并未让渡资产的所有权。承租方在租赁的过程中仅取得了出租资产的使用权，而出租方则保有资产的所有权。

(二) 租赁的种类

按照期限及合同约束的程度不同，我们通常将租赁分为经营租赁和融资租赁。

1. 经营租赁

经营租赁是指以购买资产使用权替代购买资产所有权。企业在生产经营活动中需要使用固定资产，固定资产的使用权，既可以通过购置的方式取得，也可以通过租赁的方式取得。经营租赁决策的核心问题是为企业在固定资产购置或经营租赁中选择最优的方案。一般来说，当拥有和运营某项固定资产的平均成本高于最优租金时就可以选择租赁方案。

典型的经营租赁中租赁期限较短，承租人从出租人处承租资产，获得资产的使用权，并向出租人支付租金。经营租赁下，通常由出租人提供机器设备的保养、维修、保险等相关服务。对于出租方和承租方而言，经营租赁是纯粹的让渡资产使用权的行为。经营租赁的主要目的是解决企业短期的、临时的资产需求问题。承租企业采用经营租赁的主要目的不是融通资本，而是获得设备的短期使用权。

经营租赁的主要特点有如下几点。

(1) 承租企业根据需要随时向出租人提出出租资产。
(2) 租赁期较短，不涉及长期及固定的义务。
(3) 在设备租赁期，承租企业可以按规定提前解除租赁合同。
(4) 由出租方负责设备的维修保养等服务。
(5) 租赁期满或合同终止时，租赁设备由出租人收回。

2. 融资租赁

融资租赁是指以租赁形式融资，用以替代借款的筹资活动。融资租赁决策是企业决定拥有某项资产之后的筹资决策，其核心问题是为企业在固定资产租赁融资或借款购买中确定最优方案。一般来说，当租赁的融资成本低于债务融资时可以选择融资租赁。

融资租赁通常由租赁公司按承租单位的要求出资购买设备，在较长的合同期内提供给承租人使用的一种以融通资金为目的的租赁方式。承租企业采用融资租赁的主要目的是融资与融物相结合，具有借贷的性质，是承租企业筹集长期债务融资的一种特殊方式。

融资租赁的主要特点有如下几点。

(1) 出租的设备根据承租企业提出的要求购买，或者由承租企业直接从制造商或销售商那里选定。
(2) 租赁期较长，融资租赁的租期一般要等于租赁资产使用寿命的75%以上。
(3) 在租赁期内，设备的维修保养一般由承租企业负责。
(4) 租赁期满按事先约定的方式处理设备，包括退还租赁公司，继续租赁或企业以较低价格留购。
(5) 租赁合同比较稳定。在规定的租赁期限内，非经双方同意任一方中途不得终止合同，这样有利于维护双方的权益。

(三) 融资租赁的程序

1. 选择租赁公司

企业采用融资租赁的方式获取某项设备时，需了解各融资租赁公司的资质、融资条件及租赁费率等，综合加以考虑，择优选择。

2. 办理租赁委托

企业选定租赁公司后，应向该公司申请办理融资租赁，提交融资租赁申请书及财务状况等相关文件。

3. 签订购货协议

租赁公司接受租赁委托后，由承租企业和租赁公司中的一方或双方与选定的设备供应厂商进行购买设备的技术谈判和商务谈判，并在此基础上与设备供应方签订购货协议。

4. 签订租赁合同

承租企业与租赁公司签订融资租赁合同。融资租赁合同中明确规定双方的权利和义务。合同内容可分为一般条款和特殊条款两部分。

一般条款主要包括：①合同的性质，当事人身份，合同签订日期等；②对合同中的重要名词进行解释，以免产生歧义；③详细列明融资租赁设备的名称、规格型号、数量、技术性能、交货地点及使用地点等；④租赁设备交货、验收、使用条款；⑤租赁期限及起租日条款；⑥租金支付条款。

特殊条款一般包括：①购买协议与租赁合同的关系；②租赁设备的产权归属；③租赁期间不得退租；④对出租人和承租人的保障；⑤承租人违约责任及对出租人的补偿；⑥设备的使用、保管和维修保障责任；⑦保险条款；⑧租赁保证金和担保条款；⑨租赁期满时对设备的处理条款等。

5. 交货验收

设备供应厂商将设备发运到指定地点，承租企业要办理验收手续，验收合格后签发交货及验收证书交给租赁公司以作为其支付货款的依据。

6. 定期支付租金

承租企业在租赁期内按合同规定的租金支付方式足额向租赁公司支付租金。

7. 合同期满设备的处置

承租企业根据合同的规定，对设备采取续租、退租或留购等处置方式。一般租赁公司会把租赁设备在租赁期满时以极低价格转让给承租企业，承租企业也会行使该优先购买选择权。

(四) 融资租赁的形式

1. 直接租赁

承租方提出租赁申请，出租方按照承租方的要求选购，然后再出租给承租方，这是融资租赁的典型形式。直接租赁中通常涉及两份合同，一份是购销合同，另一份是租赁合同。

2. 售后回租

承租方将自己资产出售给出租方，然后再以租赁的形式从出租方处租回资产并使用。采用这种融资租赁形式，承租企业因出售资产而获得了现金，同时将其租回而保留了资产的使用权。这与抵押贷款有些相似。

3. 杠杆租赁

杠杆租赁一般涉及承租人、出租人和资金出借人(贷款人)三方当事人。从承租人角度看，杠杆租赁与其他融资租赁形式并无区别，但对出租人而言，一般当所涉及的资产价值昂贵时，出租方自己只投入购买资产所需资金的一部分，其余资金则通过将该资产抵押担保的方式向第三方申请贷款解决。此时，出租人既是债权人也是债务人。这种融资租赁形式，由于租赁收益一般大于借款成本支出，出租人可获得财务杠杆利益，故被称为杠杆租赁。杠杆租赁中通常涉及三份合同，一份是购销合同，一份是租赁合同，还有一份是借款合同。

(五) 融资租赁租金的计算

在融资租赁方式下，承租公司必须按合同的约定支付租金，因此租金的计算在融资租赁决策中至关重要。

1. 决定租金的因素

(1) 设备的原价。设备的原价包括设备的买价、运输费、安装调试费和保险费等。

(2) 设备的预计净残值。设备的预计净残值是指设备租赁期满后，将其出售可获得的变价收入。

(3) 利息。利息是指租赁公司为承租企业购置设备垫付资金所应支付的利息。

(4) 租赁手续费。租赁手续费是指租赁公司承办租赁设备所发生的业务费用和必要的利润。

以上四项是决定租金总额的基本因素，而租赁期的长短则决定了分期支付时每期应支付租金的数额。

2. 租金的支付方式

租金的支付方式主要有以下几种。

(1) 按支付间隔期的长短分为年付、半年付、季付和月付等方式。

(2) 按期初和期末支付，分为先付租金和后付租金的方式。

(3) 按每次是否等额支付分为等额支付与不等额支付的方式。

融资租赁实务中，承租企业与租赁公司商定的租金支付方式通常为后付等额支付租金的方式。

3. 租金的计算

我国融资实务中，租金的计算方法主要有平均分摊法、等额年金法和平均支付本金法等。

(1) 平均分摊法。平均分摊法是以事先商定的利息率和手续费率计算出融资租赁期间的利息和手续费，然后连同设备成本按支付次数平均分摊的方法计算租金。在这种方法下并没有充分考虑货币时间价值的因素。

$$R = \frac{(C-S)+I+F}{N}$$

式中：R——每次支付的租金；
　　　C——为租赁设备产生的购置成本；
　　　S——租赁设备预计净残值；
　　　I——租赁期间利息；
　　　F——租赁期间手续费；
　　　N——租期。

【例4-13】某企业于2019年1月1日从租赁公司租入一台设备，价值为100万元，租期为5年。预计租赁期满时设备的净残值为5万元，期满设备归租赁公司所有。已知租赁年利率为10%，租赁手续费率为设备价值的2%，租金于每年年末支付。则该设备租赁期每次的租金为

$$R=\frac{(C-S)+I+F}{N}=\frac{(100-5)+[100\times(1+10\%)^5-100]+100\times 2\%}{5}=31.61(万元)$$

(2) 等额年金法。等额年金法是指运用年金现值的计算原理，测算每期应付租金的方法。在这种方法下，通常要根据利率和租赁手续费率确定一个租费率，并以此作为折现率。

租金的计算公式如下：

其中，租费率(折现率) = 利率+租赁手续费率。

① 假设期满，设备残值归出租人，相当于承租人每期末等额偿付租金，租赁期满再偿付租赁资产残值，则：

$$R=\frac{C-S\times(P/F, i, n)}{(P/A, i, n)}$$

② 假设期满，设备残值归承租人，相当于承租人每期末等额偿付租金，但无须偿付租赁资产残值，则：

$$R=\frac{C}{(P/A, i, n)}$$

③ 假设租金支付方式由每期后付租金改为每期先付租金，则：

$$先付租金=\frac{后付租金}{(1+i)}$$

【例4-14】某企业计划于2020年1月1日从甲租赁公司融资租入一台设备。该设备价值为100万元，租期为5年，租赁期满时预计净残值为10万元，期满设备归租赁公司所有。假设年利率为8%，年租赁手续费率为2%，租金每年末支付1次，则：

折现率=8%+2%=10%。

每年租金：

$$R=\frac{C-S\times(P/F, i, n)}{(P/A, i, n)}=\frac{100-10\times(P/F, 10\%, 5)}{(P/A, 10\%, 5)}=24.74(万元)$$

租金摊销计划表如表4-3所示。

表4-3 租金摊销计划表　　　　　　　　　　　　　　　　单位：万元

年份	期初本金(1)	支付租金(2)	应计租费 (3)=(1)×10%	本金偿还额 (4)=(2)-(3)	本金余额 (5)=(1)-(4)
2020	100.00	24.74	10.00	14.74	85.26
2021	85.26	24.74	8.53	16.21	69.05
2022	69.05	24.74	6.91	17.83	51.22
2023	51.22	24.74	5.12	19.62	31.60
2024	31.60	24.74	3.14*	21.60	10.00
合计		123.70	33.70	90.00	

*由于计算过程中存在四舍五入，该数据倒推得出，31.60-10=21.60(万元)，24.74-21.60=3.14(万元)。

【例4-15】 某企业于2019年1月1日从租赁公司租入一套设备，价值500为万元，租期为6年，租赁期满时预计残值为50万元，期满设备归承租企业所有。折现率为10%，租金每年年末支付一次。则每年租金：

$$R = \frac{C}{(P/A, i, n)} = \frac{500}{(P/A, 10\%, 6)} = 114.8(万元)$$

拓展，承上例，其他条件不变，租金每年年初支付一次，则每年租金：

$$先付租金 = \frac{后付租金}{(1+i)} = \frac{114.8}{(1+10\%)} = 104.36(万元)$$

(3) 平均支付本金法。平均支付本金法又称等本金支付法。在这种方法下租金分两部分，即本期平均分摊在每期租金中的部分和当期实际占用资金的利息。由于当期实际占用资金的利息随着本期的偿还而逐渐减少，因此在这种方法下每期租金是递减的。每期需支付的租金为等额本金及其以摊余成本计算的利息之和。

【例4-16】 某企业于2020年1月1日从租赁公司租入一台机器。该机器价值为100万元，租期五年，租赁期满时无残值，年利率为10%，租金每年年末支付一次。则租入这台机器每年应付的利息及租金如表4-4所示：

表4-4　租入一台机器信息　　　　　　　　　　　　　　单位：万元

年数	本金	期初摊余成本	利率	利息	租金
2020	20.00	100.00	10%	10.00	30.00
2021	20.00	80.00	10%	8.00	28.00
2022	20.00	60.00	10%	6.00	26.00
2023	20.00	40.00	10%	4.00	24.00
2024	20.00	20.00	10%	2.00	22.00

(六) 融资租赁的特点

融资租赁主要有以下几个特点。

(1) 融资租赁无须大量资金就能够迅速获得所需资产。融资租赁是融资与融物相结合，使得企业在资金短缺的情况下引进设备，帮助企业尽快形成生产力。

(2) 融资租赁的限制条件较少。当企业运用股票、债券、长期借款等方式筹资时，都会受到相当多的条件的限制。相比之下，融资租赁筹资的限制条件较少。

(3) 融资租赁的租金费用允许在所得税前扣除，承租企业能够享受费用抵减所得税的利益。

(4) 财务风险小，财务优势明显。融资租赁与购买设备的一次性支出相比，能够避免一次性支付大额购置费用，而且租金支出是分期支付的，企业无须一次性筹集大量资金来归还。企业租金可以通过项目本身产生的收益来支付，这是一种基于未来的"借鸡生蛋，卖蛋还钱"的理论产生的筹资方式。

(5) 资本成本负担较高。尽管租赁没有明显的利息成本，但出租人所获得的收益隐含于租金中。一般而言，许多融资租赁的利息都要高于债券利息，其租金总额通常要高于设备价值的30%左右。尽管与借款方式相比，融资租赁能够避免到期一次集中偿付的财务压力，但高额的固定租金也给企业各期的经营带来了负担。

四、长期负债的特点

长期负债有以下几个特点。

(1) 筹资速度较快。与股权筹资相比，除发行债券以外，债务筹资不需要经过复杂的审批手续和证券发行程序，可以迅速地获得资金。

(2) 资本成本负担较轻。债务的筹资成本低于股权的筹资成本。债权的筹资费用较低、利息和租金等用资费用较低，而且利息还具有抵税的效果。

(3) 可以利用财务杠杆。当企业的资本息税前利润率高于债务利率时，会增加普通股股东的每股收益，提高净资产收益率，提升企业价值。

(4) 稳定公司的控制权。债务筹资不会改变和分散股东控制权。

(5) 财务风险较大，限制条件较多。长期负债的限制较多，债权人经常会向债务人提出一些限制性的条件，以保证其能够及时足额偿还债务本金和支付利息。

第四节 长期筹资方式——权益筹资

债务筹资会形成企业的债务，企业的债务需要面临到期还本付息的压力，而权益筹资会形成企业的权益资金，权益资金没有固定的到期日，无须偿还。权益筹资是企业最基本的筹资方式。针对一般的非股份制公司而言，权益筹资的方式通常为吸收直接投资和留存收益筹资。针对股份制公司而言，权益筹资的方式多为发行普通股股票和利用留存收益等形式筹资。

一、吸收直接投资

吸收直接投资是指非股份制企业按照共担风险共享收益的原则筹集自有资金的一种基本方式。国家、法人、个人和外商均可以将资金投入被投资企业。吸收直接投资不以证券为中介，属于外部的直接筹资。

(一) 吸收直接投资的资金来源

1. 吸收国家投资

如果是国有公司或者是国有独资公司，可以从有权代表国家投资的政府部门或机构取得国有资产投资，这种情况下形成的资本为国有资本。

2. 吸收社会公众投资

吸收社会公众投资是指个人或本企业的职工以个人的合法财产投入公司，这种情况下形成的资本称为个人资本。

3. 吸收法人投资

吸收法人投资是指法人单位以其依法可支配的资产对外进行投资，这种情况下形成的资本为法人资本。

4. 吸收外商投资

吸收外商投资是指吸收外国投资者以及我国香港特别行政区、澳门特别行政区和台湾地区投资者的投资，这种情况下成立的企业通常称之为中外合资经营企业。中外合资经营企业一般具有如下特点：①由境外的公司、企业和其他经济组织或个人同中国的公司、企业或其他经营组织或个人在中国境内共同举办的企业；②合资经营企业在中国境内按中国法律法规的规定取得法人资格，属于中国法人；③注册资本中外方合营者的出资比例一般不得低于25%。

(二) 吸收直接投资的出资方式

根据我国《公司法》的相关规定，企业以吸收直接投资方式筹资的，其投资者可以以货币出资，也可以用实物、知识产权、土地使用权等可以用货币估价并可以依法转让的非货币财产作价出资，同时还规定投资者不得以劳务、信用、自然人姓名、商誉、特许经营权或者设定担保的财产等作价出资。股东以货币出资的，应当将货币出资足额存入公司在银行开设的账户；以非货币财产出资的，应当依法办理其财产权的转移手续。对作为出资的非货币财产应当评估作价，核实财产，不得高估或者低估作价。出资人以非货币财产出资，未依法评估作价，"公司、其他投资者或者公司债权人"请求认定出资人未履行出资义务的，法院应委托具有合法资格的评估机构对该财产评估作价。评估确定的价额"显著低于"公司章程所定价额的，法院应当认定出资人未依法全面履行出资义务。出资人以符合法定条件的非货币财产出资后，因市场变化或者其他客观因素导致出资财产贬值，公司、其他股东或者公司债权人请求该出资人承担补足出资责任的，人民法院不予支持。

1. 以货币出资

货币出资是企业投资中最重要的出资方式。企业可以用货币资产获取其他物资资源，支付各种费用，满足企业创立开支和随后的日常周转需要。

2. 以实物出资

以实物出资是指投资者以房屋建筑物、机器设备等固定资产和原材料等流动资产对企业进行投资。实物出资的资产应符合以下条件：①适合企业生产经营的需要；②技术性能良好；③作价公平合理。

3. 以知识产权出资

以知识产权出资是指权利人以其所享有的各种专利权、商标权、著作权、非专利技术等进行出资。由于知识产权通常具有时效性，会因其不断老化、落后而导致实际价值不断减少，甚至完全消失，故企业在吸收以知识产权等无形资产出资时可能会承担较大风险。因此企业在接受以知识产权等投资时，需要进行可行性研究，分析其技术的时效性，并合理作价，以免在吸收知识产权后在短期内发生明显的贬值现象。

4. 以土地使用权出资

土地使用权具有相对的独立性，在土地使用权存续期间，包括土地所有者在内的其他任何单位和个人，不能任意收回土地和非法干预使用权人的经营活动。当使用权人依法将其土地使用权让渡给被投资方时即形成了土地使用权的出资。

(三) 吸收直接投资的特点

1. 能够快速形成生产力

吸收直接投资可以获得现金以及非现金资产。非现金资产通常都是先进的设备和技术，可以在企业生产经营过程中快速形成生产力。

2. 便于进行信息沟通

由于吸收直接投资的投资者较为单一，股权相对集中，因此便于信息沟通。

3. 资本成本较高

相对于股票筹资方式而言，吸收直接投资的资本成本较高。由于投资者较为单一，当企业实现盈利时，投资者往往倾向于将大部分盈余作为股利进行分配。

4. 不宜进行产权交易

由于吸收直接投资通常被非股份制公司所采用，股权无法像股份有限公司一样上市交易，且非股份制公司通常属于人资两合的性质，因此难以进行股权交易。

二、发行股票

股票是指股份有限公司为筹集权益性资本而发行的有价证券，是持股人拥有公司股份的凭证，股票是有价证券，同时也是代表股东权益的证券，是资本市场主要的长期融资工具之一。根据股票权利的不同，股票通常分为普通股和优先股。普通股是股份有限公司发行的最基本的一种股票形式。普通股的持有人是公司的股东，他们依法拥有表决权，是公司的最终所有者。股东按投入公司的资本额享有资产收益、重大决策和经营管理的权利，在公司清算时对财产分配拥有最后的请求权，也是公司风险的主要承担者。优先股具有权益筹资和债务筹资的双重特点，将在混合性筹资部分进行介绍。

(一) 普通股股东的权利

1. 对公司的管理权

股东作为股份有限公司的所有者，拥有参与企业经营管理的权利。普通股股东的管理权具体体现在拥有选举权和被选举权、重大决策参与权、财务监控权、公司经营的建议和质询权以及股东大会召集权等方面。

2. 股份转让的权利

股票作为一种有价证券，在资本市场上可以自由流通，根据《公司法》及公司章程的规定，股份有限公司的股东有权将其所持有的股票出售或者转让。

3. 优先认股权

当公司增发普通股股票时，原股东有权按持有公司股票的比例优先认购新股。

4. 股利分配的请求权

当公司的盈余支付了所得税和优先股股利后，股东有权通过股利方式获取公司的利润。利润分配方案通常经董事会提出并经股东大会批准。

5. 剩余财产的要求权

由于永久性，股东成为企业风险的主要承担者。当公司破产、解散和清算时，普通股股东对剩余财产有要求权。根据《公司法》和《破产法》的相关规定，公司财产在依次支付了清算费用、职工的工资、社会保险费用和法定补偿金、缴纳所欠税款、清偿公司债务之后的剩余财产才能最后分配给普通股股东。所以在破产清算时，如果资不抵债，普通股股东实际上就分不到剩余财产。

(二) 股票的主要种类

(1) 股票按票面有无记名可分为记名股票和无记名股票。

根据《公司法》有关规定，公司发行的股票可以为记名股票，也可以为无记名股票。记名股票是指记载股东的姓名或者名称的股票。公司向发起人、法人发行的股票，应当为记名股票，并应当记载该发起人、法人的名称或者姓名，不得另立户名或者以代表人姓名记名。公司发行记名股票的，应当置备股东名册，记载下列事项：①股东的姓名或者名称及住所；②各股东所持股份数；③各股东所持股票的编号；④各股东取得股份的日期。向社会公众发行的股票，可以为记名股票，也可以为无记名股票。发行无记名股票的，公司应当记载其股票数量、编号及发行日期。

(2) 股票按投资主体的不同可分为国家股、法人股、个人股和外资股。

国家股是指有权代表国家投资的部门或机构，以国有资产向公司投入而形成的股份。法人股是指企业法人以其可支配的资产向公司投入而形成股份。个人股是社会个人或本公司职工以个人合法财产投入公司而形成的股份。外资股是指外国和我国港澳台地区投资者购买我国公司的股份。

(3) 股票按发行时间的先后可分为原始股和新股。

原始股是设立时发行的股票，新股是公司增资时发行的股票。虽然原始股和新股在发行时间上不同，但股东的权利和义务是一致的。

(4) 股票按发行对象和上市地点，可分为A股、B股、H股、N股和S股等。

A股是指境内公司发行、在境内上市交易，以人民币标明面值，以人民币认购和交易的股票；B股是指境内公司发行，在境内上市交易，以人民币标明面值，以外币认购和交易的股票；

H股是指注册地在内地，在中国香港地区上市的股票；N股是指在纽约上市的股票；S股是指在新加坡上市的股票。

(三) 证券发行

1. 证券发行的分类

根据不同的标准，证券发行可分为公开发行和非公开发行，设立发行和增资发行，直接发行和间接发行，平价发行、溢价发行和折价发行。

2. 证券发行的审核制度

证券发行的审核制度分为两种体制：一是实行公开主义的注册制；二是实行准则主义的核准制。

1) 注册制

注册制是证券发行申请人依法将与证券发行有关的信息和资料公开，制成法律文件，送交监管机构审核，监管机构只负责审查发行申请人提供的信息和资料是否履行了信息披露义务的制度。

注册制下，审核机构只负责对注册文件进行形式审查，不对证券发行行为及证券本身进行实质判断，申报文件提交后，经过法定期间，监管机构若无异议即可发行证券。只要发行人依法将有关信息与资料完全公开，监管机构就不得以发行人的财务状况未达到一定标准而拒绝其发行。

2) 核准制

发行人发行证券，不仅要公开全部的可以供投资人判断的信息与资料，还要符合证券发行的实质性条件，证券监管机构有权依照法律的规定，对发行人提出的申请以及有关材料，进行实质性审查，发行人得到批准以后，才可以发行证券。

新《证券法》规定，公开发行证券必须符合法律行政法规规定的条件，并依法报经国务院证券监督管理机构或者国务院授权的部门注册。未经依法注册，任何单位和个人不得公开发行证券。新《证券法》的修订意味着证券发行的注册制将全面推行，表明我国证券公开发行将逐渐结束证券发行的核准制。目前我国多层次资本市场只有科创板实行注册制，科创板实行的股票发行注册制由证券交易所负责发行上市审核，证监会负责发行注册并对证券交易所发行上市审核工作进行监督。

(四) 股票发行的程序

1. 股份有限公司首次发行股票的一般程序

1) 发起人认足股份，交付股资

设立股份有限公司，应当由2人以上200人以下为发起人。股份有限公司的设立可以采取发起式设立或募集式设立的方式。发起设立是指发起人认购公司应发行的全部股份。募集设立是指由发起人至少认购公司应发行全部股份的35%。发起人可以以货币出资，也可以以非货币资产出资。发起设立方式下，发起人交付全部股资后，应当选举董事会和监事会，由董事会办理公司设立的登记事项；募集设立方式下，发起人应认足其应认购的股份，并交付股资后，其余部分向社会公开募集或者向特定对象募集。

2) 提出公开募集股份的申请

募集方式设立的公司，发起人向社会公众公开募集股份时，必须向国务院证券监督管理部门递交募股申请，并报送批准设立公司的相关文件，包括《公司章程》、招股说明书等。

3) 公开招股说明书，签订承销协议

公开募集股份申请经国家批准后，发起人应公告招股说明书。招股说明书应包括《公司章程》、发起人认购的股份数、本次每股股票票面价值和发行价格、募集资金的用途等。同时发起人与证券公司等证券承销机构签订承销协议。

4) 招认股份，缴纳股款

发行股票的公司或其承销机构一般用广告或书面通知办法招募股份。认股者一旦填写了认股书，就要承担认股书中约定缴纳股款的义务。认股者应在规定的期限内向代收股款的银行缴纳股款，同时交付认股书。股款收足后，发起人应委托法定的机构验资，出具验资证明。

5) 召开创立大会选举董事会、监事会

发行股份的股款募足后，发起人应在规定期限内主持召开创立大会。创立大会通过《公司章程》选举董事会和监事会成员，并有权对公司的设立费用进行审核。

6) 办理公司设立登记交割股票

经创立大会选举的董事会，应在创立大会结束后 30 天内办理申请公司设立的登记事项。登记成立后，即向股东正式交付股票。

2. 上市公司申请发行股票的程序

根据我国《上市公司证券发行管理办法》的规定，上市公司应按照下列程序申请发行股票。

(1) 上市公司申请发行证券，董事会应当依法就下列事项做出决议，并提请股东大会批准：本次证券发行的方案；本次募集资金使用的可行性报告；前次募集资金使用的报告；其他必须明确的事项。

(2) 股东大会就发行股票做出的决定，至少应当包括下列事项：本次发行证券的种类和数量；发行方式、发行对象及向原股东配售的安排；定价方式或价格区间；募集资金用途；决议的有效期；对董事会办理本次发行具体事宜的授权；其他必须明确的事项。

(3) 股东大会就发行证券事项做出决议，必须经出席会议的股东所持表决权的 2/3 以上通过。向本公司特定的股东及其关联人发行证券的，股东大会就发行方案进行表决时，关联股东应当回避。上市公司就发行证券事项召开股东大会，应当提供网络或者其他方式为股东参加股东大会提供便利。

(4) 上市公司申请公开发行证券或者非公开发行新股，应当由保荐人保荐，并向中国证监会申报。保荐人应当按照中国证监会的有关规定编制和报送发行申请文件。

(5) 中国证监会依照下列程序审核发行证券的申请：收到申请文件后，5 个工作日内决定是否受理；中国证监会受理后，对申请文件进行初审；发行审核委员会审核申请文件；中国证监会做出核准或者不予核准的决定。

(6) 自中国证监会核准发行之日起，上市公司应在 6 个月内发行证券，超过 6 个月未发行的，核准文件失效，须重新经中国证监会核准后方可发行。

(7) 上市公司发行证券前发生重大事项的，应暂缓发行，并及时报告中国证监会。该事项对本次发行条件构成重大影响的，发行证券的申请应重新经过中国证监会核准。

(8) 上市公司发行证券，应当由证券公司承销；非公开发行股票，发行对象均属于原前10名股东的，可以由上市公司自行销售。

(9) 证券发行申请未获核准的上市公司，自中国证监会做出不予核准的决定之日起6个月后，可再次提出证券发行申请。

（五）股票的发行方式

股票的发行方式是指股份有限公司发行股票时所采取的股票销售方式，包括非公开直接发行和公开间接发行两种方式。

(1) 非公开直接发行股票时，股份有限公司自行直接将股票出售给认购股东，而不经过证券经营机构承销。采用这种方式可由发行公司直接控制发行过程，实现发行意图，并可节约发行成本，但发行风险完全由发行公司承担。

(2) 公开间接发行股票是指股份有限公司通过中介机构向社会公众公开发行股票。采用募集设立方式成立的股份有限公司在向社会公众公开发行股票时，必须将股票销售业务委托给证券承销机构代理。证券承销机构是指专门从事证券买卖业务的金融中介机构。在我国根据《上市公司证券发行管理办法》的规定，公司向社会公开发行股票需委托拥有依法设立的证券经营机构承销。承销方式包括包销和代销两种方式。

① 包销是由发行公司与证券经营机构签订承销协议。证券经营机构将发行公司的股票按照协议全部购入，或者在承销期结束后将售后剩余的股票全部自行购入的承销方式。

② 代销是指由证券经营机构代理股票发售业务，在承销期结束时将尚未售出的股票全部退还给发行公司的承销方式。与代销相比，包销方式可以使公司及时足额募集股本。股本发行失败的风险较小，但发行成本较高。

（六）上市公司的股票发行

上市公司的股票发行具体分为首次上市公开发行、上市公司公开发行股票以及非公开发行股票。其中上市公司公开发行股票又包括配股和增发两种情况。

由于新《证券法》中注册制的具体范围与实施步骤，国务院尚未做出规定，而注册制仅在科创板推行，所以在主板、中小板以及创业板落实注册制的具体时间尚未确定的情况下，本书将分别列举主板及中小板在核准制下的发行条件，以及科创板在注册制下的发行条件。

1. 核准制下公开发行条件

1) 主板、中小板上市公司的首次公开发行条件

(1) 主体资格。①发行人应当是依法设立且合法存续的股份有限公司。②发行人自股份有限公司成立后，持续经营时间应当在3年以上。③发行人的注册资本已足额缴纳，发起人或者股东用作出资的资产的财产权转移手续已办理完毕，发行人的主要资产不存在重大权属纠纷。④发行人的生产经营符合法律、行政法规和公司章程的规定，符合国家产业政策。⑤发行人最近3年内主营业务和董事、高级管理人员没有发生重大变化，实际控制人没有发生变更。⑥发行人的股权清晰，控股股东和受控股股东、实际控制人支配的股东持有的发行人股份不存在重大权属纠纷。

(2) 规范运行。①发行人的董事、监事和高级管理人员符合法律、行政法规和规章规定的

任职资格，且不得有下列情形：一是被中国证监会采取证券市场禁入措施尚在禁入期的；二是最近 36 个月内受到中国证监会行政处罚，或者最近 12 个月内受到证券交易所公开谴责的；三是因涉嫌犯罪被司法机关立案侦查或者涉嫌违法违规被中国证监会立案调查，尚未有明确结论意见的。②发行人不得有下列情形：一是最近 36 个月内未经法定机关核准，擅自公开或者变相公开发行过证券；或者有关违法行为虽然发生在 36 个月前，但目前仍处于持续状态。二是最近 36 个月内违反工商、税收、土地、环保、海关以及其他法律、行政法规，受到行政处罚，且情节严重。三是最近 36 个月内曾向中国证监会提出发行申请，但报送的发行申请文件有虚假记载、误导性陈述或重大遗漏；或者不符合发行条件以欺骗手段骗取发行核准；或者以不正当手段干扰中国证监会及其发行审核委员会审核工作；或者伪造、变造发行人或其董事、监事、高级管理人员的签字、盖章。四是本次报送的发行申请文件有虚假记载、误导性陈述或者重大遗漏。五是涉嫌犯罪被司法机关立案侦查，尚未有明确结论意见。六是严重损害投资者合法权益和社会公共利益的其他情形。③发行人的公司章程中已明确对外担保的审批权限和审议程序，不存在为控股股东、实际控制人及其控制的其他企业进行违规担保的情形。④发行人有严格的资金管理制度，不得有资金被控股股东、实际控制人及其控制的其他企业以借款、代偿债务、代垫款项或者其他方式占用的情形。

(3) 财务与会计。①发行人应当符合下列条件：一是最近 3 个会计年度净利润均为正数且累计超过人民币 3000 万元，净利润以扣除非经常性损益前后较低者为计算依据。二是最近 3 个会计年度经营活动产生的现金流量净额累计超过人民币 5000 万元；或者最近 3 个会计年度营业收入累计超过人民币 3 亿元。三是发行前股本总额不少于人民币 3000 万元。四是最近一期末无形资产(扣除土地使用权、水面养殖权和采矿权等以后)占净资产的比例不高于 20%。五是最近一期末不存在未弥补亏损。②发行人申报文件中不得有下列情形：一是故意遗漏或虚构交易、事项或者其他重要信息；二是滥用会计政策或者会计估计；三是操纵、伪造或篡改编制财务报表所依据的会计记录或者相关凭证。③发行人不得有下列影响持续盈利能力的情形：一是发行人的经营模式、产品或服务的品种结构已经或者将发生重大变化，并对发行人的持续盈利能力构成重大不利影响；二是发行人的行业地位或发行人所处行业的经营环境已经或者将发生重大变化，并对发行人的持续盈利能力构成重大不利影响；三是发行人最近 1 个会计年度的营业收入或净利润对关联方或者有重大不确定性的客户存在重大依赖；四是发行人最近 1 个会计年度的净利润主要来自合并财务报表范围以外的投资收益；五是发行人在用的商标、专利、专有技术以及特许经营权等重要资产或技术的取得或者使用存在重大不利变化的风险；六是其他可能对发行人持续盈利能力构成重大不利影响的情形。

2) 上市公司配股

向原股东配售股份(简称"配股")，除符合公开发行证券的条件外，还应当符合下列条件：①配售股份数量不超过本次配售股份前股本总额的 30%；②控股股东应当在股东大会召开前公开承诺认配股份的数量；③用证券法规定的代销方式发行。

3) 上市公司增发的条件

向不特定对象公开募集股份(简称"增发")，除符合公开发行证券的条件外，还应符合下列条件：①最近 3 个会计年度加权平均净资产收益率平均不低于 6%。扣除非经常性损益后的净利润与扣除前的净利润相比，以低者作为加权平均净资产收益率的计算依据；②除金融类企业外，最近一期末不存在持有金额较大的交易性金融资产和可供出售的金融资产、借予他人款项、委托理财等财务投资的情形；③发行价格应不低于公告招股意向书前 20 个交易日公司股票均价或前 1 个交易日的均价。

2. 注册制下公开发行股票条件

1) 首次公开发行股票的一般条件

根据新《证券法》的规定，首次公开发行股票的基本条件包括：①具备健全且运行良好的组织机构；②具有持续经营能力；③最近 3 年财务会计报告被出具无保留意见审计报告；④发行人及其控股股东、实际控制人最近 3 年不存在贪污、贿赂、侵占财产、挪用财产或者破坏社会主义市场经济秩序的刑事犯罪；⑤经国务院批准的国务院证券监督管理机构规定的其他条件。

2) 在科创板上市的公司首次公开发行条件

申请人申请首次公开发行股票并在科创板上市应当符合下列条件：①行业、技术符合科创板定位。②组织机构健全，持续经营满 3 年。③会计基础工作规范，内控制度健全有效。④业务完整并具有直接面向市场独立持续经营的能力。⑤合规性要求：经营合规；最近 3 年内，发行人及其控股股东、实际控制人不存在贪污、贿赂、侵占财产、挪用财产或者破坏社会主义市场经济秩序的刑事犯罪，不存在欺诈发行、重大信息披露违法或者其他涉及国家安全、公共安全、生态安全、生产安全、公众健康安全等领域的重大违法行为；董事、监事和高级管理人员不存在最近 3 年内受到中国证监会行政处罚，或者因涉嫌犯罪被司法机关立案侦查或者涉嫌违法违规被中国证监会立案调查，尚未有明确结论意见等情形。

(七) 股票发行的价格

股票发行的价格是股份有限公司在发行股票时，将股票出售给认购者所采用的价格，也就是投资者认购股票时所支付的价格。在确定发行价格时，发行价若定得过高，可能会导致发行失败；发行价格若过低，会使发行公司遭受损失。在确定股票发行价格时，公司应考虑如下因素：①公司的盈利水平；②公司的发展潜力；③股票发行的数量；④行业特性；⑤股市状态。在我国，根据《公司法》的规定，发行股票的价格可以按票面金额平价发行，也可以超过票面金额溢价发行，但不得低于票面金额折价发行，这是由于当折价发行时，公司相当于变相抽逃资本。

(八) 核准制下股票的上市交易、暂停与终止

(1) 股票上市是公开发行的股票依法在证券交易所或其他依法设立的交易市场公开挂牌交易的过程。根据相关规定，发行人除应当符合证券的发行条件以外，还应当满足下列条件：①发行后股本总额不得低于人民币 3000 万元；②公开发行的股票达到公司股份总数的 25% 以上，公司股本总额超过人民币 4 亿元的公开发行股份的比例为 10% 以上；③市值及财务指标符合本规则规定的标准；④交易所规定的其他上市条件。

(2) 上市公司出现经营情况恶化，存在重大违法违规行为或其他导致不符合上市公司条件时，就可能被暂停或终止上市。

上市公司出现下列情形之一的，由其交易所暂停上市：①公司股本总额、股权分布等发生变化不再具备上市条件；②公司不按规定公开其财务状况，或者对财务会计报告作虚假记载；

③公司有重大违法行为；④公司最近3年连续亏损。

(3) 上市公司出现下列情形之一的，由交易所终止其股票上市：①未能在法定期限内披露其暂停上市后第一个半年度报告的；②在法定期限内披露了恢复上市后的第一个年度报告，但公司仍然出现亏损的；③未能在法定期限内披露恢复上市后的第一个年度报告的；④恢复上市申请未被受理的或者申请未被核准的。

(4) 股票上市的特别处理。

公司上市后如果出现财务状况异常或者其他异常情况，其股票存在被终止上市的风险，或者投资者难以判断公司前景，投资者权益可能受到损害，证券交易所将对其公司股票的交易实行特别处理。所谓财务状况异常是指以下几种情况：①最近2个会计年度的审计结果显示的净利润为负值；②最近1个会计年度的审计结果显示其股东权益低于注册资本；③最近1个会计年度经审计的股东权益扣除注册会计师、有关部门不予确认的部分，低于注册资本；④注册会计师对最近1个会计年度的财产报告出具无法表示意见或否定意见的审计报告；⑤最近1份经审计的财务报告对上年度利润进行调整，导致连续两个会计年度亏损；⑥经交易所或中国证监会认定为财务状况异常的。

(九) 注册制下科创板股票的上市交易与终止

1. 科创板的上市条件

向上海证券交易所申请股票的科创板上市，发行人除应当符合科创板首次公开发行条件外，还应当满足下列条件。

(1) 发行后股本总额不低于人民币3000万元。

(2) 公开发行的股份达到公司股份总数的25%以上，公司股本总额超过人民币4亿元的，公开发行股份的比例为10%以上。

(3) 市值及财务指标符合本规则规定的标准。

(4) 交易所规定的其他上市条件。

股票的科创板首次发行上市，实行差异化的上市条件，其中市值及财务指标应当至少符合下列标准中的一项，具体如下。

① 预计市值不低于10亿元，最近两年净利润均为正且累计净利润不低于5000万元，或者预计市值不低于10亿元，最近一年净利润为正且营业收入不低于1亿元。

② 预计市值不低于15亿元，最近一年营业收入不低于2亿元，且最近3年研发投入合计占最近3年营业收入的比例不低于15%。

③ 预计市值不低于20亿元，最近一年营业收入不低于3亿元，且最近3年经营活动产生的现金流量净额累计不低于1亿元。

④ 预计市值不低于30亿元，且最近一年营业收入不低于3亿元。

⑤ 预计市值不低于40亿元，主要业务或产品需经国家有关部门批准，市场空间大，目前已取得阶段性成果，并获得知名投资机构一定金额的投资。医药行业企业需取得至少一项一类新药二期临床试验批件，其他符合科创板定位的企业需具备明显的技术优势并满足相应条件。

2. 终止上市

1) 终止情形

上市交易的证券，有证券交易所规定的终止上市情形的，由证券交易所按照业务规则终止其上市交易。证券交易所决定终止证券上市交易的，应当及时公告，并报国务院证券监督管理机构备案。

2) 复核申请

对证券交易所做出的不予上市交易、终止上市交易决定不服的，可以向证券交易所设立的复核机构申请复核。

(十) 股票每股收益的计算

每股收益是综合反映企业盈利能力的重要指标。每股收益的概念包括基本每股收益和稀释每股收益。

1. 基本每股收益

$$基本每股收益 = \frac{归属于公司普通股股东的净利润}{发行在外的普通股加权平均数}$$

其中，发行在外的普通股加权平均数计算方式如下：

$$发行在外的普通股加权平均数 = 期初发行在外普通股股数 + 当期新发普通股股数 \times \frac{已发行时间}{报告期时间} - 当期回购普通股股数 \times \frac{已回购时间}{报告期时间}$$

【例 4-17】某上市公司 2019 年归属于普通股股东的净利润为 2200 万元。2018 年末的股数为 5000 万股，2019 年 12 月 1 日发行新股 1200 万股。则 2019 年的基本每股收益是多少？

公司 2019 年发行在外的普通股数变动情况如下：

12 月 1 日发行新股 1200 万股，在 2019 年只流通 1 个月(对全年的利润贡献只有 1 个月)，其权数为 1/12。

$$2019年基本每股收益 = \frac{归属于公司普通股股东的净利润}{发行在外的普通股加权平均数} = \frac{2200}{5000 + 1200 \times \frac{1}{12}}$$

$$= 0.43(元/股)$$

2. 稀释每股收益

企业存在稀释性潜在股票的，应当计算稀释每股收益。稀释性潜在普通股指假设当前转换为普通股会减少每股收益的潜在股数。潜在普通股主要包括可转换公司债券，认股权证和股票期权等。

(1) 可转换公司债券。可转换公司债券计算稀释每股收益时，归属于公司普通股的净利润应在原有普通股股东净利润的基础之上加回可转换公司债券当期确认为费用的税后利息。发行在外的普通股加权平均数应在原有之上加上可转换债券转股数的加权平均数。

$$稀释每股收益 = \frac{归属于公司普通股股东的净利润 + 可转换债券的利息 \times (1 - 所得税率)}{发行在外的普通股加权平均数 + 可转换债券转股的加权平均数}$$

【例 4-18】某上市公司 2019 年 7 月 1 日按面值发行年利率为 3% 的可转换公司债券，面值为 1000 万元，期限为 5 年，利息每年末支付一次，发行结束 1 年后可以转换股票，转换价格为每股 5 元，即每 100 元债券可转换为 1 元面值的普通股 20 股。2019 年该公司归属于普通股股东的净利润为 5000 万元，2019 年发行在外的普通股加权平均数为 4000 万股，债券利息不符合资本化条件，直接计入当期损益，所得税税率为 25%。

假设不考虑可转换公司债券在负债成分和权益成分之间的分拆，且债券票面利率等于实际利率。则稀释每股收益计算如下：

① 基本每股收益 = 5000÷4000 = 1.25(元/股)。
② 假设全部转股，所增加的净利润(可转换债券的税后利息)
　　 = 1000×3%×6÷12×(1-25%) = 11.25(万元)。
③ 假设全部转股，所增加的年加权平均普通股股数=1000÷100×20×6÷12=100(万股)。
④ 增量股的每股收益=11.25÷100=0.1125(元)＜原每股收益 1.25 元，可转换债券具有稀释作用。
⑤ 稀释每股收益 = (5000+11.25)÷(4000+100) = 1.22(元/股)。

(2) 认股权证和股份期权：在行权价格低于当期普通股平均市场价格时(认股权证和股份期权可能被执行)，应当考虑稀释性。

(3) 对于认股权证和股份期权，计算稀释每股收益时，原归属于公司普通股的净利润无须调整。发行在外的普通股股数应在原有基础之上增加假设认股权证或股份期权行权后增加的普通股股数的加权平均数。

$$\text{认股权证或股份期权行权增加的普通股股数} = \text{行权认购的股数} \times (1 - \frac{\text{行权价格}}{\text{普通股平均市场价格}})$$

每股收益是综合性的盈利概念。理论上，每股收益反映了投资者渴望获得的最高股利收益，是衡量股票投资价值的重要指标。每股收益多并不意味着每股股利多，每股收益也不能反映股票的风险水平。

(十一) 普通股筹资的特点

普通股筹资有如下几个特点。

(1) 财务风险较小。相对债务筹资而言，普通股没有固定的到期日，不需要偿还，不需要支付固定利息。

(2) 公司没有固定的利息负担。当公司有盈余且没有好的投资机会时，可将盈余更多地支付给股东，但如果公司存在盈余且又有好的投资机会，或公司盈余较少时就可以选择少支付或不支付股利。

(3) 能增强公司的社会声誉，促进股权流通和转让。

(4) 两权分离有利于公司自主经营管理。公司通过对外发行股票筹资，公司的所有权与经营权相分离，分散了公司的控制权。两权分离有利于公司自主管理、自主经营，但公司控制权过度分散，公司也容易被经理人控制。

(5) 资本成本较高。对投资者而言，由于投资股票相对于投资债权，具有更大的不确定性，需承担更高的风险，因此投资者会要求较高的风险补偿。另外，由于债权筹资所付的利息可以所得税前支付，而股票的股息红利则是在所得税后支付，没有利息抵税的作用，因而股权投资资本成本较高。

三、留存收益

留存收益是企业税后净利润中未作为股利发放的部分,它属于企业的所有者(普通股股东)。留存收益可以看作是所有者利用所获利润对公司进行的再投资,是企业的内部筹资方式。

(一) 留存收益的形成原因

留存收益的形成有如下几个原因。

(1) 收益的确认和计量建立在权责发生制的基础之上,企业有利润但不一定有相匹配的现金流量,因而企业不一定有足够的现金将利润全部或部分分派给所有者。

(2) 根据《公司法》的规定,企业每年税后利润的10%必须提取法定盈余公积金。限制企业将利润全部分配出去也是在保护债权人的利益和要求企业维持可持续发展的理念。

(3) 企业基于自身的扩大再生产和筹资需求,也会将一部分利润留存于企业。

(二) 留存收益的特点

留存收益有如下几个特点。

(1) 与企业从外界筹集资本相比较,留存收益筹资不需要发生额外的筹资费用。

(2) 利用留存收益筹资,不用对外发行新股或吸收新的投资者,因此不会改变公司股权结构,不会稀释原有股东的权益。

(3) 基于留存收益的形成原因,注定企业通过留存收益筹资数额有限。

四、股权筹资的特点

股权筹资有如下几个特点。

(1) 股权筹资是企业稳定的资本基础。股权资本是企业的永久性资本,除非企业清算或回购、减资,否则无须偿还股本。

(2) 股权筹资的财务风险较小。由于股权资本不需要在企业正常生产运营期内偿还,企业没有还本付息的财务压力。另外,企业可以根据其经营状况和业绩的好坏决定公司股利分配的方案。

(3) 资本成本负担过重。当投资者投资于股权,特别是投资于股票时,存在收益的不确定性所带来的高风险,所以投资者或股东相应的要求是得到较高的风险溢酬。另外,由于股息红利是在所得税之后支付,因而发放股息红利是没有节税的效果的。

(4) 信息沟通与披露成本较大。投资者和股东作为企业的所有者,有了解企业财务状况、经营成果和现金流量的权利。尤其针对上市公司,企业须定期披露年报、半年报及季报。这就需要公司花更多的精力,有些公司还需设置专门的部门进行公司的信息披露。

第五节 长期筹资方式——混合筹资

混合性筹资是指兼具权益性筹资与债务性筹资双重性质的筹资活动。混合性筹资通常包括发行优先股筹资和发行可转换债券。

一、发行优先股

优先股相对于普通股而言,是具有一定优先权的股票。优先股股东在利润分配及剩余财产清偿分配的权益上优先于普通股股东,但在参与决策、经营管理等方面,优先股股东的权利受到限制。

(一) 优先股的本质

1. 约定股息

优先股的股利收益是事先约定的,也是相对固定的。因此,优先股股息一般不会根据公司的经营情况而变化。优先股可以采用固定股息、固定股息率或浮动股息率的支付方式来进行利润分配。

2. 权利优先

优先股股东在利润分配和剩余财产清偿分配方面具有比普通股股东优先的权利。优先股股东可以先于普通股股东获得股息,公司的可供分配利润优先分给优先股股东,剩余部分再分给普通股股东。在剩余财产的索偿权方面,优先股股东的清偿顺序优先于普通股股东,而次于债权人。

3. 权利限制

优先股股东一般没有对公司的控制权。在公司股东大会上,优先股股东一般没有表决权,通常也无权参与公司的经营管理,仅在涉及优先股股东权益问题事项上有表决权。根据我国《优先股试点管理办法》中的相关规定,优先股股东有权出席股东大会会议,就以下事项与普通股股东分类表决,其所持每一优先股有一表决权,但公司持有的本公司优先股没有表决权:①修改公司章程中与优先股相关的内容;②一次或累计减少公司注册资本超过10%;③公司合并、分立、解散或变更公司形式;④发行优先股;⑤公司章程规定的其他情形。

(二) 优先股的种类

优先股按其具体的权利不同还可进一步进行分类。
(1) 按照股息率是否固定,优先股可以分为固定股息率优先股和浮动股息率优先股。
优先股股息率在股权存续期内不做调整的,称为固定股息率优先股。优先股股息率根据约定的计算方法进行调整的,称为浮动股息率优先股。
(2) 按照是否强制分红,优先股可以分为强制分红优先股和非强制分红优先股。
《公司章程》中规定,有可分配税后利润时,必须向优先股股东分配利润的优先股称为强制分红优先股,否则应为非强制分红优先股。

(3) 按照股息是否累积，优先股可以分为累积优先股和非累积优先股。

若公司因当年可供分配利润不足而未向优先股股东足额派发股利，差额部分累积到下一个会计年度支付，属于累积优先股。若公司不足以支付优先股的全部股利，对所欠股息部分优先股股东不能要求公司在以后年度补发，属于非累积优先股。

(4) 按照是否有权同普通股股东一起参与剩余税后利润分配，优先股可分为参与优先股和非参与优先股。

优先股股东除按规定的股息率优先获得股息外，还可与普通股股东分享公司的剩余收益的优先股称为参与优先股，否则属于非参与优先股。

(5) 按照是否可以转换成普通股，优先股可分为可转换优先股和不可转换优先股。

可转换优先股是指在规定的时间内，优先股股东或发行人可以按照一定的转换比率把优先股转换成该公司的普通股，否则属于不可转换优先股。

(6) 按照是否享有要求公司回购的权利，优先股可分为可回购优先股和不可回购优先股。

可回购优先股是指允许发行公司按发行价加一定比例的补偿收益回购已发行在外的优先股。若在发行时不附有回购条件的优先股，被称为不可回购优先股。

上市公司公开发行的优先股应属于固定股息率、强制分红、累计、非参与、不可转换的优先股。

(三) 优先股发行的一般规定

根据我国《优先股试点管理办法》的规定，上市公司公开发行优先股至少应符合如下一般规定。

(1) 上市公司应当与控股股东或实际控制人的人员、资产、财务分开，机构、业务独立。

(2) 上市公司内部控制制度健全，能够有效保证公司运行效率、合法合规和财务报告的可靠性，内部控制的有效性应当不存在重大缺陷。

(3) 上市公司发行优先股，最近 3 个会计年度实现的年均可分配利润应当不少于优先股 1 年的股息。

(4) 上市公司最近 3 年现金分红情况应当符合公司章程及中国证监会的有关监管规定。

(5) 上市公司报告期不存在重大会计违规事项。公开发行优先股，最近 3 年财务报表被注册会计师出具的审计报告应当为标准审计报告或带强调事项段的无保留意见的审计报告；非公开发行优先股，最近 1 年财务报表被注册会计师出具的审计报告为非标准审计报告的，所涉及事项对公司无重大不利影响或者在发行前重大不利影响已经消除。

(6) 上市公司发行优先股募集资金应有明确用途，与公司业务范围、经营规模相匹配，募集资金用途符合国家产业政策和有关环境保护、土地管理等法律和行政法规的规定。

除金融类企业外，本次募集资金使用项目不得为持有交易性金融资产和可供出售的金融资产、借予他人等财务性投资，不得直接或间接投资于以买卖有价证券为主要业务的公司。

(7) 上市公司已发行的优先股不得超过公司普通股股份总数的 50%，且筹资金额不得超过发行前净资产的 50%，已回购、转换的优先股不纳入计算。

(8) 上市公司同一次发行的优先股，条款应当相同。每次优先股发行完毕前，不得再次发行优先股。

(9) 上市公司存在下列情形之一的，不得发行优先股。

① 本次发行申请文件有虚假记载、误导性陈述或重大遗漏。
② 最近 12 个月内受到过中国证监会的行政处罚。
③ 因涉嫌犯罪正被司法机关立案侦查或涉嫌违法违规正被中国证监会立案调查。
④ 上市公司的权益被控股股东或实际控制人严重损害且尚未消除。
⑤ 上市公司及其附属公司违规对外提供担保且尚未解除。
⑥ 存在可能严重影响公司持续经营的担保、诉讼、仲裁、市场重大质疑或其他重大事项。
⑦ 其董事和高级管理人员不符合法律、行政法规和规章规定的任职资格。
⑧ 严重损害投资者合法权益和社会公共利益的其他情形。

(四) 优先股的特点

1. 有利于保障普通股股东对公司的控制权

大部分优先股没有投票权或者仅有有限的投票权,因此发行优先股一般不会稀释原有普通股股东的权利。当公司既想向社会筹集股权资本,又想保持原有普通股股东对公司的控制权时,利用优先股筹资最为恰当。

2. 相对于债务筹资而言,优先股筹资有利于降低公司财务风险

由于优先股没有规定最终的到期日,不用偿还本金,它实质上是一种永续性的借款。所以公司需要承担的是支付股息的压力,这相较于债务筹资的还本付息压力而言,优先股股东筹资有利于降低公司的财务风险。

3. 股利的支付既固定又有一定的弹性

一般而言,优先股都采用固定股利,但固定股利的支付并不构成公司的法定义务。如果公司出现亏损的情况,可暂时不支付优先股股利。

4. 相对于债务筹资而言,优先股资本成本较高

优先股股利需要从税后利润中支付,没有抵税的作用,因此与债务筹资相比,资本成本较高。

二、发行可转换债券

可转换债券是一种混合型证券,是具有债务与权益双重属性的筹资方式。可转换债券的持有人在一定期限内可以按照事先约定的价格或者转股比例自由地选择是否转换为公司的普通股股票。

(一) 可转换债券的基本性质

1. 期权性
可转换债券的期权性体现在可转换的选择权上。在规定的期限内,投资者可以选择按转换价格将债券转换为一定数额的股票,但没有义务一定要行使转换权。

2. 债权性
可转换债券的债权性体现在债券持有人在没有将债券转换为股票之前,有定期收取利息和

到期收回本金的权利。

3. 股权性

如果在规定的转换期限内，持有人将可转换债券转换为股票，就成为公司的普通股股东，享有与普通股股东同等的权利。

4. 赎回性

可转换债券一般会有赎回条款。发行公司可在可转换债券转换前按一定条件赎回债券。

5. 回购性

可转换债券一般也会有回购条款。

公司股票价格在一段时间内连续低于转股价格且达到某一幅度时，债券持有人可按事先约定的价格将所持债券回售给发行方。

(二) 可转换债券的基本要素

1. 票面利率

可转换债券的票面利率一般会低于普通债券的票面利率，这是由于可转换债券除了享有债券的利率收益以外，还享有股票买入期权的收益。正常情况下，股票买入期权的收益足以弥补债券利息收益的差额。

2. 转换价格

可转换债券的转换价格是指可转换债券转换为相关股票的每股价格。

$$转换价格 = \frac{债券面值}{可转换为普通股的股数} = \frac{债券面值}{转换比率}$$

根据我国《上市公司证券发行管理办法》的规定，转股价格应不低于募集说明书公告日前 20 个交易日该公司股票交易均价和前一交易日的均价。前款所称转股价格，是指募集说明书事先约定的可转换公司债券转换为每股股份所支付的价格。

3. 转换比率

可转换债券的转换比率是指每份可转换债券在规定的转换价格下所能转换的相关股票的数量。

$$转换比率 = \frac{债券面值}{转换价格}$$

4. 转换期限

可转换债券的转换期限是指按发行公司的约定，持有人可行使转换权利的期限。根据我国《上市公司证券发行管理办法》的规定，可转换公司债券自发行结束之日起 6 个月后方可转换为公司股票，转股期限由公司根据可转换公司债券的存续期限及公司财务状况确定。债券持有人对转换股票或者不转换股票有选择权，当债券持有人行使转换权时，于转股的次日成为发行公司的股东。

5. 赎回条款

赎回条款是指债券发行人在债券到期前以事先约定的价格收回债券的条款，其目的是迫使债券持有人尽快行权。因此，赎回条款又称加速条款。另外，当市场利率下降时，发债公司赎回债券，可以避免继续向债券持有人支付较高票面利息而蒙受损失。赎回条款的设立目的是保护发债人的利益。

6. 回售条款

回售条款是指当股票价格在一定期限内连续低于转换价格且达到一定幅度时，债券持有人可以按事先约定的价格将债券卖给发行公司的条款。可转换债券附有回售条款的目的是降低投资者的风险，保护投资者的利益。

(三) 可转换债券的发行条件

根据《上市公司证券发行管理办法》的规定，上市公司发行可转换债券，除应当符合增发股票的一般规定以外，还应当符合下列规定。

(1) 最近3个会计年度加权平均净资产收益率平均不低于6%。扣除非经常性损益后的净利润与扣除前的净利润相比，以低者作为加权平均净资产收益率的计算依据。

(2) 本次发行后累计公司债券余额不超过最近一期末净资产额的40%。

(3) 最近3个会计年度实现的年均可分配利润不少于公司债券1年的利息。

同时本办法还对可转换债券做了如下规定。

(1) 可转换公司债券的期限最短为1年，最长为6年。

(2) 可转换公司债券每张面值100元。可转换公司债券的利率由发行公司与主承销商协商确定，但必须符合国家的有关规定。

(3) 公开发行可转换公司债券，应当委托具有资格的资信评级机构进行信用评级和跟踪评级。

(4) 上市公司应当在可转换公司债券期满后5个工作日内办理完毕偿还债券余额本息的事项。

(5) 公开发行可转换公司债券，应当提供担保，但最近一期末经审计的净资产不低于人民币15亿元的公司除外。

公开发行可转换公司债券提供担保的，应当为全额担保，担保范围包括债券的本金及利息、违约金、损害赔偿金和实现债权的费用；以保证方式提供担保的，应当为连带责任担保，且保证人最近一期经审计的净资产额应不低于其累计对外担保的金额。证券公司或上市公司不得作为发行可转债的担保人，但上市商业银行除外。设定抵押或质押的，抵押或质押财产的估值应不低于担保金额。估值应经有资格的资产评估机构评估。

(四) 可转换债券的筹资特点

1. 资本成本较低

由于可转换债券相比普通债券额外赋予了投资人一种买入期权，因此其利率低于普通债券，从而降低了债券资本成本。可转换债券转换为股票后又由于可以节省股票的发行成本，从而又降低了股票的资本成本。

2. 筹资效率高

可转换债券发行时规定的转换价格往往高于当时本公司的股票价格。如果这些债券将来都完成了转换，相当于企业以利息代替股息，在发行之际就以高于当时股票的价格新发行了股票。

3. 有利于调整资本结构

可转换债券是一种具有债权和股权双重性质的筹资方式。可转换债券在转换前属于债务资本，转换后属于股权资本。发行公司可以通过行使赎回条款等措施促使其转换，进而调整资本结构。

4. 存在一定的财务压力

可转换债券存在不转换的财务压力。如果持有者到期不行使转股权，企业会产生因集中兑付债券本金而带来的财务压力。同时，企业经营业绩不好，也可能面临着可转债持有者行使回售权，要求发行公司回购可转债的财务压力。

【例4-19】某公司是一家上市公司，2019年年末公司总股份为10亿股，当年实现净利润为4亿元，公司计划投资一条新生产线，总投资额为8亿元，经过论证，该项目具有可行性。为了筹集新生产线的投资资金，财务部制订了两个筹资方案供董事会选择。

方案一：发行可转换公司债券8亿元，每张面值100元，规定的转换价格为每股10元，债券期限为5年，年利率为2.5%，可转换日为自该可转换公司债券发行结束之日(2020年1月25日)起满1年后的第一个交易日(2021年1月25日)。

方案二：发行一般公司债券8亿元，每张面值100元，债券期限为5年，年利率为5.5%。

要求：

(1) 计算自该可转换公司债券发行结束之日起至可转换日止，与方案二相比，该公司发行可转换公司债券节约的利息。

(2) 预计在转换期公司市盈率将维持在20倍的水平(以2020年的每股收益计算)。如果该公司希望可转换公司债券进入转换期后能够实现转股，那么该公司2020年的净利润及其增长率至少应达到多少？

(3) 如果转换期内公司股价在8元～9元波动，说明该公司将面临何种风险？

答案：

(1) 发行可转换公司债券节约的利息 = 8×(5.5%-2.5%)=0.24(亿元)。

(2) 若进入转换期后能够实现转股，股价应高于转股价格，即达到每股10元以上，则：

2020年预期每股收益 = 10÷20 = 0.5(元/股)

2020年预期净利润 = 0.5×10 = 5(亿元)

2020年的净利润增长率 = (5－4)÷4 = 25%

(3) 如果转换期内公司的股价在8元～9元波动，由于股价小于转换价格，可转换债券的持有人将不会转换，所以公司存在不转换股票的风险，并且会造成公司集中兑付债券本金的财务压力，加大财务风险。

【本章小结】

筹资管理是企业在进行财务成本管理活动中的一项重要内容。筹资管理中主要介绍的是企业的各项筹资动机、筹资渠道及筹资方式。其中短期筹资方式中主要介绍了短期借款、商业信用、短期融资券以及应收票据的转让。长期筹资方式中主要介绍了债务筹资中的长期借款、发行债券以及融资租赁的筹资方式；介绍了权益筹资中的吸收直接投资、发行股票以及留存收益的筹资方式；介绍了混合筹资中的发行优先股股票以及发行可转换债券的筹资方式。本章着重针对各项筹资方式的筹资程序，以及在相关法律法规中规定的发行条件等做了介绍，同时介绍了各种筹资方式中的相关指标的计算以及各种筹资方式下其特点的对比。

【课后习题】

一、单选题

1. 企业因发放现金股利的需要而进行筹资的动机属于( )。
   A. 调整性筹资动机　　　　　　　B. 扩张性筹资动机
   C. 创立性筹资动机　　　　　　　D. 支付性筹资动机

2. 关于直接筹资和间接筹资，下列表述错误的是( )。
   A. 直接筹资的筹资费用较高　　　B. 融资租赁属于间接筹资
   C. 直接筹资仅可以筹集股权资金　D. 发行股票属于直接筹资

3. 企业可以将某些资产作为质押品向商业银行申请质押贷款。下列各项中，不能作为质押品的是( )。
   A. 汇票　　　　B. 厂房　　　　C. 股票　　　　D. 专利权

4. 下列筹资方式中，既可以筹集长期资金，也可以融通短期资金的是( )。
   A. 发行股票　　B. 利用商业信用　C. 吸收直接投资　D. 向金融机构借款

5. 下列各种筹资方式中，筹资限制条件相对最少的是( )。
   A. 融资租赁　　B. 发行股票　　C. 发行债券　　D. 发行短期融资券

6. 某企业获批 100 万元的周转信贷额度，约定年利率为 10%，承诺费率为 0.5%，年度内企业实际动用贷款 60 万元，使用了 12 个月，则该笔业务在当年实际发生的借款成本为( )万元。
   A. 10　　　　　B. 6　　　　　C. 6.2　　　　D. 10.2

7. 相对于普通股筹资，下列属于留存收益筹资特点的是( )。
   A. 资本成本较高　　　　　　　　B. 筹资额较大
   C. 不发生筹资费用　　　　　　　D. 增强公司声誉

8. 关于可转换债券，下列表述正确的是( )。
   A. 可转换债券的转换权是授予持有者的一种买入期权
   B. 可转换债券的回售条款有助于可转换债券顺利转换股票
   C. 可转换债券的赎回条款有利于降低投资者的持券风险

D. 可转换债券的转换比率为标的股票市值与转换价格之比
9. 关于普通股筹资方式，下列说法错误的是( )。
   A. 普通股筹资不需要还本付息　　B. 普通股筹资能降低公司的资本成本
   C. 普通股筹资是公司良好的信誉基础　D. 普通股筹资属于直接筹资

二、多选题

1. 与银行借款筹资相比，发行公司债券的优点有( )。
   A. 资本成本较低　　　　　　　　B. 资金使用的限制条件少
   C. 能提高公司的社会声誉　　　　D. 单次筹资数额较大
2. 股票上市对公司可能的不利影响有( )
   A. 商业机密容易泄露　　　　　　B. 公司价值不易确定
   C. 资本结构容易恶化　　　　　　D. 信息披露成本较高
3. 下列筹资方式，可以降低财务风险的有( )。
   A. 银行借款筹资　B. 融资租赁筹资　C. 留存收益筹资　D. 普通股筹资
4. 商业信用作为企业短期资金的一种来源，主要表现形式有( )。
   A. 应付票据　　　　　　　　　　B. 预收货款
   C. 季节性周转贷款　　　　　　　D. 应付账款
5. 下列关于杠杆租赁的表述中，正确的有( )。
   A. 出租人既是债权人又是债务人
   B. 涉及出租人、承租人和资金出借人三方当事人
   C. 出租人只投入设备购买款的部分资金
   D. 租赁的设备通常是出租方已有的设备
6. 下列各项中，能够作为吸收直接投资出资方式的有( )。
   A. 特许经营权　　B. 商誉　　　　C. 土地使用权　　D. 非专利技术
7. 下列各项中属于债务筹资方式的有( )。
   A. 商业信用　　　B. 融资租赁　　C. 优先股　　　　D. 普通股

三、判断题

1. 企业在初创期通常采用外部筹资，而在成长期通常采用内部筹资。( )
2. 优先股的优先权体现在剩余财产清偿分配顺序上居于债权人之前。( )
3. 如果企业利用应付账款进行筹资而无须支付利息，则可以认为采用这种商业信用形式是没有筹资成本的。( )
4. 企业吸收直接投资有时能够直接获得所需的设备和技术，及时形成生产能力。( )
5. 企业利用商业信用筹资比较机动灵活，而且期限较短，不会恶化企业信用水平。( )
6. 在银行授予企业的信贷额度内，企业可按需贷款，银行应承担支付企业在限额内贷款所需资金的全部义务。( )

四、计算题

M 公司计划于 2020 年 1 月 1 日从租赁公司融资租入一台设备。该设备价值为 1000 万元，租期为 5 年，租赁期满时预计净残值为 100 万元，归租赁公司所有。年利率为 8%，年租赁手续费率为 2%，租金每年末支付 1 次。

要求：

(1) 计算租金时使用的折现率。

(2) 计算该设备的年租金。

(3) 若租金改为每年年初支付 1 次，计算该设备的年租金。

第五章

资本成本与资本结构

【知识目标】

1. 理解资本成本的含义和种类,掌握个别资本成本和综合资本成本的估算方法。
2. 理解经营风险和财务风险的含义,理解经营杠杆和财务杠杆的含义、计算公式、影响因素和意义,掌握经营杠杆和财务杠杆的大小与经营风险和财务风险的关系。
3. 理解最优资本结构的含义和决策方法。
4. 了解资本结构的调整。

📖 案例导入

华胜公司自建立以来一直无长期债务,其资金全部由普通股资本组成,股票账面价值为1000万元,2003年公司息税前利润为300万元,所得税税率为33%,无风险报酬率为8%,平均风险股票必要报酬率为15%,股票β系数为1。其权益资本成本采用资本资产定价模型来确定。

但随着公司的发展,公司的财务总监和财务经理认为公司目前的资本结构不合理,于是向总经理提出改善公司目前的资本结构的建议,但总经理不同意。总经理认为目前公司的资本结构没有什么不妥之处,因为他信奉的是营业收益理论。即其认为不论公司有无负债,其加权平均资本成本都是固定不变的,因此公司的总价值也是固定不变的。因为公司利用财务杠杆时,即使债务资本成本不变,但由于负债的增加会加大权益的风险,使权益资本成本上升,这样加权平均资本成本不会因为负债比率的提高而降低,而是维持不变。所以,资本结构与企业价值无关,决定企业价值的应是营业收益。

但财务经理认为营业收益理论中的加权平均资本成本不变是不正确的,净收益理论才是合理的。因为负债可以降低资本成本,无论负债程度多高,企业的债务成本和权益资本成本都不会变化,因此,负债程度越高,企业价值越大。所以,只要债务资本成本低于权益资本成本,那么负债越多,企业的加权平均资本成本就越低,企业的价值就越大。当负债比率为100%时,企业的加权平均资本成本最低。

1. 华胜公司的管理层所讨论的资本结构是什么呢?
2. 对于公司来说,究竟什么样的资本结构才是最优的资本结构呢?

第一节 资本要素与成本计算

一、资本成本概述

资本成本是衡量筹资、投资经济效益的标准。企业筹得的资金付诸使用以后,只有当投资项目的投资收益率(资金利润率)高于资本成本时,所筹集和使用的资金才能取得较好的经济效益。

(一) 资本成本的概念和类型

1. 资本成本的概念

资本成本是指企业为筹集和使用资金而付出的代价。随着资本市场的不断完善,企业筹资的渠道越来越多,但是企业无论采用何种方式筹措资金都要承担一定的代价。

2. 资本成本的类型

资本成本由资金筹集费和资金占用费两部分构成。资金筹集费是指在资金筹集过程中支付的各项费用,如发行股票、债券支付的印刷费、发行手续费、律师费、资信评估费、公证费、担保费、广告费等,它在发行时是一次性支出;资金占用费是指占用资金而支付的费用,如股票的股息,银行借款、发行债券的利息等,这是资本成本的主要内容。

资本成本可以用绝对数表示,也可以用相对数表示,在财务管理中一般用相对数表示,表示为资金占用费与企业净得现金的比率,其通用计算公式为

$$资本成本率 = \frac{资金占用费}{筹资总额 - 资金筹集费} = \frac{资金占用费}{筹资总额 \times (1 - 筹资费用率)}$$

(二) 资本成本的实质

资本成本可以分两个层次来理解。第一个层次是要了解资本成本的实质是机会成本,这也是最根本的层次;第二个层次是要了解企业资本成本的高低决定于投资者对企业要求报酬率的高低,而这又取决于企业投资项目风险水平的高低。具体言之,资本成本归根到底是由投资风险决定的。

1. 资本成本的实质是机会成本

将资本成本看作机会成本是财务决策中极为关键的思想。例如,某公司有 A、B 两个项目,A 项目的报酬率是 10%,B 项目的报酬率是 12%,该公司为了如期进行项目投资,与银行达成了贷款协议,金额为 200 万元,利率为 8%。在这种情况下,如果公司选择了 B 项目进行投资,那么,对 B 项目进行投资收益评价时的适用资本成本是多少呢?该资本成本应当是被放弃的 A 项目的报酬率,即 10%,这是选择 B 项目进行投资的机会成本。具体言之,如果被选择的投资项目不能提供 10% 的报酬率,即净现值为负值,就必须放弃这一项目。在 B 项目投资收益的评价中,贷款利率 8% 是不相关因素,尽管它决定了企业利息费用的多少。从财务理论的角度而言,机会成本不是虚拟的成本,它是影响净现值准则实现的一个重要因素。

2. 资本成本的高低决定于投资者对企业要求报酬率的高低

从企业理财的角度看,资本成本是企业投资行为所必须达到的最低程度的报酬率水平;从投资者的角度看,资本成本就是投资者要求的报酬率,它与投资项目的风险程度成正比例关系。因此,在财务理论分析中,资本成本、要求报酬率甚至预期报酬率均可以视为同义词,相互交叉使用。比如,在确定股权资本的资本成本时,所要考虑的核心因素就是股票投资者的要求报酬率。也就是说,股票投资者的要求报酬率就是股权资本的资本成本。由此可以很明显地看出关于资本成本实质的极为关键的一点:企业投资项目的风险程度决定投资者的要求报酬率,而投资者的要求报酬率即是该项目投资的资本成本。

(三) 资本成本的种类

资本成本按用途可分为个别资本成本、综合资本成本和边际资本成本。

1. 个别资本成本

个别资本成本是指各种筹资方式的成本,包括长期借款成本、长期债券成本、优先股成本、普通股成本和留存收益成本。其中,前两者称为债务性资本成本,后三者称为权益性资本成本或自有性资本成本。个别资本成本一般用于比较和评价各种筹资方式。

2. 综合资本成本

综合资本成本是对各种个别资本成本进行加权平均而得的结果,其权数可以在账面价值、市场价值和目标价值之中选择。综合资本成本一般用于资本结构决策。

3. 边际资本成本

边际资本成本是指新筹集部分资本的成本,在计算时,也需要进行加权平均。边际资本成本一般用于追加筹资决策。

(四) 资本成本的意义

资本成本在财务管理中处于至关重要的地位。资本成本不仅是资本预算决策的依据,而且还是许多其他类型的决策包括租赁决策、债券偿还决策以及制定有关营运资本管理政策的直接依据。

1. 资本成本是选择筹资方式、进行资本结构决策的依据

首先,个别资本成本是比较各种筹资方式的依据。随着我国金融市场的逐步完善,企业的筹资方式日益多元化。评价各种筹资方式的标准是多种多样的,如对企业控制权的影响、对投资者的吸引力大小、取得资本的难易程度、财务风险的大小、资本成本的高低等。其中,资本成本是极为重要的因素。在其他条件基本相同或对企业影响不大时,应选择资本成本最低的筹资方式。

其次,综合资本成本是衡量资本结构合理性的依据。衡量资本结构是否最佳的标准主要是资本成本最小化和企业价值最大化。西方财务理论认为,综合资本成本最低时的资本结构才是最佳的资本结构,这时企业价值达到最大化。

最后,边际资本成本是选择追加筹资方案的依据。企业有时为了扩大生产规模,需要增加资本投入量。这时,企业不论是维持原有资本结构,还是希望达到新的目标资本结构,都可以

通过计算边际资本成本的大小来选择是否追加筹资。

2. 资本成本是评价投资方案、进行投资决策的重要标准

在对相容的多个投资项目进行评价时,只要预期投资报酬率大于资本成本,投资项目就具有经济上的可行性。在多个投资项目不相容时,可以将各自的投资报酬率与其资本成本相比较,其中差额最大的项目是效益最高的,应予首选。当然,投资评价还涉及技术的可行性、社会效益等方面的考虑,但资本成本是综合评价的一个重要方面。

3. 资本成本是评价企业经营业绩的重要依据

资本成本是企业使用资本应获得收益的最低界限。一定时期资本成本的高低不仅反映了财务经理的管理水平,还可用于衡量企业整体的经营业绩。

二、个别资本成本的计算

个别资本成本主要包括银行借款、债券、留存收益、普通股和优先股的资本成本。其中,银行借款、债券的资本成本统称为债务性资本成本;留存收益、普通股和优先股的资本成本统称为权益性资本成本。

(一) 债务性资本成本

1. 银行借款资本成本

银行借款资本成本是指借款利息和筹资费用,因为借款利息计入税前成本费用,所以可以起到抵税的作用。我们以一次还本、分期付息的银行借款来讨论其资本成本,公式为

$$K_i = \frac{L \times i \times (1-T)}{L \times (1-f)} = \frac{i \times (1-T)}{1-f}$$

式中:K_i表示银行借款资本成本;L表示银行总借款;i表示银行借款年利率;T是所得税税率;f表示银行借款筹资费用率。

【例 5-1】 某企业按年利率 5%向银行借款 500 万元,借款手续费率为 5%。企业所得税税率为 25%,求该企业借款的资本成本。

【解析】 该企业银行借款的资本成本为

$$K_i = \frac{i \times (1-T)}{1-f} = \frac{5\% \times (1-25\%)}{1-5\%} = 3.95\%$$

2. 债券资本成本

公司在金融市场上发行债券,不但要支付一定的发行费用,而且还必须在债券期限内定期按债券票面值和名义利率计算利息并支付给债券持有者。债券的利息处理与银行借款相同,由于支付债券的利息可以减少税前收益而少缴一部分所得税,所以按一次还本、分期付息的方式,债券资本成本的计算公式为

$$K_b = \frac{B \times i \times (1-T)}{B_0 \times (1-f)}$$

式中：K_b 表示债券资本成本；B 表示债券面值；B_0 表示债券发行价格；i 表示债券票面利率；T 是所得税税率；f 表示债券筹资费用率。

【例 5-2】为筹措项目资本，某公司决定发行面值为 1000 元、票面利率为 12%、10 年到期的公司债券，假设发行费用率为 5%，所得税税率为 35%。债券每年付息一次，到期一次还本，求债券的资本成本。

【解析】该债券的资本成本为

$$K_b = \frac{1000 \times 12\% \times (1-35\%)}{1000 \times (1-5\%)} = 8.21\%$$

【例 5-3】某公司发行总面额为 500 万元的债券 800 张，总价格是 600 万元，票面利率为 12%、发行费用占发行价格的 5%，公司所得税税率为 25%。则该债券资本成本可计算如下：

$$K_b = \frac{500 \times 12\% \times (1-25\%)}{600 \times (1-5\%)} = 7.89\%$$

上述债券系溢价发行，如等价发行，则债券资本成本为

$$K_b = \frac{500 \times 12\% \times (1-25\%)}{500 \times (1-5\%)} = 9.47\%$$

如果折价发行，总发行价为 400 万元，则债券资本成本为

$$K_b = \frac{500 \times 12\% \times (1-25\%)}{400 \times (1-5\%)} = 11.84\%$$

（二）权益性资本成本

1. 优先股资本成本

优先股是介于债券和普通股之间的一种混合证券，与债券相同之处是要定期支付股息，不同之处是它没有到期日。与普通股相同之处是同为股权资本，其股息用税后收益支付，不能获得税收优惠。优先股资本成本采用下列公式计算：

$$K_P = \frac{D}{P_0 \times (1-f)}$$

式中：K_P 表示优先股资本成本；D 表示优先股每年的股利；P_0 表示优先股发行价格，f 表示优先股筹资费用率。

【例 5-4】某公司发行优先股总面额为 100 万元，总价为 125 万元，发行费率为 6%，规定年股利率为 14%，则优先股资本成本计算如下：

$$K_P = \frac{D}{P_0 \times (1-f)} = \frac{100 \times 14\%}{125 \times (1-6\%)} = 11.91\%$$

由于优先股的股息在税后支付，而债券利息在税前支付，当公司破产清算时，优先股持有人的求偿权在债券持有人之后，故其风险大于债券。因此，优先股资本成本明显高于债券资本成本。

2. 普通股资本成本

从理论上来说，普通股资本成本可以被看作是在保持公司普通股市价不变的条件下，公司必须为股权投资者创造的最低收益率。普通股资本成本的计算方法有资本资产定价模型法、股利固定增长模型法两种。

1) 资本资产定价模型法(CAPM)

在估计权益成本时，使用最广泛的方法是资本资产定价模型法。根据资本资产定价模型法，权益成本等于无风险报酬率加上风险溢价。

$$K_s = R_f + \beta(R_m - R_f)$$

式中：R_f——无风险报酬率；

β——该股票的贝塔系数；

(R_m-R_f)——市场风险溢价；

$\beta(R_m-R_f)$——该股票的风险溢价。

使用该公式，需要估计 R_m、β 和 R_f 三个参数。

(1) 无风险报酬率的选择。从理论上而言，无风险报酬率的选择应该和所分析现金流量的期限相匹配。但是从实际来看，如果预期现金流量确实存在很大的不确定性，那么根据时间不同使用不同的无风险报酬率与使用一个平均的无风险报酬率没有很大区别，对现值的影响也较小，所以通常选择平均的无风险报酬率。

(2) 市场风险溢价。估计市场风险溢价有两种方式，即预期的和历史的风险溢价。市场的风险溢价是单个投资者所要求风险溢价的加权平均数，因此风险溢价可以通过调查投资者对未来的预期进行估计。最常用的方法就是利用折现现金流量模型来估计市场组合预期的报酬率，然后再计算市场风险溢价。

(3) 股票 β 系数的估计。某一种股票的 β 系数是该股票的权益收益率与股票市场收益率的协方差，它能够很好地代表股票的风险程度。将所有股票的平均历史收益和某种股票的历史收益描述在坐标图上，就可以得到该种股票的特征线，特征线的斜率就是该股票的 β 值。这种方法求出来的 β 值称为历史 β 值。

【例 5-5】某公司的 β 系数等于 1.4，该公司准备投资一条生产线，大约需要资金 200 万元，全部由企业的自有资金进行投资，假设无风险报酬率为 6%，市场风险溢价为 9.5%。计算该投资项目的资本成本是多少？

【解析】

$$K_s = R_f + \beta(R_m - R_f) = 6\% + 1.4 \times 9.5\% = 19.3\%$$

即利用资本资产定价模型法计算出该投资项目的资本成本为 19.3%。

【例 5-6】假设目前短期国债利率为 5.7%，历史数据分析表明，在过去的 5 年里，市场平均收益率在 11.7%～13.7%变动，根据风险分析，在此以 11.7%作为计算依据，根据过去 5 年 A 股票收益率与市场收益率的回归分析，A 股票的 β 系数为 1.13。根据上述数据，A 股票投资的必要收益率为

$$K_A = 5.7\% + 1.13 \times (11.7\% - 5.7\%) = 12.48\%$$

如果不考虑筹资费用，则按 CAPM 计算的普通股资本成本为 12.48%。假设筹资费用率为

6%，则资本成本可按下式计算：

$$K_A = \frac{12.48\%}{(1-6\%)} = 13.28\%$$

2) 股利固定增长模型法

股票市场价值与其预期未来收益水平的高低有直接关系。当公司发行新股时，公司发行股票所获得的资本为 $P_0(1-f)$，其中 P_0 为股票发行价格，f 为筹资费用率。如果以 D_1 表示第一年的现金股利，D_2 表示第二年的现金股利，D_t 表示第 t 年的现金股利，K_s 表示股票投资者要求的收益率，则股票价格等于预期收益资本化的现值，其中折算现值所采用的折现率就是普通股的资本成本。

$$K_S = \frac{D_1}{P_0(1-f)} + g$$

但是，它只适合定期发放股利，并且股利增长十分平稳的公司。

【例 5-7】某公司普通股的市价是 25 元，估计年增长率为 8%，今年发放的股利每股为 2 元，筹资费用率为 6%。试求该公司普通股的资本成本是多少？

【解析】第一年的股利为

$$2 \times (1+8\%) = 2.16(元/股)$$

普通股的资本成本为

$$K_S = \frac{D_1}{P_0(1-f)} + g = \frac{2.16}{25 \times (1-6\%)} + 8\% = 17.19\%$$

3. 留存收益资本成本

留存收益对于大部分公司来说是股东权益的一部分，属于股东对公司的追加投资，属于股东放弃其他投资的一种机会成本，假定对股利不征税，公司使用这部分资本的最低成本和普通股成本相同，差别在于它不必考虑发行费。留存收益资本成本(K_R)可按下式计算：

$$K_R = \frac{D_1}{P_0} + g$$

【例 5-8】某公司为了满足未来的财务需求，拟增发 200 万股新普通股，每股发行价格为 10 元，发行费用率为 4%；同时从当年实现的净利中留存 300 万元。预期每股股利为 1 元，股利年增长率为 3%，试求该公司普通股以及留存收益的成本。

该公司普通股资本成本为

$$K_S = \frac{1}{10 \times (1-4\%)} + 3\% = 13.42\%$$

留存收益资本成本为

$$K_R = \frac{1}{10} + 3\% = 13\%$$

总结以上各类资本成本，可以了解它们之间的异同点。各类资本成本相同之处在于各类资本成本均表示投资者提供资本所要求的最低收益率；各类资本成本都可表现为预期现金流量的折现率，不同之处在于各类资本成本的风险程度不同。通过比较个别资本成本，可以帮助企业选择出比较有利的融资方式。在不考虑其他因素的条件下，筹资成本低的融资方式更易于为企业所接受。

三、综合资本成本的计算

公司往往会采取多种形式进行筹资，为了进行合理的筹资和投资决策，需要计算全部资本来源的加权平均资本成本。加权平均资本成本是以各种不同资本来源的资本成本为基数，以各种不同资本来源占资本总额的比重为权数计算的加权平均数。其计算公式为

$$K_w = \sum_{j=1}^{n}(K_j \times W_j)$$

式中：K_w——加权平均资本成本；

K_j——第 j 种资本来源的资本成本；

W_j——第 j 种资本来源所占比重。

【例5-9】某企业账面上的长期资金共500万元，其中长期借款为100万元、应付长期债券为50万元、普通股为250万元、留存收益为100万元；其资本成本分别为6.7%、9.17%、11.26%、11%。求该企业的综合资本成本。

【解析】

$$K_w = 6.7\% \times \frac{100}{500} + 9.17\% \times \frac{50}{500} + 11.26\% \times \frac{250}{500} + 11\% \times \frac{100}{500} = 10.09\%$$

第二节　财务中的杠杆原理

财务管理中的杠杆原理是指由于固定成本(生产经营固定成本、筹资的固定费用等)的存在，当业务量发生较小变动时，利润会产生较大的变动。

一、与杠杆有关的几个财务概念

财务管理中的杠杆通常有三种形式，即经营杠杆、财务杠杆和复合杠杆。每一种杠杆效应都包含杠杆利益与杠杆风险两个方面。要说明这些杠杆的原理，有必要了解成本习性、边际贡献、息税前利润和普通股每股收益等相关术语的含义。

(一) 成本习性

所谓成本习性，是指成本总额与业务量之间在数量上的依存关系。按成本习性可把企业的全部成本划分为固定成本、变动成本和混合成本三类。

1. 固定成本

固定成本是指其总额在一定时期和一定业务量范围内不随业务量发生任何变动的那部分成本。比如管理人员工资、折旧费、办公费等，这些费用每年支出水平基本相同，即使产销业务量在一定范围内变动，它们也保持固定不变。正是由于这些成本是固定不变的，因而随着业务量的增加，意味着它将分配给更多数量的产品，即单位固定成本将随产量的增加而逐渐变小。

固定成本总额只是在一定时期和业务量的一定范围内保持不变。因此，固定成本必须和一定时期、一定业务量联系起来进行分析，没有绝对不变的固定成本。

2. 变动成本

变动成本是指其总额随着业务量成正比例变动的那部分成本。属于变动成本的主要有直接材料、直接人工等。就单位产品中的变动成本而言，则是不变的。变动成本同业务量之间成正比例变动的关系是有一定范围的，超过一定范围，变动成本和业务量之间的比例关系可能会改变。

3. 混合成本

混合成本是指其总额虽受业务量变动的影响，但其变动幅度并不随业务量的变动保持同比例关系的那部分成本。也就是说，混合成本兼有固定成本和变动成本两种特性，不能简单地归入固定成本或变动成本。

从理论上讲，成本按习性可分成固定成本、变动成本和混合成本三类，但在管理实践中，可利用一定的方法将混合成本归分到固定成本和变动成本两部分之中。所以，成本按习性分类，从根本上说应当只有固定成本和变动成本两部分。这样，总成本习性模型可用下式表示：

$$y = a + bx$$

式中：y 为总成本；a 为固定成本；b 为单位变动成本；x 为产销量。

（二）边际贡献

边际贡献是指销售收入减去变动成本之后的差额。其计算公式可表示如下：

$$M = P \cdot Q - V \cdot Q = (P - V) \cdot Q$$

$$变动成本率 = \frac{V \cdot Q}{P \cdot Q} = \frac{V}{P}$$

式中：M——边际贡献；
P——销售单价；
Q——产销量；
V——单位变动成本。

【例 5-10】鹏达公司生产单一产品，固定成本为 300 000 元，单价为 120 元，单位变动成本为 72 元，预计销售量为 15 000 件。

要求：计算边际贡献和变动成本率。

【解析】

边际贡献 $= (P-V) \cdot Q = (120-72) \times 15\,000 = 720\,000(元)$

变动成本率 $= \dfrac{V \cdot Q}{P \cdot Q} = \dfrac{V}{P} = \dfrac{72}{120} \times 100\% = 60\%$

(三) 息税前利润

息税前利润是指企业支付利息和缴纳所得税之前的利润。在成本习性模型的基础上，息税前利润可按下列公式计算：

$$EBIT = (P-V) \cdot Q - F$$
$$= P \cdot Q - P \cdot Q - F$$

式中：EBIT——息税前利润；
　　　F——固定成本(生产经营性固定成本)；
　　　其他符号含义同上。

(四) 普通股每股收益

普通股每股收益是指一定时期内企业为普通股股东所创造的收益，计算公式可表示为

$$EPS = \dfrac{(EBIT-I)(1-T)-D}{N}$$

式中：EPS——普通股每股收益；
　　　I——负债利息；
　　　T——所得税税率；
　　　D——优先股股利；
　　　N——普通股股数。

二、经营杠杆与经营风险

(一) 经营杠杆的概念

经营杠杆也称营业杠杆，是由于固定成本的存在而导致息税前利润变动率大于产销量变动率的杠杆效应。经营杠杆现象形成于企业的生产经营过程，在一定的经营规模条件下，固定成本需要由单位产品来分摊，若产品销售量发生变动时，单位产品分摊的固定成本会随之变动，从而导致息税前利润更大幅度地变动，这就形成了经营杠杆现象。

(二) 经营杠杆的计量

一家企业只要存在固定成本，经营杠杆就会发挥作用。由于经营杠杆对经营风险的影响最为综合，因此常常用它来衡量经营风险的大小。但对不同的企业，经营杠杆作用的程度往往不等。因此，人们便通过经营杠杆系数来计量经营杠杆作用的程度。所谓经营杠杆系数(degree of operating leverage，DOL)，是指企业息税前利润变动率与销售量变动率的比率。用公式表示为

$$DOL = \frac{\Delta EBIT/EBIT}{\Delta Q/Q}$$

式中：DOL 为经营杠杆系数，ΔEBIT 为息税前利润的变动额，EBIT 为基期(变动前的)息税前利润，ΔQ 为销售变动量，Q 为基期销售量。

为便于计算，可将上式变换为

$$DOL = \frac{Q \cdot (P-V)}{Q \cdot (P-V) - F}$$

或

$$DOL = \frac{Q \cdot (P-V)}{EBIT}$$

或

$$DOL = \frac{M}{EBIT} = \frac{EBIT + F}{EBIT}$$

式中：M 为边际贡献，$EBIT = M - F$。

【例 5-11】某公司甲产品年销售额为 1000 万元，产品变动成本总额为 600 万元，固定成本总额为 200 万元，息税前利润总额为 200 万元。假定销售单价及成本水平不变，当销售额是 1500 万元时，变动成本总额为 900 万元，息税前利润为 400 万元，经营杠杆系数可计算如下：

【解析】方法一：根据定义公式：

$$销售量变动率 = \frac{1500 - 1000}{1000} \times 100\% = 50\%$$

$$息税前利润变动率 = \frac{400 - 200}{200} \times 100\% = 100\%$$

$$经营杠杆系数(DOL) = \frac{100\%}{50\%} = 2$$

方法二：根据简化公式：

$$经营杠杆系数(DOL) = \frac{M}{M - F} = \frac{1000 - 600}{1000 - 600 - 200} = 2$$

上述计算结果表明，在销售额为 1000 万元的基础上，销售额每增加 1%，息税前利润就增加 2%。本例中，销售额增长了 50%，所以息税前利润增长了 100%。反之销售量下降 10% 时，息税前利润也会随之下降 20%。前一种情况表现为经营杠杆利益，后一种情况表现为经营杠杆损失。

(三) 经营杠杆与经营风险的关系

经营风险是指企业因经营上的原因而导致息税前利润变动的风险。影响企业经营风险的因素很多，主要有以下几项。

(1) 产品需求。市场对企业产品的需求越稳定,经营风险就越小;反之,经营风险则越大。
(2) 产品售价。产品售价变动不大,经营风险则小,否则经营风险便大。
(3) 产品成本。产品成本是收入的抵减,成本不稳定,会导致利润不稳定,因此产品成本变动大的,经营风险就大;反之,经营风险就小。
(4) 调整价格的能力。当产品成本变动时,若企业具有较强的价格调整能力,经营风险就小;反之,经营风险则大。
(5) 固定成本的比重。一般来说,在其他因素不变的情况下,固定成本越高,经营风险越大。

根据这些影响因素可知,经营杠杆本身并不是利润不稳定的根源。但是,产销业务量增加时,息税前利润将以 DOL 倍数的幅度增加;而产销业务量减少时,息税前利润又将以 DOL 倍数的幅度减少。可见经营杠杆放大了市场和生产等不确定因素对利润变动的影响。而且经营杠杆系数越大,利润变动越激烈,企业的经营风险就越大。因此,企业经营风险的大小和经营杠杆有重要关系。经营杠杆系数越大,经营风险越大。

三、财务杠杆与财务风险

(一) 财务杠杆的概念

财务杠杆也称融资杠杆,指由于企业财务成本中存在固定利息而对企业所有者收益(即股东收益)带来的影响。财务杠杆现象形成于企业的融资活动。现代企业的全部资本是由股权资本和债权资本构成的,在企业资本结构一定的条件下,企业从息税前利润中支付的债务利息等资本成本是相对固定的。当息税前利润增长时,每一元利润所负担的固定资本成本就会减少,从而使普通股的每股收益以更快的速度增长;当息税前利润减少时,每一元利润所负担的固定资本成本就会相应增加,从而导致普通股的每股收益以更快的速度下降。这种由于负债资本成本的固定而引起的普通股每股收益的波动幅度大于息税前利润的波动幅度的现象称为财务杠杆。同样,财务杠杆既有利益的一面,也有风险的一面。

(二) 财务杠杆的计量

从上述分析可知,只要企业的融资方式中有债务融资,有固定数额的利息支出,就存在财务杠杆作用。财务杠杆作用的大小可通过财务杠杆系数来衡量。对财务杠杆进行计量的常用指标是财务杠杆系数(Degree of Financial Leverage, DFL),即普通股每股收益的变动率与息税前利润变动率的比率。用公式表示为

$$DFL = \frac{\Delta EPS/EPS}{\Delta EBIT/EBIT}$$

式中:DFL——财务杠杆系数;
ΔEPS——普通股每股收益的变动额或普通股全部收益的变动额;
EPS——基期每股收益的变动额或基期全部收益的变动额;
$\Delta EBIT$——息税前利润变动额;
EBIT——基期息税前利润。

为了便于计算，可将上列公式变换如下：

$$DFL = \frac{EBIT}{EBIT - I}$$

【例 5-12】某公司全部长期资本为 7 500 万元，债务资本比重为 40%，债务年利率为 8%，公司所得税税率为 25%。在息税前利润为 800 万元时，税后净利润为 294.8 万元。其财务杠杆系数计算如下。

【解析】

$$DFL = \frac{EBIT}{EBIT - I} = \frac{800}{800 - 7500 \times 0.4 \times 8\%} = 1.43$$

例 5-12 中财务杠杆系数 1.43 表示：当息税前利润增长 1 倍时，普通股每股收益将增长 1.43 倍；反之，当息税前利润下降 1 倍时，普通股每股收益将下降 1.43 倍。前一种情形表现为财务杠杆利益，后一种情形表现为财务风险。一般而言，财务杠杆系数越大，企业的财务杠杆利益和风险就越高；财务杠杆系数越小，企业财务杠杆利益和财务风险就越低。

需要指出的是，如果企业有优先股，由于优先股股息相对固定，也会产生财务杠杆效应，在此情况下，财务杠杆系数的计算公式可表示为

$$DFL = \frac{EBIT}{EBIT - I - \dfrac{D}{1-T}}$$

式中：D 为优先股年股息。

【例 5-13】某公司有普通股 500 万股，优先股 100 万股(每股年股息为 0.35 元)，债务资本为 300 万元(年利息率 10%)。年息税前利润为 200 万元，所得税税率为 30%，则该公司财务杠杆系数计算如下。

【解析】

$$DFL = \frac{200}{200 - 300 \times 10\% - \dfrac{100 \times 0.35}{1 - 30\%}} = 1.67$$

一般来说，财务杠杆系数越大，每股收益因息税前收益变动而变动的幅度就越大；反之则越小。较大的财务杠杆可以为公司带来较强的每股收益扩张能力，但固定筹资费用越多，按期支付的可能性就越小，由此引发的财务风险就越大。如果公司全部资产收益率低于固定筹资费用率，那么普通股收益率就会低于公司投资收益率或出现资本亏损的情况。

(三) 财务杠杆与财务风险的关系

财务风险也称筹资风险，是指企业在经营活动中与筹资有关的风险，尤其是指在筹资活动中利用财务杠杆可能导致企业股权资本所有者收益波动(上升或下降)的风险。由于人们更害怕损失，所以财务风险更多情况下是指企业在筹资活动中利用财务杠杆可能导致企业股权资本所有者收益下降的风险，甚至可能导致企业破产的风险。除债务资金固定利息以外，财务风险还受资本规模的变动、资本结构的变动、债务利率的变动和息税前利润的变动的影响。一般而言，

财务杠杆系数越大,企业的财务风险就越高;财务杠杆系数越小,企业的财务风险就越低。

四、总杠杆与企业风险

(一) 总杠杆

总杠杆也称复合杠杆、联合杠杆,用来反映企业综合利用财务杠杆和经营杠杆给企业普通股收益带来的影响。前已述及,经营杠杆是通过扩大销售量影响息税前利润,而财务杠杆是通过息税前利润影响普通股每股收益,两者最终都影响到普通股股东的收益。而且,这两种杠杆的作用是相互影响和有关联的。如果企业同时利用经营杠杆和财务杠杆,那么销售额变动对普通股收益的影响就会更大,总的风险也就更高。

对经营杠杆和财务杠杆的综合利用程度,可以用复合杠杆系数(Degree of Combined Leverage,DCL)或总杠杆系数(Degree of Total Leverage,DTL)来衡量。DCL 或 DTL 是经营杠杆系数与财务杠杆系数的乘积。其计算公式如下:

$$DTL(或DCL) = DOL \cdot DFL$$

或

$$DTL = \frac{\Delta EPS/EPS}{\Delta Q/Q}$$

或

$$DTL = \frac{M}{EBIT - I} = \frac{EBIT + F}{EBIT - I}$$

式中符号的含义同前所述。

经营杠杆和财务杠杆对普通股每股收益的影响可通过图 5-1 表示。

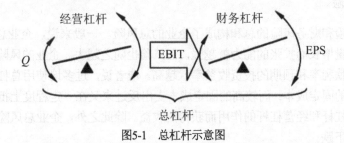

图5-1 总杠杆示意图

如前所述,经营杠杆是由于固定经营成本的存在而产生的,而财务杠杆则来自固定的筹资成本。如果一家公司的筹资成本包含固定的债务资本(如从银行借款、签订长期筹资租赁合同、发行公司债券)和股权资本(优先股),从而使得息税前收益的某个变化引起普通股每股收益更大的变化时,就被认为在使用财务杠杆。也就是说,在公司资本结构一定的条件下,公司从息税前收益中支付的固定筹资成本是相对固定的。当息税前收益发生增减变动时,每 1 元息税前收益所负担的固定资本成本就会相应地减少或增加，从而给普通股股东带来一定的财务杠杆利益或损失。事实上，总杠杆是两步收益放大的过程：第一步是经营杠杆放大了销售量变动对息税前收益的影响；第二步是利用财务杠杆将前一步导致的息税前收益变动对每股收益变动的影响进一步放大。

【例 5-14】 某公司资本总额为 200 万元，其中债务资本占 50%，年利息率为 10%，公司销售总额为 50 万元，变动成本率为 60%，固定成本额为 5 万元。则该公司总杠杆系数可计算如下：

因为

$$M = 50 \times (1 - 60\%) = 20 (万元)$$
$$EBIT = 50 \times (1 - 60\%) - 5 = 15 (万元)$$
$$I = 200 \times 50\% \times 10\% = 10 (万元)$$

则

$$DTL = \frac{20}{15 - 10} = 4$$

或

$$DOL = \frac{20}{15} = 1.3333$$
$$DFL = \frac{15}{15 - 10} = 3$$

故

$$DTL = 1.3333 \times 3 \approx 4$$

显然，总杠杆的作用大于经营杠杆与财务杠杆的单独影响作用，而两种杠杆又可以有多种组合。一般情况下，企业将总杠杆系数即总风险控制在一定范围内，这样经营杠杆系数较高(低)的企业只能在较低(高)的程度上使用财务杠杆。

(二) 企业风险

企业经营风险和财务风险的总和构成了企业的总风险。一般来说，企业总杠杆系数越大，每股收益随销售量增长而扩张的能力就越强，但风险也随之越大。企业的风险越大，债权人和投资者要求的贷款利率和预期的投资收益率就越高。或者说，过多地使用总杠杆的企业将不得不为此付出较高的固定成本；而较高的固定成本支出反过来又在一定程度上抵消了普通股股东因企业发挥财务杠杆和经营杠杆的作用而获得的收益。除此之外，企业总风险的增大还会引起企业股票市价的下跌。

一般来说，企业对财务风险的控制程度相对大于对经营风险的控制。企业可以通过财务政策的选择(资本结构的选择和债务到期日的选择)在合理的范围内(通常以合理的成本)来控制其财务风险。相对而言，企业经营风险的控制难度较大。尽管企业可以在对投资项目或资产的选择中通过经营杠杆来影响它的经营风险，但对项目或资产的选择通常会受到一些限制，技术上的某些问题会迫使企业使用一些固定费用或变动费用占较大比例的生产工艺(有些产品只有一种生产方法，别无选择)。

在实际工作中，企业对经营杠杆和财务杠杆的运用可以有各种不同的组合。例如，某企业较多地使用了财务杠杆，为了达到或维持某种适度的总杠杆系数，就可用较低的经营杠杆系数来抵消较高的财务杠杆系数的影响；反之，假如企业过多地发挥了经营杠杆的作用，就可通过减少使用财务杠杆来加以平衡。假设某企业正在考虑一项资本支出，为了抵消较高经营杠杆的影响，企业可在其资本结构中减少债务或优先股的比重，即通过采取降低财务杠杆系数的做法来实现一个适宜的总杠杆系数。

第三节 资本结构

融资是现代企业财务管理的一项主要内容。在给定投资机会的情况下，现代企业一般有三大融资渠道：依靠内部自有积累资金、发行股票、举借外债。经济学理论认为，企业所筹资金总和的市场总值就是该企业的市场价值。由于债券和股票在发行成本、净收益、税收以及出资人对企业所有权的认可程度都很不一样，在给定投资机会时，企业的融资决策就是根据企业自己的目标函数和收益成本的约束，选择适当的资本结构，以使企业市场价值达到最大。显然，资本结构是企业融资的核心问题，资本结构理论及企业资本结构决策对财务目标的实现起着至关重要的作用。

一、资本结构相关概念

在西方，由于人们对"资本"的理解不尽相同，因而出现了对资本结构的不同解释。较为流行的是以下两种：一种是广义的资本结构定义，认为资本结构包括全部债务与股东权益的构成比例；另一种是狭义的资本结构定义，即长期负债与股东权益资本构成比例。

二、最优资本结构及其影响因素

从理财人员的角度来讲，寻找最优的资本结构一直是其最大的期待，因为这样就可以对资本结构实施有效的控制，最优资本结构，应当与企业的理财目标紧密结合，同时还要充分考虑理财环境各种可能的变化。最优资本结构是指在一定条件下使企业平均资本成本率最低、企业价值最大的资本结构。

企业在确定其最优资本结构时主要应考虑以下一些重要因素。

1. 企业经营者与所有者的态度

股权比较集中的企业的所有者往往不愿分散其控制权，故不愿增发新股而要求经营者去举债。从经营者的角度看，一旦发生财务危机，其职务和利益将受到重大影响，故经营者可能较少地使用财务杠杆，尽量降低债务资金的比例。因此经营者与所有者在资本结构这个重大问题上是有矛盾的，企业财务人员对此往往无能为力，被大股东控制的企业的资本结构最终决定权在所有者或其代表(如董事会)手中。

股权比较分散的企业，由于其投资者众多，很难就企业资本结构达成一致意见，因此这类企业的资本结构的决定权就在经营者手中。经营者的风险态度就决定着其资本结构中债务资金所占比重的大小。工作方式稳健和风险意识强的经营者，一般比较注重企业的资本结构，尽量保持现有的资本结构，不会为追求较高的财务杠杆作用而使企业的负债比例过高，他们不会去冒很大风险来追求理想中的资本结构，但可能过于谨慎而不能充分利用财务杠杆为企业增加净利润。那些承受风险能力强，比较乐于显示经营业绩和才能的经营者则会敢冒风险过分追求财务杠杆作用，从而选择负债占比比较大的资本结构，使企业的潜在风险增加。

2. 企业信用等级与债权人的态度

企业能否以借债的方式筹资和能筹集到多少资金，不仅取决于企业经营者和所有者的态度，而且取决于企业的信用等级和债权人的态度。如果企业的信用等级不高，而且负债率已经较高，即使企业的管理者对本企业的前途充满信心，试图在超出企业偿债能力的条件下运用财务杠杆，但债权人将不愿意向企业提供信用，从而使企业无法达到它所希望的负债水平。

3. 企业的盈利能力

盈利能力强的企业可以产生大量的税后利润，其内部积累可以在很大程度上满足企业扩大再生产的资本需求，对债务资金的依赖程度较低。

4. 企业的资产结构

资产结构是指企业全部资产的构成及其比例关系，即资产负债表中各类资产项目占总资产的比重及其之间的比例关系。资产结构状况在一定程度上反映了企业的经营性质、经营方向和经营规模。不同的资产结构必然要有相应的资本结构与之相适应，只有这样，才能保证企业正常生产经营活动的开展。一般来讲，固定资产等长期资产占较大比重的企业，其资本结构中应有较大份额的股权资本，而流动资产占较大比重的企业，则应有较多的债务资金来支撑。具体地说，技术密集型企业的资产中固定资产所占比重较高，总资产周转速度较慢，这些企业中必须有相当数量的股权资本作后盾。劳动密集型企业的流动资产所占比重很大，资本周转速度快，这些企业对负债特别是短期负债很青睐。可以说，资产结构是由企业的经营性质决定的，是一种客观存在。资本结构是企业理财的结果，是由主观因素决定的。根据客观决定主观的基本原理，企业已经存在或预计将要达到的资产结构是决定其资本结构的重要因素之一。

三、企业资本结构的决策方法

企业资本结构的决策就是要确定最优资本结构。所谓最优资本结构是指在适度财务风险的条件下，使企业加权平均资本成本最低，同时使企业价值最大的资本结构。

毫无疑问，最优资本结构是一个理性的理财者所追求的目标，因此又称为目标资本结构。确定企业的最优资本结构，可以采用每股收益分析法、资本成本比较法和公司价值比较法等定量评价方法。

（一）每股收益分析法

资本结构是否合理，可以通过每股收益的变化进行分析。一般而言，凡是能够提高每股收益的资本结构都是合理的，反之，则认为不合理。每股收益分析法就是在息税前利润的基础上，通过比较不同资本结构方案的普通股每股收益大小，来选择最优资本结构或评价债务资本与权益资本如何安排更为合理，也叫 EBIT-EPS 分析法。这种方法的核心指标是每股收益无差别点。每股收益无差别点是指不同筹资方式下每股收益都相等时的息税前利润或业务量水平。每股收益分析法公式如下：

$$EPS = \frac{(EBIT - I)(1-T) - D}{N}$$

式中：I——负债的利息支出；

　　　T——公司所得税税率；

　　　D——优先股股利；

　　　N——普通股股数。

对于一套拥有债务和权益两种融资方式的备选方案，若以 EPS1 代表负债融资，以 EPS2 代表权益融资，则有

$$EPS1 = EPS2$$

假设临界点(无差别点)的息税前利润为 $\overline{EBIT}$，则有以下等式：

$$\frac{(\overline{EBIT} - I_1)(1-T) - D_1}{N_1} = \frac{(\overline{EBIT} - I_2) \times (1-T) - D_2}{N_2}$$

式中：I_1、I_2 是两种筹资方式下的债务利息；N_1、N_2 为两种筹资方式下流通在外的普通股股数；D_1、D_2 则表示两种筹资方式下的优先股股利。通过计算不同筹资方案的无差别点，如果企业预计息税前利润大于无差别点息税前利润，那么企业应该选择债务比例较高的筹资方案；反之则应选择债务比例较低的筹资方案。

【例 5-15】 甲公司现有资本总额为 8500 万元，其中债务资本为 1000 万元，债务利息率为 10%；普通股为 7500 万元，普通股股数目前为 1000 万股。为扩大经营规模，公司准备追加筹资 1500 万元，有 A、B 两种筹资方案：A 方案为增发普通股股票 200 万股，B 方案为增加 1500 万元负债。假定无论哪种方案，增资后均可使公司年息税前利润达到 800 万元，所得税税率为 25%，有关数据见表 5-1。

表5-1　甲公司追加筹资前后的资本结构　　　　　　　　　　　　　　　　　　单位：万元

项目	公司目前资本结构	公司追加筹资后的资本结构	
		A方案	B方案
债务	1 000	1 000	2 500
普通股	7 500	9 000	7 500
资本总额	8 500	10 000	10 000

根据上述资料，可计算不同追加筹资方案实施后对甲公司普通股每股收益的影响，见表 5-2。

151

表5-2 不同方案增资后每股收益的计算　　　　　　　　　　　单位：万元

项目	A方案	B方案
息税前利润	800	800
减：债务利息	100	250
减：所得税	175	137.5
税后净利	525	412.5
普通股股数/万股	1200	1000
普通股每股收益/元	0.44	0.41

由表 5-2 可以看出，采用不同方式追加筹资后，引起了公司资本结构的变化，同时会导致普通股每股收益大小不同。本例中，在息税前利润为 800 万元的条件下，若增发普通股股票，会使普通股每股收益预期为 0.44 元；若增加负债，普通股每股收益预期为 0.41 元。这表明，从每股收益立场来看，甲公司应当采用 A 方案增资，即资本结构中的债务资本与权益资本之比为 1∶9 较为理想。

需要指出的是，上述选择是在息税前利润限定为 800 万元的前提下做出的。那么，息税前利润为多少时，会对筹资方案的选择产生"转折性"变化呢？这就需要利用每股收益无差别点（EBIT）来判断，可计算如下：

$$\frac{(\overline{EBIT}-1000\times10\%)\times(1-25\%)}{1200}=\frac{(\overline{EBIT}-2500\times10\%)\times(1-25\%)}{1000}$$

解之：

$$\overline{EBIT}=1000(万元)$$

计算表明，当预期息税前利润为 1000 万元时，增发普通股和增加负债两种方案的每股收益相等。在本例中，由于息税前利润预计为 800 万元（<$\overline{EBIT}$），故应选择 A 方案即应增发普通股筹资。

【例 5-16】某企业现有资本总额 1000 万元，其结构为：10%的长期债券 400 万元，普通股 600 万元（60 万股）。现拟追加筹资 500 万元，有以下三种方案可供选择。

甲方案：发行长期债券 500 万元，年利率为 12%。
乙方案：发行长期债券 300 万元，年利率为 12%，发行普通股 200 万元（20 万股）。
丙方案：发行长期债券 100 万元，年利率为 10%，发行优先股 100 万元，年股息率 5%，发行普通股 300 万元（30 万股）。

假定该企业预计的息税前利润为 180 万元，所得税税率为 30%，试问何种资本结构最佳？
首先，将甲方案与乙方案比较求出第一个无差别点：

$$\frac{(\overline{EBIT_1}-100)\times(1-30\%)}{60}=\frac{(\overline{EBIT_1}-76)\times(1-30\%)}{80}$$

得

$$\overline{EBIT_1}=172(万元)$$

如果该企业只有甲、乙两个资本结构方案,则当预计息税前利润为 180 万元时(大于无差别点),负债比例较大的方案即甲方案最佳。

其次,将甲方案与丙方案比较求出第二个无差别点:

$$\frac{\overline{(EBIT_2-100)} \times (1-30\%)}{60} = \frac{\overline{(EBIT_2-50)} \times (1-30\%) - 5}{90}$$

得

$$\overline{EBIT}_2 = 185.71(万元)$$

如果该企业只有甲、丙两个资本结构方案,则当预计息税前利润为 180 万元时(小于无差别点),负债比例比较小的方案即丙方案最佳。

再次,将乙方案与丙方案比较求出第三个无差别点:

$$\frac{\overline{(EBIT_3-76)} \times (1-30\%)}{80} = \frac{\overline{(EBIT_3-50)} \times (1-30\%) - 5}{90}$$

得

$$\overline{EBIT}_3 = 226.86(万元)$$

如果该企业只有乙、丙两个资本结构方案,则当预计息税前利润为 180 万元时(小于无差别点),负债比例较小的方案即丙方案最佳。

综合以上计算分析结果,当预计息税前利润为 180 万元时,在三种资本结构方案中,丙方案最佳,甲方案次之,乙方案最差。这一点可以从图 5-2 中明显看出。

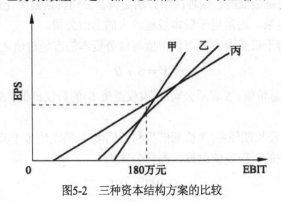

图5-2 三种资本结构方案的比较

(二) 资本成本比较法

资本成本比较法是在资本成本计量原理的基础上,通过计算不同筹资方案的综合资本成本,从中找到综合资本成本最低的方案作为最优方案,即最优资本结构是综合资本成本最低的资本结构。

【例 5-17】某公司需筹集 2000 万元的长期资本,可以通过银行借款、发行债券和发行普通股股票三种方式筹措,其个别资本成本已分别测定,并且在该融资规模内保持不变,有关资料见表 5-3。

表5-3　三种方案的融资方式及个别资本成本

融资方式	资本结构			个别资本成本
	A方案	B方案	C方案	
长期借款	40	30	20	6
债券	10	15	20	8
普通股	50	55	60	9
合计	100	100	100	—

根据资料分别计算三种方案的加权平均资本成本(K_w),如下所示:

A 方案: $K_w = 40\% \times 6\% + 10\% \times 8\% + 50\% \times 9\% = 7.7\%$;

B 方案: $K_w = 30\% \times 6\% + 15\% \times 8\% + 55\% \times 9\% = 7.95\%$;

C 方案: $K_w = 20\% \times 6\% + 20\% \times 8\% + 60\% \times 9\% = 8.2\%$。

由以上计算可以看出,A 方案的加权平均资本成本最低,这就表明在其他有关因素大体相同的情况下,该公司最优资本结构应为:长期借款 800 万元、债券 200 万元、普通股 1000 万元。

(三) 公司价值比较法

公司价值比较法是在充分反映公司财务风险的前提下,以公司价值的大小为标准,经过测算,确定公司最优资本结构的方法。该方法认为能够提升公司价值的资本结构,就是合理的资本结构,最优资本结构亦即公司市场价值最大的资本结构。在公司价值最大的资本结构下,公司的平均资本成本率也是最低的。这种决策方法更符合公司价值最大化的财务目标,但其测算原理及测算过程较为复杂,通常用于资本规模较大的上市公司。

公司市场总价值等于权益资本的市场价值与债务资本的市场价值之和。

$$V = S + B$$

式中:V 表示公司总价值;S 表示公司股票(权益资本)的折现价值;B 表示公司长期债务(债务资本)的折现价值。

为简化测算起见,设长期债务(含长期借款和长期债券)的现值等于其面值(或本金),股票的现值按公司未来净收益的折现现值测算,测算公式为

$$S = \frac{(EBIT - I)(1 - T)}{K_s}$$

式中:S——公司股票的折现价值;

EBIT——公司未来的年息税前利润;

I——公司长期债务年利息;

T——公司所得税税率;

K_s——公司股票资本成本。

公司资本成本的测算。在公司价值测算的基础上,如果公司的全部长期资本由长期债务和普通股组成,则公司的全部资本成本,即综合资本成本按下列公式测算:

$$K_w = K_B\left(\frac{B}{V}\right)(1-T) + K_S\left(\frac{S}{V}\right)$$

式中：K_w——公司综合资本成本；
　　　K_B——公司长期债务税前资本成本，可按公司长期债务年利息率计算；
　　　K_S——公司普通股资本成本。

运用上述原理测算公司的总价值和综合资本成本，就可以公司价值最大化为标准确定公司的最优资本结构。

需要指出的是，在现实生活中财务人员常常使用每股收益分析法来衡量筹资方式的优劣并对资本结构进行决策。但这种方法的缺陷在于没有考虑风险因素。从根本上讲，财务管理的目标在于追求公司价值最大化或股价最大化。然而只有在风险不变的情况下，每股收益的增长才会直接导致股价的上升，实际上经常是随着每股收益的增长，风险也随之加大。如果每股收益的增长不足以补偿风险增加所需的报酬，尽管每股收益增加，股价仍然会下降。所以，从理论上讲，公司的最优资本结构应当是可使公司总价值最高，而不一定是每股收益最大的资本结构。同时，有关研究也表明，在公司总价值最大的资本结构下，公司的加权平均资本成本也是最低的。

【例5-18】某公司息税前利润为400万元，资本总额账面价值为2000万元。假设无风险报酬率为6%，证券市场平均报酬率为10%，所得税税率为40%。经测算，不同债务水平下的权益资本成本率和税前债务利息率(假设税前债务利息率等于税前债务资本成本)如表5-4所示。

表5-4　不同债务水平下的税前债务利息率和权益资本成本率

债务市场价值B(万元)	税前债务利息率	股票系数	权益资本成本率
0	—	1.50	12.0%
200	8.0%	1.55	12.2%
400	8.5%	1.65	12.6%
600	9.0%	1.80	13.2%
800	10.0%	2.00	14.0%
1000	12.0%	2.30	15.2%
1200	15.0%	2.70	16.8%

根据表5-4资料，可计算出不同资本结构下的企业总价值和平均资本成本，如表5-5所示。

表5-5　公司价值和平均资本成本　　　　　　　　　　　单位：万元

债务市场价值	股票市场价值	公司总价值	税后债务资本成本	普通股资本成本	平均资本成本
0	2000	2000	—	12.0%	12.0%
200	1889	2089	4.80%	12.2%	11.5%
400	1743	2143	5.10%	12.6%	11.2%
600	1573	2173	5.40%	13.2%	11.0%

(续表)

债务市场价值	股票市场价值	公司总价值	税后债务资本成本	普通股资本成本	平均资本成本
800	1371	2171	6.00%	14.0%	11.1%
1000	1105	2105	7.20%	15.2%	11.4%
1200	786	1986	9.00%	16.8%	12.1%

结论：债务为 600 万元时的资本结构是该公司的最优资本结构。

【提示】

(1) 表 5-4 中权益资本成本的计算：

债务 = 200 万元时，权益资本成本 = 6%+1.55×(10%−6%) = 12.2%

(2) 表 5-5 中股票市场价值和加权平均资本成本的计算：

债务 = 200 万元时，股票市场价值 $S = (400-200×8\%)×(1-40\%)÷12.2\% = 1889$(万元)

$B = 200$(万元)

$V = 200+1889 = 2089$(万元)

$K_w = 4.8\%×200÷2089+12.2\%×1889÷2089 = 11.5\%$

【本章小结】

1. 资本成本是指企业为筹集和使用资金而付出的代价。随着资本市场的不断完善，企业筹资的渠道越来越多。资本成本由资金筹集费和资金占用费两部分构成。个别资本成本主要包括银行借款、债券、留存收益、普通股和优先股的资本成本。其中，银行借款、债券的资本成本统称为债务性资本成本；留存收益、普通股和优先股的资本成本统称为权益性资本成本。普通股资本成本的计算有两种方法：资本资产定价模型法(CAPM)和股利固定增长模型法。

2. 经营杠杆也称营业杠杆，是由于固定成本的存在而导致息税前利润变动率大于产销量变动率的杠杆效应，是息税前利润变动率与产销量变动率之间的一种比值关系；财务杠杆也称融资杠杆，是指由于企业财务成本中存在固定利息而对企业所有者收益(即股东收益)带来的影响，是普通股每股收益的变动率与息税前利润变动率的比率。总杠杆是经营杠杆系数与财务杠杆系数的乘积，总杠杆也称复合杠杆、联合杠杆，用来反映企业综合利用财务杠杆和经营杠杆给企业普通股收益带来的影响。

3. 最优资本结构是指在适度财务风险的条件下，使企业加权平均资本成本最低，同时使企业价值最大的资本结构。确定企业的最优资本结构，可以采用每股收益分析法、资本成本比较法和公司价值比较法等定量评价方法。

【课后习题】

一、单选题

1. 下列个别资本成本的计算不需要考虑筹资费用的是(　　)。
   A. 留存收益资本成本　　　　　　B. 公开发行的债券资本成本
   C. 对外筹集的长期借款　　　　　D. 普通股资本成本

2. 甲公司(无优先股)只生产一种产品,产品单价为6元,单位变动成本为4元,产品销量为10万件/年,固定成本为5万元/年,利息支出为3万元/年。甲公司的财务杠杆系数为(　　)。
   A. 1.18　　　　B. 1.25　　　　C. 1.33　　　　D. 1.66

3. 目前国库券收益率为5%,市场平均报酬率为10%,而该股票的β系数为1.2,那么该股票的资本成本为(　　)。
   A. 11%　　　　B. 6%　　　　C. 17%　　　　D. 12%

4. 乙企业预计总杠杆系数为2,基期固定成本(包含利息费用)为500万元,则该企业税前利润为(　　)万元。
   A. 300　　　　B. 500　　　　C. 800　　　　D. 1000

5. H公司目前的股票市价为30元,筹资费用率为3%,预计该公司明年发放的股利额为6元,股利增长率为5%,则该股票的资本成本为(　　)。
   A. 26.65%　　　B. 25.62%　　　C. 25%　　　D. 26%

6. 某企业预计的资本结构中,产权比率为3/5,债务税前资本成本为12%。目前市场上的无风险报酬率为5%,市场上所有股票的平均收益率为10%,公司股票的β系数为1.2,所得税税率为25%,则加权平均资本成本为(　　)。
   A. 10.25%　　　B. 9%　　　　C. 11%　　　　D. 10%

7. 资本成本一般由筹资费和占用费两部分构成。下列各项中,属于占用费的是(　　)。
   A. 向银行支付的借款手续费　　　B. 向股东支付的股利
   C. 发行股票支付的宣传费　　　　D. 发行债券支付的发行费

8. 计算下列筹资方式的资本成本时,需要考虑企业所得税因素影响的是(　　)。
   A. 留存收益资本成本　　　　　　B. 债务资本成本
   C. 普通股资本成本　　　　　　　D. 优先股资本成本

二、多选题

1. 企业资本结构优化决策的方法包括(　　)。
   A. 每股收益分析法　　　　　　　B. 比率分析法
   C. 平均资本成本比较法　　　　　D. 公司价值分析法

2. 下列成本费用中属于资本成本中的用资费用的有(　　)。
   A. 向银行支付的借款手续费　　　B. 因发行股票而支付的发行费
   C. 向银行等债权人支付的利息　　D. 向股东支付的股利

3. 只要企业同时存在(　　)，就会存在总杠杆作用。
   A. 变动生产经营成本　　　　　　B. 固定性经营成本
   C. 固定性资本成本　　　　　　　D. 变动制造费用
4. 如果没有优先股，下列项目中影响财务杠杆系数的有(　　)。
   A. 息税前利润　　　　　　　　　B. 资产负债率
   C. 所得税税率　　　　　　　　　D. 普通股股利
5. 在其他因素一定，且息税前利润大于 0 的情况下，下列可以导致本期经营杠杆系数降低的有(　　)。
   A. 提高基期边际贡献　　　　　　B. 提高本期边际贡献
   C. 提高本期的变动成本　　　　　D. 降低基期的变动成本
6. 关于计算平均资本成本的权数，下列说法正确的有(　　)。
   A. 市场价值权数反映的是企业过去的实际情况
   B. 市场价值权数反映的是企业目前的实际情况
   C. 目标价值权数更适用于企业筹措新的资金
   D. 以市场价值为权数有利于进行资本结构决策
7. 资本成本的作用包括(　　)。
   A. 资本成本是比较筹资方式、选择筹资方案的依据
   B. 资本成本是评价企业整体业绩的重要依据
   C. 平均资本成本是衡量资本结构是否合理的依据
   D. 资本成本是评价投资项目可行性的主要标准

三、判断题

1. 如果经营性固定成本为零，则经营杠杆系数为 1，那么企业没有经营风险。(　　)
2. 留存收益成本的计算与普通股基本相同，但不用考虑筹资费用。(　　)
3. 最优资本结构是使企业筹资能力最强、财务风险最小的资本结构。(　　)
4. 甲公司正在进行筹资方案的选择，预期息税前利润或业务量水平大于每股收益无差别点，则应当选择财务杠杆效应较小的筹资方案。(　　)
5. 某公司的经营杠杆系数为 2，预计息税前利润将增长 10%，在其他条件不变的情况下，销售量将增长 20%。(　　)

四、计算分析题

1. 甲公司目前的资本结构中，长期资本总额为 2000 万元，其中银行借款为 200 万元，年利率为 5%，借款手续费率为 0.2%；公司债券为 300 万元，债券面值为 1000 元，发行价格为 1200 元，票面利率为 8%，发行费率为 1%，债券期限为 5 年，每年付息一次，到期一次归还本金；优先股 400 万元，优先股面值为 100 元，规定的年股息率为 10%，优先股发行价格为 120 元/股，优先股筹资费率为 2%；普通股 900 万元，留存收益 200 万元，普通股股利年固定增长率为 5%，预计明年每股股利 2 元，目前普通股股价为 20 元/股，筹资费率为 2.5%。公司适用的企业所得税税率为 25%。

要求：
(1) 按照一般模式计算银行借款的资本成本。
(2) 按照一般模式计算公司债券的资本成本。
(3) 计算优先股的资本成本。
(4) 计算普通股和留存收益的资本成本。
(5) 计算加权平均资本成本。

2. 某公司 2015 年计划生产单位售价为 15 元的 A 产品。该公司目前有两个生产方案可供选择：

方案一：单位变动成本为 7 元，固定成本为 60 万元；
方案二：单位变动成本为 8.25 元，固定成本为 45 万元。

该公司资金总额为 200 万元，资产负债率为 45%，负债的平均年利率为 10%，预计年销售量为 20 万件。该企业目前正处于免税期。

要求(计算结果保留小数点后四位)：
(1) 计算方案一的经营杠杆系数、财务杠杆系数及总杠杆系数。
(2) 计算方案二的经营杠杆系数、财务杠杆系数及总杠杆系数。
(3) 预计销售量下降 25%，两个方案的息税前利润各下降多少？
(4) 对比两个方案的总风险。

3. 某公司是一家生产经营 A 产品的上市公司，目前拥有资金 1200 万元，其中，普通股 90 万股，每股价格为 8 元；债券 480 万元，年利率为 8%；目前的销量为 29 万件，单价为 25 元，单位变动成本为 10 元，固定成本为 100 万元(不包括利息费用)。该公司准备扩大生产规模，预计需要新增投资 960 万元，投资所需资金有下列两种方案可供选择：

方案一：发行债券筹资 960 万元，年利率为 10%；
方案二：发行普通股股票筹资 960 万元，每股发行价格为 16 元。预计第一年的每股股利是 1.2 元，股利增长率是 8%。

预计扩大生产能力后，固定成本会增加 98.4 万元(不包括利息费用)，假设其他条件不变。公司适用所得税税率为 25%。两方案均不考虑筹资费率。

要求：
(1) 计算两个方案的资本成本(债券筹资按照一般模式计算)。
(2) 计算两种筹资方案的每股收益相等时的销售量水平。
(3) 若预计扩大生产能力后企业销量会增加 19 万件，不考虑风险因素，确定该公司最佳的筹资方案。

4. A 公司目前资本结构为：总资本 1000 万元，其中债务资本 400 万元(年利息 40 万元)；普通股资本 600 万元(600 万股，面值 1 元，市价 5 元)。企业由于有一个较好的新投资项目，需要追加资金 300 万元，所得税率为 20%，有两种筹资方案：

方案一：向银行取得长期借款 300 万元，利息率为 16%；
方案二：增发普通股 100 万股，每股发行价 3 元。

财务人员预算，追加筹资后销售额可达到 1200 万元，变动成本率为 60%，固定成本为 200 万元，所得税税率为 20%，不考虑筹资费用因素。

要求计算：
(1) 计算每股收益无差别点。
(2) 计算两个方案处于每股收益无差别点时的收益。
(3) 根据财务人员预测，帮助企业进行决策。

第六章

项目投资管理

【知识目标】
1. 了解投资的含义、分类。
2. 了解项目投资的特点、意义以及项目投资决策的影响因素。
3. 理解并掌握项目投资各年净现金流量的估算方法。
4. 理解并掌握项目投资决策常见的决策方法,理解各决策指标的含义和运用。

📖 案例导入

被誉为"一梦二百年,海峡变通途"的英法海底隧道现在似乎已成为一个噩梦。原因是英法海底隧道的建设资金近90%来自小股民,而负责其修建、管理和运营的欧洲隧道公司却负债累累,小股民们不但没有任何收益,反而其所持的欧洲隧道公司股票贬值80%。

这要从隧道的融资方式说起。英法海底隧道是最有名的BOT,也就是在隧道建设中,英法政府均不提供资金,全部利用私人资本建设;承建隧道的公司负责融资并承担全部风险。隧道建成后成立的欧洲隧道公司获政府授予55年的特许权,拥有并经营隧道,55年后政府收回。

然而,由于工程难度大、施工过程中缺乏监督等原因,工程造价不断增加,隧道正式竣工比预定完工时间晚了一年,到完工时总造价达520亿法郎,比预算高出将近一倍。这使得欧洲隧道公司从一开始就处于债务缠身的境地。再加上经营不善、1996年11月的严重火灾,以及航空和海运的竞争,使欧洲隧道公司一直无法翻身。至2004年,其债务总额更是高达90亿欧元。

请思考:
1. 很多资料评论都认为英法海底隧道投资项目是失败的,你又是怎么认为的呢?
2. 用什么方法可以评价一个投资项目的成功与失败?

第一节 项目投资概述

一、项目投资的概念及其特点

(一) 项目投资的概念

投资是指企业为了在未来取得收益,而向一定对象投放资金的行为。投资对企业具有重要意义,只有通过投资,企业才能实现价值增值。项目投资作为企业最主要的投资活动,决定着企业的稳定与发展,对企业未来的盈利能力及长期偿债能力有着重要影响。

(二) 项目投资的特点

项目投资是指对企业内部各种生产经营资产的长期投资、短期投资和对企业外部的长期投资。项目投资具有以下几个特点。

1. 影响时间长

从投资的效用来看,项目投资的效用是长期的、持续的。因此,项目投资对企业未来的生产经营活动和长期经济效益将产生重大影响,其投资决策的成败对企业未来的命运将产生决定性作用。

2. 投资数额大

从资金占用来看,项目投资占用的资金较为庞大,既需要一次性投入大笔资金以形成投资项目的初始投资,又要有相当数量的营运资本来保证项目运营过程中对流动资金的需要。

3. 变现能力差

从投资的变现能力来看,项目投资由于投资的是实体资产,投资期限长,投资金额大,因此,项目投资的变现能力差。

4. 投资风险大

一项成功的项目投资可以为企业带来大量的经济效益,但项目投资的失败不仅不能为企业带来经济效益,还会让企业背上沉重的负担,甚至可以彻底毁灭一家企业。所以,项目投资的风险大,在进行投资决策时,企业必须非常谨慎。

二、项目投资的程序

项目投资的特点决定了项目投资的风险大、周期长、环节多、考虑因素复杂,因此,项目投资是一项复杂的系统工程。项目投资的程序一般包括以下几个步骤。

(1) 投资项目的提出。投资项目的提出是项目投资程序的第一步,投资项目可以由企业的各部门提出,比如新产品方案通常来自营销部门,而设备更新的建议通常来自生产部门等。

(2) 估计项目的现金流量。投资方案确定下来之后,企业就要对项目进行评估,包括测算项目的计算期,测算有关项目投产后的收入、费用和经济效益。其中,最关键的步骤就是估计项目可能产生的现金流量,包括现金流入、现金流出和净现金流量。

(3) 计算投资项目的投资决策指标。根据估计出来的项目的现金流量,计算其相应的投资决策指标,主要包括净现值、内含报酬率、回收期和会计收益率等指标。

(4) 投资项目的决策。企业在计算出投资项目的投资决策指标以后,将计算出的指标与可以接受的判断标准进行比较,以做出项目是否投资的决策。

(5) 投资项目的实施与控制。企业在决定对某项目进行投资后,即应付诸实施,进入投资预算的执行过程。在这一过程中,企业应建立一套预算执行情况的跟踪系统,及时、准确地反映预算执行过程中的各种信息,将实际指标与预算指标进行对比,找出差异,分析原因,以便调整偏离预算的差异,实现规定的目标。

(6) 投资项目的再评价。对已经投资的项目还要定期进行事后评价,有效的事后评价可以告诉我们预测的偏差,可以帮助改善企业的财务控制,有助于指导未来的决策。

三、项目投资的分类

(一) 直接投资和间接投资

企业投资按投资与生产经营的联系程度分为直接投资和间接投资。直接投资是指把资金直接投放于企业的生产经营性资产,以便获取收益的投资行为。间接投资是企业将资金投放于证券(债券、股票)等金融资产,以获取股利或利息收入。

(二) 短期投资和长期投资

企业投资项目按投资收回的时间分为短期投资和长期投资。投资期限在一年(含一年)以内的投资称为短期投资,其主要表现在对现金、应收账款、存货、短期有价证券等流动资产的资金投入。长期投资则是指投资期限超过一年的投资,主要表现在对厂房、机器设备等固定资产的投资。

(三) 对内投资和对外投资

企业的投资按投资的方向可以分为对内投资和对外投资。对内投资是指企业将资金投向企业内部,购置企业生产经营所需要的资产。对外投资是指将企业资金以现金、实物、无形资产等方式或者以购买股票、债券等有价证券的方式向其他单位的投资。

一般而言,对内投资都是直接投资,对外投资主要是间接投资,也可以是直接投资。

(四) 独立项目投资、相关项目投资和互斥项目投资

这一个分类标准是按投资项目之间的相互关系。独立项目投资是指在进行投资决策时,互相分离、互不排斥的项目投资。相关项目投资是指彼此存在相互关联性,一项投资需要依赖其他投资项目才能进行。互斥项目投资是指互相排斥的项目投资,即选择一种项目,就会自动排斥其他项目,多个项目中只能选择其中一个。

第二节 项目投资的现金流分析

一、项目计算期及资金投入

(一) 项目计算期

项目计算期(记作 n)是指投资项目从投资建设开始到最终清理结束整个过程的全部时间，包括建设期和生产经营期。其中，建设期(记作 s)是指项目资金正式投入开始到项目建成投产为止所需要的时间，建设期的第一年年初称为建设起点，建设期的最后一年年末称为投产日。项目计算期的最后一年年末称为终结点，从投产日到终结点之间的时间间隔称为生产经营期(记作 p)。

$$项目计算期(n) = 建设期(s) + 生产经营期(p)$$

在对项目进行投资决策分析时，我们需要分析项目整个计算期内的现金流量，而不仅仅是建设期或生产经营期的现金流量。项目计算期如图 6-1 所示。

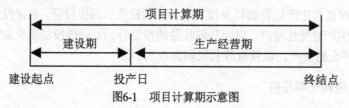

图6-1 项目计算期示意图

(二) 资金投入

资金投入方式包括一次投入和分次投入两种方式。

1. 一次投入方式

一次投入方式是指投资行为集中一次发生在项目计算期第一个年度的年初或年末。

2. 分次投入方式

分次投入方式是指投资行为涉及两个或两个以上年度，或虽然只涉及一个年度但同时在该年的年初或年末发生。

二、现金流量的概念

(一) 现金流量的概念

现金流量简称为现金流(cash flow)，在一般情况下，投资决策中的现金流量通常指现金净流量(net cash flow, NCF)，也称净现金流量。它是投资项目在其计算期内各项现金流入量与现金流出量的统称。它是评价投资项目是否可行时必须事先计算的一个基础性数据，是计算项目决策评价指标的主要依据。

其用公式表示为

$$NCF = 现金流入量 - 现金流出量$$

项目投资的现金流量与会计上的现金流量有很大区别：首先，项目投资的现金流量是针对投资项目而不是针对会计期间的，而会计上的现金流量是针对会计期间的；其次，这里的"现金"是广义的现金，它不仅包括各种货币资金，而且还包括项目需要投入的企业现有的非货币资源的变现价值。例如，一个项目需要使用原有的厂房、设备和材料等，则相关的现金流量是指它们的变现价值。

(二) 现金流量在项目投资决策中运用的意义

在对项目投资进行决策时，以现金流量而不是会计利润作为项目投资的重要价值信息，这主要是出于以下考虑。

首先，现金流量信息所揭示的是未来期间现实货币资金的收支运动，可以序时动态地反映投资项目的现金流出与现金流入之间的投入产出关系，有利于考虑资金的时间价值因素，便于决策者更完整、准确、全面地评价投资项目的经济效益。

其次，利用现金流量指标作为反映项目效益的信息，可以避免利润指标的相关性差、可比性差的不足。利润指标是按照财务会计的权责发生制原则计算的，由于不同的投资项目可以采取不同的固定资产折旧方法、存货估价方法或费用摊销方法，从而导致不同项目的利润额缺乏可比性，其利润信息的相关性差、透明度不高。而现金流量指标是在收付实现制的基础上对实际现金流入与现金流出的估计，不同的固定资产折旧方法、存货估价方法以及费用摊销方法并不会影响项目的现金流量，从而提高了项目信息的透明度与可比性。

再次，利用现金流量信息，排除了内部周转等非现金收付的资本运动形式，从而简化了有关投资决策评价指标的计算过程。

最后，由于现金流量信息与项目计算期的各个时点密切结合，有助于在进行投资决策时，运用资金时间价值计算相关决策指标进行动态投资效果的综合评价。

(三) 确定现金流量的假设

为便于确定现金流量的具体内容，简化现金流量的计算过程，本章特做以下假设。

(1) 财务可行性假设。在估计现金流量时，假设投资决策是从企业投资者的立场出发，投资决策者确定现金流量就是为了进行项目的财务可行性研究；假设该项目已经具备国民经济可行性和技术可行性。

(2) 全投资假设。在确定项目的现金流量时，投资决策者只考虑全部投资的运动情况，而不具体区分权益资本和借入资金等具体形式的现金流量，即使实际存在借入资金也将其作为权益资本对待。这表明当以借入资金进行投资时，其所发生的利息将不需要考虑。如果在估计的利润额中已经扣除了利息，那么在计算现金流量时，需要按此利润进行调整，将已支付的利息重新加上。

(3) 时点指标假设。为便于利用资金时间价值的形式，不论现金流量具体内容所涉及的价值指标实际上是时点指标还是时期指标，均假设按照年初或年末的时点指标处理。其中，建设投资在建设期内有关年度的年初或年末发生，营运资本投资则在建设期末发生，经营期内各年的收入、成本、折旧、摊销、利润、税金等项目的确认均在年末发生,项目最终报废或清理均发生在终结点。

(4) 确定性假设。在估计项目的现金流量时,假设与项目现金流量有关的价格、产销量、成本水平、所得税税率等因素均为已知常数。在本章后面部分,我们将会放宽此假设,介绍在不确定情况下的现金流量及其估计。

三、项目投资现金流量的计算

(一) 现金流量

项目投资中的现金流量根据其流动方向可以分为现金流出量、现金流入量和净现金流量三种。

1. 现金流出量

一个项目投资的现金流出量是指该项目投资所引起的现金流出的增加额,通常包括以下内容。

(1) 建设投资。建设投资往往是项目投资在建设期内最重要的一项现金流出,它可能是一次性支出,也可能是分几次支出。建设投资主要包括固定资产投资、无形资产投资、开办费投资等项目。

(2) 垫支的营运资金。项目除了会在建设期间发生大量的固定资产投资支出以外,通常还需要在投产后垫支一部分营运资金。这些资金是由于项目投资引起的,应列入该项目的现金流出量,这些资金一经投入,便在整个投资期限内围绕企业的生产经营活动进行周而复始的循环周转,直至整个项目终结时才能退出并被收回,转作他用。

(3) 付现成本费用。付现成本费用是指在项目的运营期间内为满足正常的生产经营活动而付现的成本费用,它是项目在生产经营阶段最主要的现金流出项目。

(4) 各种税费支出。各种税费支出主要是指项目在生产经营期内应缴纳的营业税、消费税、土地增值税、资源税、城市维护建设税和教育费附加等税金所导致的现金流出。

2. 现金流入量

一个项目投资的现金流入量是指该项目投资所引起的现金流入的增加额,通常包括以下内容。

(1) 营业收入。营业收入是指项目投产后所增加的销售收入,在假设所有的收入都以现金方式实现的情况下,营业收入即可代替现金流入。

(2) 回收固定资产残值收入。回收固定资产残值收入是指在项目出售或报废时固定资产的变卖所导致的净现金流入,它既包括变卖固定资产余值的收入,也包括由于固定资产残值与税法规定的数额不等时,处理固定资产对所得税的影响额。

(3) 回收垫支的营运资金。项目出售或报废时,垫支的营运资金可以收回以作他用,因此,回收的营运资金应作为该项目的一项现金流入。

3. 净现金流量

净现金流量(net cash flow, NCF)是指一定期间内现金流入量和现金流出量的差额。当现金流入量大于现金流出量时，净现金流量为正值；反之，净现金流量为负值。

(二) 现金流量的计算

1. 建设期现金流量的估算

1) 长期资产投资

建设期的长期资产投资内容主要包括以下几点。

(1) 固定资产投资。固定资产投资主要发生于项目初期，通过购买直接用于生产或安装的各种生产设备、厂房等而发生，主要包括固定资产的购建成本、安装费和运费等。

(2) 无形资产投资。无形资产投资是指对预计使用年限较长、并不存在实物形态的有关长期资产所进行的投资决策，如外购商誉、专利或专有技术等。

(3) 其他投资。其他投资主要是指除固定资产和无形资产以外的投资，比如职工培训等。

2) 垫支的流动资金

垫支的流动资金是指项目投产前后分次或一次投放于流动资产上的资金增加额。垫支流动资金的投资行为既可以发生在建设期内，也可以发生在经营期内，一般可假定在建设期末，已将一定数额的流动资金筹措到位，且各年垫支的流动资金投资额的合计应等于在终结点一次回收的流动资金。其公式为

$$某年流动资金投资额(垫支数) = 本年流动资金需用数 - 上年流动资金需用数$$

$$本年流动资金需用数 = 本年流动资产需用数 - 本年流动负债可用数$$

建设期的现金流量主要由固定资产、无形资产类的长期投资和期初垫资的营运资金构成。

$$建设期某年现金净流量(NCF_t) = -该年原始投资额 \quad (t = 0, 1, 2, \ldots, n, n \geq 0)$$

2. 经营期现金流量的计算

营业现金流量计算方法：

直接法：

$$营业现金流量 = 营业收入 - 付现成本 - 所得税$$

分算法：

$$营业现金流量 = 税后收入 - 税后付现成本 + 折旧与摊销 \times 所得税税率$$
$$= 收入 \times (1 - 所得税税率) - 付现成本 \times (1 - 所得税税率) + 折旧与摊销 \times 所得税税率$$

$$营业现金流量 = 营业收入 - 付现成本 - 所得税$$
$$= 税后营业利润 + 非付现成本$$
$$= 税后收入 - 税后付现成本 + 非付现成本抵税$$
$$= 收入 \times (1 - 所得税税率) - 付现成本 \times (1 - 所得税税率) + 非付现成本 \times 所得税税率$$

(三) 所得税和折旧对现金流量的影响

由于所得税是企业的一种现金流出，它的大小取决于利润大小和税率高低，而利润大小受折旧方法的影响，因此，讨论所得税问题必然会涉及折旧问题。

1. 税后成本和税后收入

凡是可以减免税负的项目，实际支付额并不是真实的成本，而应将以此而减少的所得税考虑进去。扣除了所得税影响以后的费用净额，称为税后成本，其计算公式为

$$税后成本=支出金额×(1-所得税税率)$$

与税后成本相对应的概念是税后收入。由于所得税的作用，企业营业收入中有一部分会流出企业，企业实际得到的现金流入是税后收入，其计算公式为

$$税后收入=收入金额×(1-所得税税率)$$

这里所说的"收入金额"是指根据税法规定需要纳税的收入，不包括项目结束时收回垫支资金等现金流入。

2. 折旧的税盾作用

我们都知道，加大成本会减少利润，从而使所得税减少。如果不计提折旧，企业的所得税将会增加许多。所以，折旧可以起到减少税负的作用，这种作用被称为"折旧抵税"或折旧的"税盾作用"。

【例 6-1】假设甲公司和乙公司全年的销售收入和付现费用均相同，所得税税率为 25%。两者的区别是甲公司有一项计提折旧的资产，每年折旧额相同。两家公司的现金流量表如表 6-1 所示。

表6-1 甲、乙公司现金流量表

折旧的"税盾作用"

单位：元

项目	甲公司	乙公司
销售收入	20 000	20 000
费用：		
付现营业费用	10 000	10 000
折旧	3 000	0
合计：	13 000	10 000
税前净利	7 000	10 000
所得税(25%)	1 750	2 500
税后净利	5 250	7 500
营业现金流入：		
净利润	5 250	7 500
折旧	3 000	0
合计：	8 250	7 500
甲公司比乙公司多出的现金		750

甲公司税后净利虽然比乙公司少 2250 元，但现金净流入却多出 750 元，其原因在于有 3000 元的折旧计入成本，使应税所得减少 3000 元，从而少纳税 750 元(3000×25%)，这笔现金保留在企业，不必缴出，从增量分析的观点来看，由于增加了一笔 3000 元的折旧，使企业获得 750 元的现金流入。所以，折旧的"税盾作用"可以按下式计算：

$$税负减少额 = 折旧额 \times 所得税税率$$

3. 税后现金流量

投资决策中的税后现金流量，从其发生时点上看包括初始现金流量、营业现金流量和终结现金流量。

初始现金流量是指开始投资时发生的现金流量，包括投资在固定资产上的资金和投资的营运资金两部分，如固定资产投资、开办费、垫支的营运资金等，这部分现金流量一般是现金流出量。

营业现金流量是指投资项目投入使用后，在其寿命周期内由于生产经营所带来的现金流入和流出的数量。项目在其寿命周期内既会产生现金流入也会产生现金流出，营业现金流量是现金流入减去现金流出后的净现金流量。

终结现金流量是指投资项目结束时所发生的现金流量，主要包括回收固定资产的残值收入和回收垫支的流动资金等。

在加入所得税的因素以后，营业现金流量的计算主要有三种方法。

1) 直接法

根据现金流量的定义，所得税是一种现金支付，应当作为每年营业现金流量的一个减项。所以，营业现金流量可以按以下公式计算：

$$营业现金流量 = 现金流入量 - 现金流出量$$
$$= 营业收入 - 付现成本 - 所得税$$

项目的付现成本是指在当期经营过程中以现金支付的成本费用，与付现成本相对应的概念是非付现成本，即在当期经营过程中不需要用现金支付的成本，一般包括固定资产的折旧、无形资产的摊销额、开办费的摊销额以及全投资假设下经营期间发生的借款的利息支出等项目。

假设所有的非付现成本只有折旧这一项，那么付现成本和营业成本之间的关系为

$$付现成本 = 营业成本 - 折旧$$

以上公式可以进一步扩展为

$$营业现金流量 = 营业收入 - (总成本 - 非付现成本) - 所得税$$

2) 间接法

企业每年现金增加来自两个主要方面：一是当年增加的净利；二是计提的折旧，以现金形式从销售收入中扣回，留在企业里。此时，营业现金流量可以按以下公式计算：

$$营业现金流量 = 税后净利润 + 折旧$$

根据第一种计算方法及其分析，我们可以推导出这个计算公式：

$$营业现金流量 = 营业收入 - 付现成本 - 所得税$$
$$= 营业收入 - (营业成本 - 折旧) - 所得税$$
$$= 营业收入 - 营业成本 - 所得税 + 折旧$$
$$= 税后净利润 + 折旧$$

3) 根据所得税对收入和折旧的影响计算

根据前面讲到的税后成本、税后收入和折旧的税盾作用可知，由于所得税的影响，现金流

量并不等于项目实际的收支金额。所以，根据第二种计算方法还可以推导出以下公式：

$$\text{营业现金流量} = \text{税后净利润} + \text{折旧}$$
$$= (\text{营业收入} - \text{营业成本}) \times (1 - \text{所得税税率}) + \text{折旧}$$
$$= (\text{营业收入} - \text{付现成本} - \text{折旧}) \times (1 - \text{所得税税率}) + \text{折旧}$$
$$= (\text{营业收入} - \text{付现成本}) \times (1 - \text{所得税税率}) + \text{折旧} \times \text{所得税税率}$$

【例 6-2】 已知 A 公司某年的全部营业收入为 100 000 元，其营业成本为 70 000 元，其中付现成本为 50 000 元，折旧为 20 000 元。如果所得税税率为 25%，请计算该公司的营业现金流量。

【解析】 该公司应缴纳的所得税为

所得税税额 = $(100\ 000 - 70\ 000) \times 25\% = 7500(元)$

该公司的税后净利润 = $(100\ 000 - 70\ 000) \times (1 - 25\%) = 22\ 500(元)$

我们分别用三种方法来计算其营业现金流量。

(1) 营业现金流量 = 营业收入 - 付现成本 - 所得税
$$= 100\ 000 - 50\ 000 - 7500 = 42\ 500(元)$$

(2) 营业现金流量 = 税后净利润 + 折旧
$$= 22\ 500 + 20\ 000 = 42\ 500(元)$$

(3) 营业现金流量 = (营业收入 - 付现成本) × (1 - 所得税税率) + 折旧 × 所得税税率
$$= (100\ 000 - 50\ 000) \times (1 - 25\%) + 20\ 000 \times 25\% = 42\ 500(元)$$

由此可见，用这三种方法计算的结果是一致的，但三种方法中最常用的是第三种计算方法，因为企业的所得税是根据企业总利润计算的，在决定某个项目是否投资时，我们往往使用差异分析法来确定现金流量，并不知道整个企业的利润及与此有关的所得税，这就妨碍了第一种和第二种方法的使用。第三种方法并不需要知道企业的利润是多少，使用起来比较方便。

如果例 6-2 中的营业收入与付现成本都不变，而折旧变为 25 000 元，那么其税后净利润为

$$(100\ 000 - 50\ 000 - 25\ 000) \times (1 - 25\%) = 18\ 750(元)$$

而其营业现金流量变为

$$(100\ 000 - 50\ 000) \times (1 - 25\%) + 25\ 000 \times 25\% = 43\ 750(元)$$

从以上计算中我们可以发现，折旧的计提在减少企业税后净利的同时增加其税后现金流量，这主要是因为多提折旧可以减少应纳税额，减少企业的现金流出。该公司增加的 1250 元的税后现金流量正是多提的 5000 元折旧带来的节税额，也就是我们所说的折旧的"税盾作用"，即

$$5000 \times 25\% = 1250(元)$$

4. 终结点净现金流量的计算

终结点的净现金流量应该计入经营期的最后一年，主要包括以下两点。

(1) 固定资产的残值收入或变价收入。项目终了，企业一般都会对固定资产进行清理，固定资产的变现价值除去清理费用和需要上缴的税费以后，就是固定资产的残值收入，这是企业

的一项现金流入。

(2) 垫资的流动资金的回收额。项目建设期初垫资的流动资金,在项目终结时需要回收以作他用,由于该部分资金是企业内部流转的,不涉及所得税的影响,所以属于企业内部的现金流入。

所以,在项目的终结点的净现金流量就是该年现金流入量减去该年现金流出量,简化公式为

终结点净现金流量(NCF_n)=回收固定资产变价净收入+垫资的流动资金回收额

第三节 项目投资决策评价指标及其计算

一、投资决策评价指标及其类型

企业在进行项目投资决策时,使用的决策指标可分为两类:一类是非贴现指标,即不考虑货币的时间价值的指标,主要包括静态投资回收期和会计收益率等;另一类是贴现指标,即考虑了货币的时间价值的指标,主要包括净现值、现值指数以及内含报酬率等。根据评价指标的分类,投资项目的评价方法也可以分为非贴现方法和贴现方法。

二、非贴现现金流量指标

非贴现方法不考虑货币的时间价值,把不同时间的货币收支看成是等效的。非贴现方法主要包括静态投资回收期法和会计收益率法,这些方法在进行项目投资决策时起辅助作用。

(一) 静态投资回收期法

静态投资回收期(payback period,PP)是在不考虑货币时间价值的因素下,收回原始投资所需要的时间,它是一种以投资回收期作为决策指标的投资评价方法。如果项目的回收期小于目标回收期,项目就可被接受,反之,则项目不能被接受。

其计算公式可以表示为

$$\sum_{t=0}^{PP} NCF_t = 0$$

式中:NCF 为各年净现金流量;PP 为投资回收期。

(1) 每年净现金流量相等。如果投资项目各年的净现金流量相等,可以采用简化的方法计算,计算公式为

$$静态投资回收期 = \frac{投资额}{年净现金流量}$$

(2) 每年净现金流量不相等。如果投资项目各年的净现金流量不相等,要计算各期累计的净现金流量,然后同原始投资额比较,确定回收期的大致期间,再用内插法计算具体的回收期。

$$PP = n + \frac{第n年的尚未收额}{第(n+1)年的净现金流量}$$

式中：n 表示收回原始投资的前一年。

【例 6-3】设某企业有两个投资方案，方案各自所需的投资额均为 12 000 元，各个方案在各年所能提供的净现金流量如表 6-2 所示，计算两个方案的静态投资回收期。

表6-2　各个方案的净现金流量　　　　　　　　　　　　　　　　　　　　　单位：元

时间	第1年	第2年	第3年	第4年
方案A	5500	5000	4500	4000
方案B	4500	4500	4500	4500

由于 A 方案各年的净现金流量不相等，可以先计算各年累计净现金流量，如表 6-3 所示。

表6-3　静态投资回收期的计算　　　　　　　　　　　　　　　　　　　　　单位：元

期间	现金流量	累计现金流量
0	-12 000	-12 000
第1年	5 500	-6 500
第2年	5 000	-1 500
第3年	4 500	3 000
第4年	4 000	7 000

【解析】从表 6-3 中看出，方案 A 的回收期在第 2 年和第 3 年之间，在第 2 年年末，还有 1500 元未收回，而第 3 年的现金流量为 4500 元，因此，收回投资的前一年(n)为第 2 年，其回收期为

$$PP = 2 + \frac{1500}{4500} = 2.33(年)$$

由于方案 B 的年净现金流量相等，所以可以采用简化的方法计算其静态投资回收期。

$$静态投资回收期 = \frac{12\,000}{4500} = 2.67(年)$$

静态投资回收期法的指导思想是回收期越短，企业收回原始投资越快，可使企业保持较强的流动性，强调尽快收回投资，因此被一些小企业或流动性较差的企业看重。

但是，静态投资回收期法没有考虑资金的时间价值，也没有考虑多期现金流量中包含的风险，尤其是对回收期后的现金流量不予考虑，企业对投资项目的选择容易出现短期行为，有时还会做出错误的决策，因此，静态投资回收期法应与净现值法配合使用，在净现值为正的情况下，再根据回收期来选择流动性高的投资项目。

(二) 会计收益率法

会计收益率法(accounting rate of return，ARR)是以平均会计收益率作为决策指标的一种投

资评价方法。会计收益率又称为投资报酬率,是指年平均净收益与年平均投资额的比值。其计算公式如下:

$$ARR = \frac{年平均净收益}{年平均投资额} \times 100\%$$

式中:

$$年平均投资额 = \frac{原始投资额}{2}$$

平均会计收益率的评价标准是投资者期望的投资报酬率或者是项目的资本成本,如果当年的平均会计收益率大于期望的投资报酬率或项目的资本成本,则该投资方案是可行的,而且平均会计收益率越大,投资方案越好。

【例6-4】现有一投资方案,其投资额为 10 000 元,其第1~4 年的净收益分别为3000 元、2500 元、2000 元和1500 元,计算该方案的会计收益率。

【解析】

该方案的年平均净收益计算如下:

$$\frac{3000 + 2500 + 2000 + 1500}{4} = 2250(元)$$

该方案的会计收益率为

$$ARR = \frac{2250}{5000} \times 100\% = 45\%$$

会计收益率法最大的优点是简单明了,易于理解和掌握。但是这种方法也有明显的缺点。首先,它没有考虑货币时间价值因素的影响,把不同时期的货币价值等量齐观;其次,该方法只考虑净收益的作用,而没有全面考虑折旧和摊销对净现金流量的影响,不能全面正确地评价投资方案的经济效果。

三、贴现现金流量指标

贴现方法不仅要考虑项目周期内现金流入与现金流出的全部数据,更重要的是它考虑了货币的时间价值。因此,它是比非贴现方法更全面、更科学的评价方法。贴现方法主要包括净现值法、现值指数法、内含报酬率法。

(一) 净现值法

净现值法(Net Present Value,NPV)是使用净现值作为投资项目评价指标的方法。净现值,即项目未来净现金流入量的现值之和与原始投资之间的差额。其计算公式可以表示为

$$NPV = \sum_{t=0}^{n} \frac{NCF_t}{(1+k)^t} = NCF_0 + \frac{NCF_1}{(1+k)^1} + \frac{NCF_2}{(1+k)^2} + \cdots + \frac{NCF_n}{(1+k)^n}$$

式中:NPV 为投资项目的净现值;n 为投资涉及的年限;NCF 为 t 年的现金流量;k 为项

目的贴现率。

净现值法是将所有未来现金流入和流出都要按预定贴现率折算为它们的现值,然后再计算它们的差额。这种方法就是根据净现值的正、负来判断项目是否可以投资。如果净现值为正数,即 NPV>0,说明项目产生的现金流入的现值之和大于现金流出的现值之和,即该投资项目的报酬率大于预定的贴现率,投资该项目会增加股东财富和企业价值,项目可以被接受;如果净现值为负数,即 NPV<0,说明项目产生的现金流入的现值之和小于现金流出的现值之和,投资该项目会减少股东财富和企业价值,项目不能被接受。

【例 6-5】某企业目前有三个投资方案,方案各自所需的投资额均为 12 000 元,各个方案在各年所能提供的净现金流量如表 6-4 所示。当贴现率为 10% 和 20% 时,分别计算各方案的净现值。

表6-4 各个方案在各年所能提供的净现金流量　　　　　　　　　　　　　　　　单位:元

时间 项目	第1年	第2年	第3年	第4年
方案 A	5500	5000	4500	4000
方案 B	4500	4500	4500	4500
方案 C	4000	4500	5000	5500

(1) 当贴现率为 10% 时,各方案的净现值为

$$NPV_A = \sum_{t=0}^{n} \frac{NCF_t}{(1+k)^t} = -12\,000 + \frac{5500}{1.1} + \frac{5000}{1.1^2} + \frac{4500}{1.1^3} + \frac{4000}{1.1^4} = 3245(元)$$

$$NPV_B = \sum_{t=0}^{n} \frac{NCF_t}{(1+k)^t} = -12\,000 + 4500 \times (P/A, 10\%, 4) = 2264(元)$$

$$NPV_C = \sum_{t=0}^{n} \frac{NCF_t}{(1+k)^t} = -12\,000 + \frac{4000}{1.1} + \frac{4500}{1.1^2} + \frac{5000}{1.1^3} + \frac{5500}{1.1^4} = 2869(元)$$

(2) 当贴现率为 20% 时,各方案的净现值为

$$NPV_A = \sum_{t=0}^{n} \frac{NCF_t}{(1+k)^t} = -12\,000 + \frac{5500}{1.2} + \frac{5000}{1.2^2} + \frac{4500}{1.2^3} + \frac{4000}{1.2^4} = 589(元)$$

$$NPV_B = \sum_{t=0}^{n} \frac{NCF_t}{(1+k)^t} = -12\,000 + 4500 \times (P/A, 20\%, 4) = -351(元)$$

$$NPV_C = \sum_{t=0}^{n} \frac{NCF_t}{(1+k)^t} = -12\,000 + \frac{4000}{1.2} + \frac{4500}{1.2^2} + \frac{5000}{1.2^3} + \frac{5500}{1.2^4} = 4(元)$$

计算结果表明,当贴现率为 10% 时,三个方案的净现值都是正数,说明投资方案的报酬率大于贴现率,都在 10% 以上,均是可行性方案;当贴现率为 20% 时,只有方案 A 和方案 C 的净现值是正数,是可行方案,方案 B 的净现值已经小于零,为不可行方案。

通过以上计算,我们发现当现金流量不变时,投资项目的净现值会随着贴现率的变化而变化,两者表现为一种函数关系。事实上,一般情况下,净现值会随着贴现率的增加而下降。

净现值法考虑了项目计算期内各年现金流量的时间价值,具有广泛的适用性,在理论上也

比其他方法更完善。净现值法应用的主要问题是如何确定贴现率，一种方法是根据资本成本来确定；另一种方法是根据投资者要求的必要报酬率来确定。

(二) 现值指数法

现值指数法是利用现值指数(present index，PI)作为评价指标的方法，现值指数也称为获利指数，是项目未来净现金流入量的现值与原始投资的比值，即项目未来现金流入现值与现金流出现值的比值。其计算公式可以表示为

$$PI_A = \frac{PV}{NCF_0} = 1 + \frac{NPV_A}{NCF_0}$$

式中：PV 是项目未来净现金流入量的现值之和。

现值指数法的评价标准是 1，若计算出来的现值指数大于 1，说明项目产生的现金流量的现值超过了期初的投资额，即项目的投资报酬率超过了预定的贴现率，项目可以被接受，反之，若现值指数小于 1，则项目不能被接受。

【例 6-6】根据表 6-4 的资料，计算当贴现率为 10%时三个方案的现值指数。

【解析】当贴现率为 10%时，三个方案的现值指数计算如下：

$$PI_A = 1 + \frac{NPV_A}{NCF_0} = 1 + \frac{3245}{12\,000} = 1.27$$

$$PI_A = 1 + \frac{NPV_A}{NCF_0} = 1 + \frac{2264}{12\,000} = 1.19$$

$$PI_A = 1 + \frac{NPV_A}{NCF_0} = 1 + \frac{2869}{12\,000} = 1.24$$

根据计算，A、B、C 三个方案的现值指数都大于 1，因此三个方案都可以投资。

现值指数可以看成是 1 元原始投资可望获得的净收益的现值，它是一个相对数指标，反映投资的效率。现值指数法不仅可以用于独立投资方案的比较，而且使不同方案特别是投资额不同的方案之间也具有可比性，使用范围更广，更能正确地反映各投资方案的经济效果。

(三) 内含报酬率法

内含报酬率法(inner rate of return，IRR)是根据项目本身的报酬率来对方案进行评价的一种方法。内含报酬率又称为内部收益率，它是指能够使未来现金流入量的现值等于现金流出量的现值的一个贴现率，或者说是使投资项目的净现值为零的贴现率。其计算公式可以表示为

$$\sum_{t=0}^{n} \frac{NCF_t}{(1+IRR)^t} = 0$$

净现值法和现值指数法虽然考虑了货币的时间价值，可以说明投资方案高于或低于某一特定的投资报酬率，但没有揭示方案本身可以达到的具体的报酬率是多少。内含报酬率是根据方案的现金流量计算的，是方案本身的投资报酬率。

内含报酬率法的评价标准是投资者期望的投资报酬率或企业的资本成本。如果计算出的内含报酬率大于企业的资本成本或投资者期望的投资报酬率，说明该项目的报酬率超过了投资者

所要求的必要报酬率，能增加企业价值，则该项目可以接受。如果内含报酬率小于资本成本或必要报酬率，则该项目不能增加企业价值，不能被接受。

内含报酬率的计算通常采用"逐步测试法"。首先估计一个贴现率，用它来计算项目的净现值，如果净现值为正，说明项目本身的内含报酬率超过了估计的贴现率，需提高贴现率来进一步测试；如果净现值为负，则说明项目本身的内含报酬率低于估计的贴现率，应降低贴现率再进行测试，直到计算出项目的净现值为零时的贴现率即为该项目的内含报酬率。

【例6-7】R公司拟进行一项固定资产的投资，所需资金为200万元，该固定资产使用寿命10年，按直线法折旧，预计投产后每年的净现金流量为40万元。企业要求的必要报酬率是10%，要求用内含报酬率法对该项目的可行性进行分析。

【解析】

$$NPV = -200 + 40 \times (P/A, i, 10)$$

令 $NPV = 0$，得到

$$(P/A, i, 10) = 5$$

通过查 $n=10$ 的年金系数表，找到与5接近的两个年金现值系数，如表6-5所示，再利用插值法可以得到：

表6-5　年金系数表数据

折现率	年金现值系数
15%	5.0188
i	5
16%	4.8332

$$\frac{15\% - i}{15\% - 16\%} = \frac{5.0188 - 5}{5.0188 - 4.8332}$$

$$i = 15.1\%$$

由于该方案的内含报酬率15.1%大于要求的必要报酬率10%，所以该方案可行。

内含报酬率法考虑了货币的时间价值，能够反映项目本身的获利能力。但是，内含报酬率法假定各个项目在其全过程内是按各自的内含报酬率进行再投资而形成增值，这一假定具有较大的主观性，缺乏客观的经济依据。

第四节　项目投资决策分析评价指标的运用

一、独立方案财务可行性评价及投资决策

在财务管理中，我们将一组互相分离、互不排斥的方案称为独立方案。在独立方案中，选择某一个方案并不排斥选择另一个方案，就一组完全独立的方案而言，投资所需的资金、人力、

物力均无限制,每一方案是否可行仅取决于本方案的经济效益,与其他方案无关。

对于独立方案而言,评价其财务可行性也就是对其做出最终决策的过程。我们可以通过以下方法进行决策。

1) 完全具备财务可行性

当一个独立项目满足净现值 NPV≥0,现值指数 PI≥1,内含报酬率 IRR≥期待报酬率 i,包括建设期的投资回收期 PP≤$n/2$,不包括建设期的投资回收期 PP≤营运期 $p/2$,会计收益率 ARR≥i,则表明该项目完全具备财务可行性。

2) 完全不具备财务可行性

当一个独立项目净现值 NPV<0,现值指数 PI<1,内含报酬率 IRR<期待报酬率 i,包括建设期的投资回收期 PP>$n/2$,不包括建设期的投资回收期 PP>$p/2$,会计收益率 ARR<i,则表明该项目完全不具备财务可行性,企业可以放弃该投资项目。

3) 基本具备财务可行性

当一个独立项目满足主要指标的可行区间(净现值 NPV≥0,现值指数 PI≥1,内含报酬率 IRR≥期待报酬率 i,包括建设期的投资回收期 PP>$n/2$),但是不满足辅助指标的可行区间(不包括建设期的投资回收期 PP>$p/2$,ARR<i),则表明该项目基本具备财务可行性。

4) 基本不具备财务可行性

当一个独立项目净现值 NPV<0,现值指数 PI<1,内含报酬率 IRR<期待报酬率 i,则表明该项目基本不具备财务可行性。

二、互斥方案的投资决策

互斥方案是指互相关联、互相排斥的方案,即一组方案中的各个方案彼此可以互相代替,采纳某一方案,就会自动排斥这组方案中的其他方案。例如,某企业拟增加一条生产线,所需设备既可以自己制造,也可以向国内其他厂家订购,还可以从国外进口,那么,这一组设备购置方案就为互斥方案,因为在这三个方案中,只能选择其中一个方案。

(一) 净现值法

如果多个互斥方案在具有财务可行性前提下,原始投资额相同且计算期也相等,就适用净现值法进行投资决策。

【例 6-8】某电影制片厂拟投资拍摄一部电影,初始投资额为 1000 万元,现有 A、B、C、D 四部电影可供投资,经测算它们的净现值分别为 1900 万元、1990 万元、1850 万元、2100 万元。要求用净现值法对四部电影进行可行性分析。

【解析】

因为 A、B、C、D 四部电影的净现值都大于零,所以都具有财务可行性,在进行决策的时候,根据净现值的大小进行优劣排序:D>B>A>C。

(二) 现值指数法

现值指数法是利用计算的现值指数,选出指数最大的项目作为决策标准的一种决策方法。

【例 6-9】A、B 为互斥项目,它们的项目计算期相同。A 项目原始投资为 150 万元,净现值为 29.97 万元；B 项目原始投资为 100 万元，净现值为 24 万元。

要求：用现值指数法在 A 和 B 之间做出比较决策。

【解析】

$$PI_A = 1 + \frac{29.97}{150} = 1.2$$

$$PI_B = 1 + \frac{24}{100} = 1.24$$

用现值指数法进行判断时，现值指数最大的 B 方案更优。

(三) 差额投资内部报酬率法

所谓差额投资内部报酬率法，是指对两个原始投资额不同但项目计算期相同的方案，计算其差额净现金流量，在此基础上计算其净现值。其决策标准是差额内部报酬率指标如果大于或等于基准报酬率，就选择原始投资额大的方案。

【例 6-10】某企业进行一项投资，有 A、B 两个备选方案，有关现金流量及差量现金流量如表 6-6 所示，该企业资本成本率为 12%。

要求：运用差额投资内部报酬率法进行决策。

表6-6　A、B方案现金流量及差量现金流量　　　　　　　　　　单位：元

项目	0	1	2	3	4
A 现金流	−26 900	10 000	10 000	10 000	10 000
B 现金流	−55 960	20 000	20 000	20 000	20 000
B−A	−29 060	10 000	10 000	10 000	10 000

【解析】

(1) 根据表 6-6 可知：$\Delta NCF_0 = -29\,060(元)$

$$\Delta NCF_{1-4} = 10\,000(元)$$

(2) 计算差额内部报酬率。

$(\Delta P/A, \Delta IRR, 4) = 29\,060 \div 10\,000 = 2.906$

查表可知：$(P/A, 14\%, 4) = 2.9137$，$(P/A, 15\%, 4) = 2.8550$

运用插值法计算得出：

$$\frac{\Delta IRR - 14\%}{15\% - 14\%} = \frac{2.906 - 2.9137}{2.855 - 2.9137}$$

$\Delta IRR = 14.13\%$

(3) 做出决策。

因为 $\Delta IRR = 14.13\%$，大于企业资本成本率 12%，所以应当选择 B 方案。

(四) 等额年金法

当面对两个原始投资额不同，项目计算期也不同的项目时，应使用等额年金法。等额年金法是将投资项目在计算期内总的净现值转化为每年的等额年金，根据等额年金的大小选择最优

项目的决策方法。其计算公式为

$$等额年金 = \frac{净现值}{年金现值系数}$$

【例6-11】现有甲、乙两个机床购置方案，要求的最低投资报酬率为10%。甲机床投资额10 000元，可用2年，无残值，净现值为3888元。乙机床投资额20 000元，可用3年，无残值，净现值为4870元。

要求：用等额年金法决策最优方案。

【解析】

(1) 甲方案

$$年金净流量 = 3888/(P/A, 10\%, 2) = 3888 \div 1.7355 = 2240(元)$$

(2) 乙方案

$$年金净流量 = 4870/(P/A, 10\%, 3) = 4870 \div 2.4869 = 1958(元)$$

所以甲方案优于乙方案。

三、多个方案的比较决策

对于多个方案组合排队的投资决策，在资金总量受到限制时，则需按照净现值率或者现值指数的大小排队，从中选择使得净现值之和最大的最优组合。因为PI越高，说明等额投资带来的净现值越大，企业应优先选择。组合排队法的最终目标是选出能使各方案净现值总额达到最大的组合。具体程序如下。

(1) 以各方案现值指数的大小为准排序，现值指数最大的排在第一位，其他依次排列，逐次计算累计投资额，并与限定的投资总额进行比较。

(2) 如果截止到第 j 个项目时，累计投资总额恰好等于限定的投资总额，则第1个至第 j 个项目的组合就是最优投资组合。

(3) 若在排序过程中未能找到最优组合，还应按下列方法进行必要的修正。

① 当排序中发现第 j 项的累计投资额首次超过限定投资额，而删除该项后，顺延的项目的累计投资额却小于或等于限定投资额时，可将第 j 项与第 $j+1$ 项交换位置，计算其累计投资额。这种交换可连续进行。

② 当排序中发现第 j 项的累计投资额首次超过限定投资额，又无法与下一项交换，可将第 j 项与第 $j-1$ 项交换位置，继续计算累计投资额。这种交换也可以连续进行。

③ 若经过反复交换，已不能再进行交换时，仍不能找到能使累计投资额恰好等于限定投资额的项目组合，可按最后一次交换后的项目组合作为最优组合。

总之，多方案比较决策的主要依据，就是能否保证在充分利用资金的前提下，获得尽可能多的净现值总量。

【例6-12】某企业现有以下13个投资项目可供选择，如表6-7所示。若13个项目都投资，需要初始投资近200万元，但该企业规定的资本限额为130万元。

要求：请问应选择哪几个投资项目？

表6-7 可供选择的投资项目　　　　　　　　　　　　　　　　　　　　单位：元

项目编号	初始投资额	净现值	现值指数
A	437 000	301 500	1.69
B	382 000	214 000	1.56
C	229 000	316 000	2.38
D	188 000	85 000	1.45
E	135 000	124 000	1.92
F	107 000	78 000	1.73
G	93 000	122 000	2.31
H	86 000	95 500	2.11
I	82 000	59 000	1.72
J	70 000	61 000	1.87
K	55 000	21 500	1.39
L	49 000	41 000	1.84
M	38 000	60 000	2.58
合计	1 951 000	1 578 500	

我们首先对这13个项目的现值指数进行排队，如表6-8所示。

表6-8 组合排队法的初选结果　　　　　　　　　　　　　　　　　　　单位：元

项目编号	现值指数	初始投资额	净现值	累计投资额	累计净现值
M	2.58	38 000	60 000	38 000	60 000
C	2.38	229 000	316 000	267 000	376 000
G	2.31	93 000	122 000	360 000	498 000
H	2.11	86 000	95 500	446 000	593 500
E	1.92	135 000	124 000	581 000	717 500
J	1.87	70 000	61 000	651 000	778 500
L	1.84	49 000	41 000	700 000	819 500
F	1.73	107 000	78 000	807 000	897 500
I	1.72	82 000	59 000	889 000	956 500
A	1.69	437 000	301 500	1 326 000	12 580 000
B	1.56	382 000	214 000	1 708 000	1 472 000
D	1.45	188 000	85 000	1 896 000	1 557 000
K	1.39	55 000	21 500	1 951 000	1 578 500

当按顺序进行到项目A时，累计投资额超过了130万元，我们可将项目A和项目B进行交换。交换后的累计投资额为1 271 000元，累计净现值为1 170 500元，如表6-9所示。

表6-9 组合排队法的复选结果 单位：元

项目编号	现值指数	初始投资额	净现值	累计投资额	累计净现值
M	2.58	38 000	60 000	38 000	60 000
C	2.38	229 000	316 000	267 000	376 000
G	2.31	93 000	122 000	360 000	498 000
H	2.11	86 000	95 500	446 000	593 500
E	1.92	135 000	124 000	581 000	717 500
J	1.87	70 000	61 000	651 000	778 500
L	1.84	49 000	41 000	700 000	819 500
F	1.73	107 000	78 000	807 000	897 500
I	1.72	82 000	59 000	889 000	956 500
B	1.56	382 000	214 000	1 271 000	1 170 500
A	1.69	437 000	301 500	1 708 000	1 472 000
D	1.45	188 000	85 000	1 896 000	1 557 000
K	1.39	55 000	21 500	1 951 000	1 578 500

因为投资额并没用完，我们可以考虑换一种交换方式，让项目A和项目I进行交换，通过增大投资来提高净现值，然后再进行多次交换，结果如表6-10所示。

表6-10 组合排队法的最终结果 单位：元

项目编号	现值指数	初始投资额	净现值	累计投资额	累计净现值
M	2.58	38 000	60 000	38 000	60 000
C	2.38	229 000	316 000	267 000	376 000
G	2.31	93 000	122 000	360 000	498 000
H	2.11	86 000	95 500	446 000	593 500
E	1.92	135 000	124 000	581 000	717 500
J	1.87	70 000	61 000	651 000	778 500
L	1.84	49 000	41 000	700 000	819 500
F	1.73	107 000	78 000	807 000	897 500
A	1.69	437 000	301 500	1 244 000	1 199 000
K	1.39	55 000	21 500	1 299 000	1 220 500
I	1.72	82 000	59 000	1 381 000	1 279 500
B	1.56	382 000	214 000	1 763 000	1 493 500
D	1.45	188 000	85 000	1 951 000	1 578 500

结果是累计投资额为1 299 000元，累计净现值为1 220 500元，这个结果高于其他任何组合，因此，企业应选择M、C、G、H、E、J、L、A、K项目进行投资。

【本章小结】

1. 投资是指企业为了在未来取得收益，而向一定对象投放资金的行为。项目投资具有：投资对象是生产性资本资产、影响时间长、投资数额大、变现能力差、投资风险大的特点。

2. 项目投资按照不同的分类标准可以分为：直接投资和间接投资，短期投资和长期投资，对内投资和对外投资，独立项目投资、相关项目投资和互斥项目投资。

3. 项目投资的现金流量计算，我们从项目的建设起始点、营业期、终结点来计算。建设期的现金流量主要包括长期资产投资、垫支的流动资金。营业现金流量有三种计算方法，分别是①直接法：营业现金流量＝现金流入量-现金流出量＝营业收入-付现成本-所得税；②间接法：营业现金流量=税后净利润+折旧；③根据所得税对收入和折旧的影响计算：营业现金流量=税后净利润+折旧=(营业收入-营业成本)×(1-所得税税率)+折旧=(营业收入-付现成本-折旧)×(1-所得税税率)+折旧=(营业收入-付现成本)×(1-所得税税率)+折旧×所得税税率。项目终结点的现金流量的计算主要考虑固定资产的残值收入或变价收入和垫资的流动资金的回收额。

4. 项目投资决策指标分为两类：一类是不考虑货币的时间价值的非贴现指标，主要包括静态投资回收期和会计收益率等；另一类是考虑了货币的时间价值的贴现指标，主要包括净现值、内含报酬率以及现值指数等。

【课后习题】

一、单选题

1. 企业投资可以划分为直接投资和间接投资的分类依据是(　　)。
   A. 按投资活动对企业未来生产经营前景的影响
   B. 按投资对象的存在形态和性质
   C. 按投资活动与企业本身的生产经营活动的关系
   D. 按投资活动资金投出的方向

2. 对于一个(　　)投资项目而言，其他投资项目是否被采纳或放弃，对本项目的决策并无显著影响。
   A. 独立　　　　B. 互斥　　　　C. 互补　　　　D. 不相容

3. 下列各项中，不属于投资项目现金流出量内容的是(　　)。
   A. 固定资产投资　B. 折旧与摊销　C. 无形资产投资　D. 递延资产投资

4. 某投资方案的年营业收入为50 000元，年营业成本为30 000元，其中年折旧额为5000元，所得税税率为25%，该方案的每年营业现金净流量为(　　)元。
   A. 16 250　　　B. 20 000　　　C. 15 000　　　D. 43 200

5. 下列计算营业现金净流量的公式中，正确的是(　　)。
   A. 营业现金净流量＝税后营业利润+非付现成本
   B. 营业现金净流量＝(营业收入-付现成本)×(1-所得税税率)+非付现成本
   C. 营业现金净流量＝营业收入×(1-所得税税率)-付现成本×(1-所得税税率)-非付现成本×(1-所得税税率)

D. 营业现金净流量 = 营业收入×(1-所得税税率)-付现成本×(1-所得税税率)+非付现成本×(1-所得税税率)

6. 对于单一项目来说，(   )说明该项目是可行的。
   A. 方案的实际投资报酬率高于所要求的报酬率
   B. 方案的实际投资报酬率低于所要求的报酬率
   C. 方案的年现金净流量小于0
   D. 净现值是负数

7. 下列各项关于净现值的计算公式，正确的是(   )。
   A. 未来现金净流量现值减去原始投资额现值
   B. 未来现金净流量现值除以原始投资额现值
   C. 未来现金净流量现值等于原始投资额现值时的折现率
   D. 未来现金净流量现值除以年金总现值

8. 已知某项目的现金净流量分别为：$NCF_0=-100$ 元，$NCF_1=0$ 元，$NCF_{2\sim6}=200$ 元，投资人要求的报酬率为 10%，则该项目的净现值为(   )元。[已知：$(P/A,10\%,5)=3.7908$；$(P/F,10\%,1)=0.9091$]
   A. 658.16 B. 589.24 C. 489.16 D. 689.24

9. 净现值法和年金净流量法共同的缺点是(   )。
   A. 不能直接用于对寿命期不同的互斥方案进行决策
   B. 没有考虑货币的时间价值
   C. 无法利用全部现金净流量的信息
   D. 不便于对原始投资额不相等的独立投资方案进行决策

10. 已知某投资项目按 14%的贴现率计算的净现值大于零，按 16%的贴现率计算的净现值小于零，则该项目的内含报酬率肯定(   )。
    A. 大于14%，小于16%   B. 小于14%
    C. 等于15%   D. 大于16%

二、多选题

1. 按投资活动资金投出的方向，可以将企业投资划分为(   )。
   A. 对内投资   B. 对外投资   C. 直接投资   D. 间接投资

2. 下列各项中，会影响项目终结期的现金流量的有(   )。
   A. 最后一期的营业现金净流量   B. 固定资产的变价净收入
   C. 垫支的营运资金的收回   D. 营业期间的现金流量

3. 下列项目投资决策评价指标中，一般作为净现值法辅助方法的有(   )。
   A. 年金净流量法   B. 内含报酬率法   C. 现值指数法   D. 投资回收期法

4. 已知 A、B 两个独立投资方案，方案 A 的原始投资额现值为 30 000 元，未来现金净流量现值为 31 500 元，净现值为 1500 元；方案 B 的原始投资额现值为 3000 元，未来现金净流量现值为 4200 元，净现值为 1200 元，则下列说法正确的有(   )。
   A. 应当采用净现值法进行比较   B. 应当采用现值指数法进行比较
   C. A方案优于B方案   D. B方案优于A方案

5. 一般情况下用来评价独立投资方案的指标有( )。
   A. 净现值　　　　B. 年金净流量　　C. 现值指数　　　D. 内含报酬率
6. 下列各项财务评价指标中，属于动态评价指标的有( )。
   A. 净现值　　　　B. 现值指数　　　C. 静态回收期　　D. 内含报酬率
7. 内含报酬率是指( )。
   A. 投资报酬与总投资的比值
   B. 能使未来现金净流量现值等于原始投资额现值的贴现率
   C. 未来现金净流量现值与原始投资额现值的比值
   D. 使投资方案净现值为零的贴现率
8. 已知某企业预计进行项目投资，要求的必要报酬率为12%，该投资项目的净现值为20万元，则下列对该投资项目评价指标表述中，正确的有( )。
   A. 内含报酬率大于12%　　　　　B. 现值指数大于1.2
   C. 回收期小于寿命期的一半　　　D. 年金净流量大于零

三、判断题

1. 项目投资决策中所使用的现金是指各种货币资金。（   ）
2. 某投资项目的固定资产投资额为100万元，无形资产投资额为20万元，流动资金投资额为10万元，建设期资本化利息为5万元，则该投资项目的原始总投资额为135万元。（   ）
3. 净现值法适用于原始投资额相同，但寿命期不相同的多方案的比较决策。（   ）
4. 年金净流量指标的结果大于零，说明每年平均的现金流入能抵补现金流出。（   ）
5. 现值指数是未来现金净流量现值与原始投资额现值之比，是一个相对数指标，反映了投资效益。（   ）

四、计算分析题

1. 某企业进行一项固定资产投资，在建设起点一次投入80万元，建设期为1年，该资产从银行贷款，建设期按10%利率计算利息。该项目的生产经营期为8年，报废时预计净残值4万元。在生产经营期，每年营业收入为30万元，付现营业成本为13万元，所得税率为25%。
   要求：计算各年净现金流量。

2. 某企业拟进行一项固定资产投资，资本成本率为6%，该项目的现金流量表(部分)如表6-11所示：

表6-11　现金流量表(部分)　　　　　　　　　　　　　　　　　单位：万元

年份 项目	投资期		营业期					合计
	0	1	2	3	4	5	6	
现金净流量	-1000	-1000	100	1000	(B)	1000	1000	2900
累计现金净流量	-1000	-2000	-1900	(A)	900	1900	2900	-
现金净流量现值	-1000	-943.4	(C)	839.6	1425.8	747.3	705	1863.3
累计现金净流量现值	-1000	-1943.4	-1854.4	-1014.8	(D)	1158.3	1863.3	-

要求：

(1) 计算上表中用英文字母表示的数值。

(2) 计算或确定下列指标：

①原始投资额现值；②净现值；③年金净流量；④现值指数；⑤静态回收期；⑤动态回收期。

(3) 利用年金净流量指标评价该项目的财务可行性。[已知：$(P/A, 6\%, 6) = 4.9173$]。

3. 丁公司准备投产一条生产线，已知该生产线需 2 年建成，开始时一次性投入 200 万元。该生产线建成投产时，需垫支营运资金 50 万元。该生产线可使用 8 年，残值率为 5%，每年可获得税前营业利润 120 万元，该企业要求的最低报酬率为 10%，适用的所得税税率为 25%。(计算结果保留两位小数)[已知：$(P/A, 10\%, 7) = 4.8684$，$(P/F, 10\%, 2) = 0.8264$，$(P/F, 10\%, 10) = 0.3855$]

要求：

(1) 计算每年现金净流量。

(2) 计算丁公司的净现值。

(3) 判断是否应该投产该生产线。

第七章

营运资本管理

【知识目标】
1. 了解营运资本的基本内容和特点。
2. 理解企业持有现金的动机和最佳现金持有量的确定方法。
3. 了解应收账款日常管理的内容,掌握信用政策的制定。
4. 了解存货的内容、特点、存货管理的重要性,理解存货持有的成本,能够运用经济批量订货模型进行存货规划。
5. 了解企业营运资本的筹集,掌握放弃现金折扣成本的计算。

📖 **案例导入**

华盟公司营运管理

华盟公司各部门目前都存在一定的怨言,主要包括采购部门成员的抱怨:财务部门特别抠门,每次采购资金都不能足额、及时提供,导致自己不能进行大批量采购,很难享受到供应商给的数量折扣,而且每次还得向供应商请求一些赊购,然而别的企业采购人员,每次采购的数量不仅多,还是付现款,供应商都求着他们;仓储部门抱怨:生产这么多产品,已经库存近半年了,每个月管理费用都多得不得了;销售部门抱怨:生产部门总是让人担心,每次交货都是快到合同期了,一旦哪次没有及时完成生产,订单就得泡汤,还会造成客户的不信任;生产部门抱怨:仓库每次都不能及时发料;财务部门抱怨:销售总是回款太慢,有些应收账款逾期快半年,销售部门也不管,反正我们是没有时间和人力去收。

(资料来源:会计学习网.)

请思考:
1. 针对公司各部门存在的抱怨,请分析公司的日常营运管理存在哪些问题?
2. 谈谈你对生产部门工作的认识。
3. 谈谈你对财务部门工作的认识。

第一节 营运资本管理概述

一、营运资本的含义

营运资本是指投入日常经营活动(营业活动)的资本,是企业流动资产和流动负债的总称。流动资产减去流动负债的余额称为净营运资本。营运资本管理包括流动资产管理和流动负债管理。

(一) 流动资产

流动资产是指可以在一年内或超过一年的一个营业周期内变现或耗用的资产。流动资产具有占用时间短、周转快、易变现等特点。企业拥有较多的流动资产,可在一定程度上降低财务风险,流动资产在资产负债表上主要包括以下项目:货币资金、交易性金融资产、应收票据、应收账款、预付账款和存货。

流动资产按不同的标准可进行不同的分类,常见的分类方式如下。

(1) 按占用形态不同,流动资产可以分为现金、交易性金融资产、应收账款、预付账款和存货等。

(2) 按在生产经营过程中所处的环节不同,流动资产可以分为生产领域中的流动资产、流通领域中的流动资产以及其他领域中的流动资产。

(3) 按盈利能力不同,流动资产可以分为收益性流动资产和非收益性流动资产。收益性流动资产是指可以直接给企业带来收益的各种流动资产,包括短期资产、商品、应收账款、应收票据等。企业将资产投放于这类流动资产,其目的主要是为了取得收益,提高企业的整体经济效益。非收益性流动资产是指不能直接给企业带来收益的流动资产,包括现金、银行存款、预付账款、其他应收款等。这类流动资产虽然不能给企业带来明显的收益,但它是维持企业正常生产经营活动,加速资金循环和周转的基础与前提。

(二) 流动负债

流动负债是指需要在一年或者超过一年的一个营业周期内偿还的债务。流动负债又称短期融资,具有成本低、偿还期短的特点,必须认真进行管理,否则将使企业承受较大的风险。流动负债主要包括以下项目:短期借款、应付票据、应付账款、应付职工薪酬、应交税费及未分配利润等。

流动负债按不同的标准可有不同的分类,常见的分类方式如下。

(1) 以应付金额是否确定为标准,流动负债可以分为应付金额确定的流动负债和应付金额不确定的流动负债。应付金额确定的流动负债是指那些根据合同或法律规定到期必须偿付并有确定金额的流动负债,如短期借款、应付票据、应付短期融资券等。应付金额不确定的流动负债是指那些要根据企业生产经营状况,到一定时期或具备一定条件时才能确定的流动负债,或应付金额需要估计的流动负债,如应交税费、应付产品质量担保债务等。

(2) 以流动负债的形成情况为标准,流动负债可以分为自然性流动负债和人为性流动负债。

自然性流动负债是指不需要正式安排，由于结算程序或有关法律法规的规定等原因而自然形成的流动负债。人为性流动负债是指由财务人员根据企业对短期资金的需求情况，通过人为安排所形成的流动负债，如短期银行借款等。

(3) 以是否支付利息为标准，流动负债。可以分为有息流动负债和无息流动负债。当流动资产大于流动负债时，营运资金是正值，表示流动负债提供了部分流动资产的资金来源，另外的部分是由长期资金来源支持的，而这部分资金就是营运资金。企业持有一定的营运资金是很有必要的，这是因为企业在管理过程中客观地存在现金流入量与现金流出量不同步与不确定的情况。营运资金越多，则企业不能偿还短期债务的风险越小。由此可见，营运资金的多少可以反映偿还短期借款的能力。但过多地持有营运资金，又会降低企业的收益。因此，企业应当合理地配置公司的营运资金，使营运资金的数量控制在一个合理的范围内。

二、营运资本的特点

营运资本的特点需从流动资产和流动负债两个方面予以说明。

(一) 流动资产的特点

流动资产投资又称经营性投资，与固定资产相比有以下特点。

1. 投资回收期短

投资于流动资产的资本一般在一年或一个营业周期内收回，对企业影响的时间比较短。因此，流动资产投资所需要的资金一般可通过商业信用、短期银行借款等加以解决。

2. 流动性

流动资产在循环周转过程中，经过供产销三个阶段，其占用形态不断变化，即按现金、材料、在产品、产成品、应收账款、现金的顺序转换。流动性使流动资产的变现能力较强。如企业遇意外情况，可迅速变卖流动资产，以获取现金。这对于财务上满足临时性资金需求具有重要意义。

3. 并存性

在流动资产周转过程中，企业每天不断有资金流入，也有资金流出。资金的流入和流出要占用一定的时间，从供产销的某一瞬间看，各种不同形态的流动资产同时存在。因此，合理地配置流动资产各项目的比例，是保证流动资产得以顺利周转的必要条件。

(二) 流动负债的特点

与长期负债融资相比，流动负债融资具有以下特点。

1. 速度快

申请短期借款往往比申请长期借款更容易、更便捷，通常在较短时间内便可获得。长期借款的借贷时间长、贷款风险大、贷款人需要对企业的财务状况评估后方能做出决定。因此，当企业急需资金时，往往首先寻求短期借款。

2. 弹性高

与长期债务相比，短期贷款给债务人更大的灵活性。长期债务的债权人为了保护自己的利益往往要在债务契约中对债务人的行为加以种种限制，使债务人丧失某些经营决策权。短期借款契约中的限制条款比较少，使企业有更大的经营自由。对于季节性企业，短期借款比长期借款具有更大的灵活性。

3. 成本低

在正常情况下，短期负债筹资所发生的利息支出低于长期负债筹资的利息支出，而某些自然融资，如应付税金、应计费用等，则没有利息负担。

4. 风险大

尽管短期债务的成本低于长期债务，但其风险却大于长期债务。这主要表现在两个方面：一方面长期债务的利息相对比较稳定，即在相当长一段时间内保持不变，而短期债务的借款利率则随市场利率的变化而变化，时高时低，使企业难以适应；另一方面，如果企业过多筹措短期债务，当债务到期时，企业不得不在短期内筹措大量资金还债，这极易导致企业财务状况恶化，甚至会因无法及时还债而破产。

三、营运资本持有策略

企业需要评估营运资本管理中的风险与收益，制定流动资产的投资策略和融资策略。实际上，财务管理人员在营运资本管理方面必须做两项决策：一是需要拥有多少流动资产；二是为需要的流动资产融资。在实践中，这两项决策一般同时进行，相互影响。

(一) 流动资产的投资策略

由于销售水平、成本、生产时间、存货补给时间(从订货到交货的时间)、顾客服务水平、收款和支付期限等方面存在不确定性，所以流动资产的投资决策至关重要。企业经营的不确定性和风险忍受程度决定了流动资产的存量水平，表现为在流动资产账户上的投资水平。流动资产账户通常随着销售额的变化而立即变化。销售的稳定性和可预测性反映了流动资产投资的风险程度。销售额越不稳定，越不可预测，则投资于流动资产上的资金就应越多，以保证有足够的存货和应收账款占用来满足生产经营和顾客的需要。

企业必须选择与其业务需要和管理风格相符合的流动资产投资策略。如果企业管理政策趋于保守，就会选择较高的流动资产水平，保证更高的流动性(安全性)，但盈利能力也更低。如果管理者偏向于为了更高的盈利能力而愿意承担风险，那么企业将保持一个低水平的流动资产与销售收入比率。

1. 流动资产投资策略的两种基本类型

1) 紧缩的流动资产投资策略

在紧缩的流动资产投资策略下，企业维持低水平的流动资产与销售收入比率。需要说明的是，这里的流动资产通常只包括生产经营过程中产生的存货、应收账款以及现金等生产性流动资产，而不包括股票、债券等金融性流动资产。紧缩的流动资产投资策略可以节约流动资产的持有成本，如节约持有资金的机会成本，但与此同时可能伴随着更高风险。这些风险表现为更严格的应收账款信用政策和较低的存货占用水平，以及缺乏现金用于偿还应付账款等。但是，只要不可预见的事件没有损坏企业的流动性而导致严重的问题发生，紧缩的流动资产投资策略就会提高企业效益。

采用紧缩的流动资产投资策略，无疑对企业的管理水平有较高的要求。因为一旦失控，流动资产的短缺会对企业的经营活动产生重大影响。根据最近几年的研究，美国、日本等一些发达国家企业的流动资产比率呈现越来越小的趋势。这并不意味着企业对流动性的要求越来越低，而主要是因为在流动资产管理方面，尤其是应收账款与存货管理方面，取得了一些重大进展。存货控制JIT(just in time，准时制生产方式)系统，又称为适时管理系统，便是其中一个突出代表。

2) 宽松的流动资产投资策略

在宽松的流动资产投资策略下，企业通常会维持高水平的流动资产与销售收入比率。也就是说，企业将保持高水平的现金和有价证券、高水平的应收账款(通常给予客户宽松的付款条件)和高水平的存货(通常源于补给原材料或不愿意因为产成品存货不足而失去销售)。在这种策略下，由于较高的流动性，企业的财务与经营风险较低。但是，过多的流动资产投资，无疑会使企业承担较大的流动资产持有成本，提高企业的资金成本，降低企业的收益水平。

流动资产投资策略的总结如表7-1所示：

表7-1 流动资产投资策略表

流动资产投资策略	衡量	特点
保守型流动资产投资策略	流动资产/收入比率、高	流动资产持有成本高，短缺成本低，风险低
激进型流动资产投资策略	流动资产/收入比率、低	流动资产持有成本低，短缺成本高，风险高
适中型流动资产投资策略	流动资产/收入比率、适中	流动资产持有成本适中，短缺成本适中，风险适中

2. 如何制定流动资产投资策略

首先，制定流动资产投资策略时需要权衡的是资产的收益性与风险性。增加流动资产投资会增加流动资产的持有成本，降低资产的收益性，但会提高资产的流动性。反之，减少流动资产投资会降低流动资产的持有成本，增加资产的收益性，但资产的流动性会降低，短缺成本会增加。因此，从理论上说，最优的流动资产投资应该是流动资产的持有成本与短缺成本之和最低。其次，制定流动资产投资策略时还应充分考虑企业经营的内外部环境。通常，银行和其他借款人对企业流动性水平非常重视。因为流动性是这些债权人确定信用额度和借款利率的主要依据之一。他们会考虑应收账款和存货的质量，尤其是当这些资产被用来当作一项贷款的抵押品时。

(二) 流动资产的融资策略

企业对流动资产的需求数量，一般会随着产品销售的变化而变化。例如，产品销售季节性很强的企业，当销售处于旺季时，流动资产的需求一般会更旺盛，可能是平时的几倍；当销售处于淡季时，流动资产需求一般会减弱，可能是平时的几分之一；即使当销售处于最低水平时，也存在对流动资产最基本的需求。在企业经营状况不发生大的变化的情况下，流动资产的最基本的需求具有一定的刚性和相对稳定性,我们可以将其界定为流动资产的永久性水平。当销售发生季节性变化时,流动资产将会在永久性水平的基础上增加或减少,因此,流动资产可以被分解为两部分:永久性部分和波动性部分。检验各项流动资产变动与销售之间的相关关系,将有助于我们较准确地估计流动资产的永久性和波动性部分,便于我们制定出应对流动资产需求的融资策略。

从以上分析可以看出,流动资产的永久性水平具有相对稳定性,是一种长期的资金需求,需要通过长期负债融资或权益性资金解决;而波动性部分的融资则相对灵活,最经济的办法是通过低成本的短期融资解决其资金需求,如1年期以内的短期借款或发行短期融资券等融资方式。

融资策略主要取决于管理者的风险导向,此外它还受到利率在短期、中期、长期负债之间的差异的影响。财务人员必须知道如下两种融资方式的融资成本哪个更为昂贵:一是连续地从银行或货币市场借款;二是通过获得一个固定期限贷款或通过资本市场获得资金,从而将融资成本锁定在中期或长期的利率上。

融资决策分析可以划分为期限匹配融资策略、保守融资策略、激进融资策略。

1. 期限匹配融资策略

在期限匹配融资策略中,永久性流动资产和非流动性资产以长期融资方式(负债或股东权益)融通,波动性流动资产用短期来源融通。这意味着,在给定的时间,企业的融资数量反映了当时的波动性流动资产的数量。当波动性资产扩张时,信贷额度也会增加,以便支持企业的扩张。当资产收缩时,就会释放出资金,以偿还短期借款。具体表现如图7-1所示。

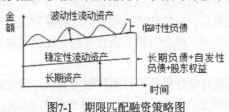

图7-1 期限匹配融资策略图

资金来源的有效期与资产的有效期匹配。这种匹配只是一种战略性的观念匹配,而不要求实际金额完全匹配。实际上,企业也做不到完全匹配,其原因如下。

(1) 企业不可能为每一项资产按其有效期配置单独的资金来源,只能分为短期来源和长期来源两大类统筹安排筹资。

(2) 企业必须有所有者权益筹资。它是无限期的资本来源,而资产总是有期限的,不可能完全匹配。

(3) 资产的实际有效期是不确定的,而还款期是确定的,必然会出现不匹配。

2. 保守融资策略

在保守融资策略中,长期融资支持非流动性资产、永久性流动资产和部分波动性流动资产。企业通常以长期融资来源为波动性流动资产的平均水平融资,短期融资仅用于融通剩余的波动性流动资产,融资风险较低。具体表现如图7-2所示。这种策略通常最小限度地使用短期融资,但由于长期负债成本高于短期负债成本,就会导致融资成本较高,收益较低。如果长期负债以固定利率为基础,而短期融资方式以浮动或可变利率为基础,则利率风险可能降低。因此,这是一种风险低、成本高的融资策略。

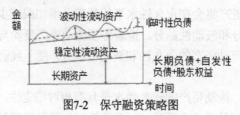

图7-2 保守融资策略图

3. 激进融资策略

在激进融资策略中,企业以长期负债和权益为所有的固定资产融资,仅对一部分永久性流动资产使用长期融资方式融资。短期融资方式支持永久性流动资产和所有的临时性流动资产。具体表现如图 7-3 所示。这种策略观念下,通常使用更多的短期融资。短期融资方式通常比长期融资方式具有更低的成本。然而,过多地使用短期融资会导致较低的流动比率和较高的流动性风险。

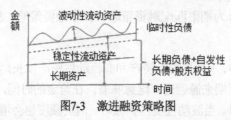

图7-3 激进融资策略图

由于经济衰退、企业竞争环境的变化以及其他因素,企业必须面对业绩惨淡的经营年度。当销售下跌时,存货将不会那么快就能转换成现金,这将导致现金短缺。曾经及时支付的顾客可能会延迟支付,这进一步加剧了现金短缺。企业可能会发现它对应付账款的支付已经超过信用期限。

在这种环境下,企业需要与银行重新签订短期融资协议,但此时企业对于银行来说似乎很危险。银行可能会向企业索要更高的利率,从而导致企业在关键时刻筹集不到急需的资金。

企业依靠大量的短期负债来解决目前的困境,这会导致企业每年都必须更新短期负债协议而产生更多的风险。签协议可以弱化这种风险。例如,多年期(通常 3～5 年)滚动信贷协议,这种协议允许企业以短期为基础进行借款。这种类型的借款协议不像传统的短期借款那样会降低流动比率。另外,企业还可以利用衍生融资产品来对紧缩投资政策的风险进行套期保值。

第二节 现金的管理

一、现金管理的概念

现金有广义、狭义之分。广义的现金是指在生产经营过程中以货币形态存在的资金,包括库存现金、银行存款和其他货币资金等。狭义的现金仅指库存现金。这里所讲的现金是指广义的现金,保持合理的现金水平是企业现金管理的重要内容。现金是变现能力最强的资产,可以用来满足生产经营开支的各种需要,也是还本付息和履行纳税义务的保证。拥有足够的现金对于降低企业的风险,增强企业资产的流动性和债务的可清偿性有着重要的意义。但库存现金是唯一的不创造价值的资产,对其持有量不是越多越好。即使是银行存款,其利率也非常低。因此,现金存量过多,它所提供的流动性边际效益便会随之下降,从而使企业的收益水平下降。除了应付日常的业务活动之外,企业还需要拥有足够的现金偿还贷款、把握商机以及防止不时之需。企业必须建立一套管理现金的方法,持有合理的现金数额,使其在时间上继起,在空间上并存。企业必须编制现金预算,以衡量企业在某段时间内的现金流入量与流出量,以便在保证企业经营活动所需现金的同时,尽量减少企业的现金数量,提高资金收益率。

二、持有现金的动机

持有现金是出于三种动机:交易性动机、预防性动机和投机性动机。

(一) 交易性动机

企业的交易性动机是企业为了维持日常周转及正常商业活动所需持有的现金额。企业每日都在发生许多支出和收入,这些支出和收入在数额上的不相等及时间上的不匹配使企业需要持有一定现金来调节,以使生产经营活动能持续进行。在许多情况下,企业向客户提供的商业信用条件和其从供应商那里获得的信用条件不同,使企业必须持有现金。如供应商提供的信用条件是 30 天付款,而企业迫于竞争压力,则向客户提供 45 天的信用期,这样,企业必须筹集够 15 天的营运资金来维持企业运转。另外,企业业务的季节性要求企业逐渐增加存货以等待季节性的销售高潮。这时,一般会发生季节性的现金支出,企业现金余额下降,之后又随着销售高潮到来,存货减少,而现金又逐渐恢复到原来的水平。

(二) 预防性动机

预防性动机是指企业需要维持充足现金,以应付突发事件。这种突发事件可能是政治环境变化,也可能是企业的某大客户违约导致企业突发性偿付等。尽管财务主管试图利用各种手段来较准确地估算企业需要的现金数,但这些突发事件会使原本很好的财务计划失去效果。因此,企业为了应付突发事件,有必要维持比日常正常运转所需金额更多的现金。为应付意料不到的现金需要,企业掌握的现金额取决于:①企业愿冒缺少现金风险的程度;②企业预测现金收支可靠的程度;③企业临时融资的能力。尽可能减少风险的企业倾向于保留大量的现金余额,以应付其交易性需求和大部分预防性需求。另外,企业会与银行维持良好关系,以备现金短缺之需。

(三) 投机性动机

投机性动机是企业为了抓住突然出现的获利机会而持有的现金,这种机会大都是一闪即逝的。如证券价格的突然下跌,企业若没有用于投机的现金,就会错过这一机会。

除了上述三种基本的持有现金的动机以外,还有许多企业是将现金作为补偿性余额来持有的。补偿性余额是企业同意保持的账户余额,它是企业对银行所提供借款或其他服务的一种补偿。

三、最佳现金持有量的确定

(一) 成本分析模式

成本分析模式强调持有现金是有成本的,最优的现金持有量是使得现金持有成本最小的持有量。成本分析模式考虑的现金持有成本包括以下项目。

1. 机会成本

现金的机会成本是指企业因持有一定现金余额丧失的再投资收益,再投资收益是企业不能同时用该现金进行有价证券投资所产生的机会成本,这种成本在数额上等于资金成本,例如,某企业的资本成本为10%,年均持有现金50万元,则该企业每年的现金机会成本为5(50×10%)万元。放弃的再投资收益即机会成本属于变动成本,它与现金持有量的多少密切相关,即现金持有量越大,机会成本越大,反之就越少。

2. 管理成本

现金的管理成本是指企业因持有一定数量的现金而发生的管理费用,如管理者工资、安全措施费用等。一般认为这是一种固定成本,这种固定成本在一定范围内和现金持有量之间没有明显的比例关系。

3. 短缺成本

现金的短缺成本是指在现金持有量不足,又无法及时通过有价证券变现加以补充所给企业造成的损失,包括直接损失与间接损失。现金的短缺成本随现金持有量的增加而下降,随现金持有量的减少而上升,即与现金持有量负相关。

成本分析模式是根据现金有关成本,分析预测其总成本最低时现金持有量的一种方法,其计算公式为

$$最佳现金持有量=\min(管理成本+机会成本+短缺成本)$$

其中,管理成本属于固定成本,机会成本是正相关成本,短缺成本是负相关成本。因此,成本分析模式是要找到机会成本、管理成本和短缺成本所组成的总成本曲线中最低点所对应的现金持有量,把它作为最佳现金持有量,如图7-4所示。

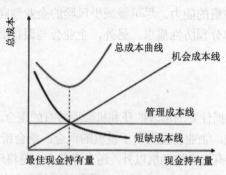

图7-4 成本分析模式示意图

在实际工作中运用成本分析模式确定最佳现金持有量的具体步骤如下。
(1) 根据不同的现金持有量测算并确定有关成本数值。
(2) 按照不同的现金持有量及其有关成本资料编制最佳现金持有量测算表。
(3) 在测算表中找出总成本最低时的现金持有量，即最佳现金持有量。

成本分析模式下的最佳现金持有量也可用编制货币资金持有成本分析表来确定，如表 7-2 所示。

表7-2　某企业货币资金持有成本分析表　　　　　　　　　　　　　　　单位：元

现金持有量	机会成本	管理成本	短缺成本	相关总成本
20 000	2 400	5 000	4 000	11 400
40 000	4 800	5 000	2 000	10 800
60 000	7 200	5 000	1 000	13 200
80 000	9 600	5 000	0	14 600
100 000	12 000	5 000	0	17 000

由表可知，该企业持有 40 000 元现金为最佳现金持有量，持有总成本最小。

(二) 存货分析模式

由上可知，企业平时持有较多的现金，会降低现金的短缺成本，但也会增加现金占用的机会成本，而平时持有较少的现金，则会增加现金的短缺成本，却能减少现金占用的机会成本。如果企业平时只持有较少的现金，在有现金需要时(如手头的现金用尽)，通过出售有价证券换回现金(或从银行借入现金)，既能满足现金的需要，避免短缺成本，又能减少机会成本。因此，适当的现金与有价证券之间的转换，是企业提高资金使用效率的有效途径。这与企业奉行的营运资金政策有关。采用宽松的投资政策，保留较多的现金则转换次数少。如果经常进行大量的有价证券与现金的转换，则会加大转换交易成本。因此，如何确定有价证券与现金的每次转换量是一个需要研究的问题。这可以应用现金持有量的存货模式解决。

现金持有量的存货模式又称鲍曼模型，是威廉·鲍曼提出的用以确定目标现金持有量的模型。企业每次以有价证券转换回现金是要付出代价的(如支付经纪费用)，这被称为现金的交易成本。现金的交易成本与现金转换次数、每次的转换量有关。假定现金每次的交易成本是固定的，在企业一定时期现金使用量确定的前提下，每次以有价证券转换回现金的金额越大，企业平时持有的现金量便越高，转换的次数便越少，现金的交易成本就越低。反之，每次转换回现金的金额越低，企业平时持有的现金量便越低，转换的次数会越多，现金的交易成本就越高。这时，现金交易成本与持有量成反比。在现金成本构成示意图上，可以将现金的交易成本与现金的短缺成本合并为同一条曲线，反映与现金持有量相关的总成本。这样，现金的成本构成可重新表现，如图 7-5 所示。

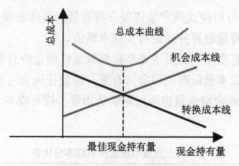

图7-5 现金成本构成示意图

存货分析模式是借用存货管理经济批量公式来确定最佳现金持有量的一种方法,这一模式的使用有以下假定。

(1) 企业在某一段时期内需用的货币资金已事先筹措得到,并以短期有价证券的形式存放在证券公司内。

(2) 企业对货币资金的需求是均匀、稳定、可知的,可通过分批抛售有价证券来取得。

(3) 短期有价证券利率稳定、可知。

(4) 每次将有价证券变现的交易成本可知。

在存货分析模式下有两项相关成本:机会成本和转换成本,我们要寻求的是两项成本之和最低时的现金持有量,假设 TC 为存货分析模式下的相关总成本;T_1 为相关的转换成本;T_2 为相关的机会成本;N 为最佳现金持有量(每次出售有价证券换回的现金数量);i 为有价证券的利息率(机会成本率);T 为一个周期内的现金总需求量;b 为每次出售有价证券的转换成本。

$$总成本 TC = T_1 + T_2 = 交易次数 \times 有价证券每次转换固定成本 + 货币资金平均余额 \times 有价证券利息率$$

具体计算公式如下:

$$平均现金持有量 = \frac{N}{2}$$

$$机会成本 = 平均现金持有量 \times 机会成本率 = \frac{N}{2} \times i$$

$$转换成本 = 转换次数 \times 每次转换费用 = \frac{T}{N} \times b$$

$$相关总成本 = 机会成本 + 转换成本 = \frac{N}{2} \times i + \frac{T}{N} \times b$$

机会成本等于转换成本时成本达到最低。

$$N^* = \sqrt{\frac{2Tb}{i}}$$

从而,相关总成本 $= \sqrt{2Tib}$。

【例7-1】某企业预计1个月内经营所需货币资金约为800万元,准备用短期有价证券变现取得,证券每次交易的固定成本为100元,证券市场年利率为12%。

要求：计算最佳现金持有量及最小相关总成本。

【解析】

最佳现金持有量：

$$N^* = \sqrt{\frac{2 \times 100 \times 8\,000\,000}{12\% \div 12}} = 400\,000(元)$$

最小相关总成本：

$$TC^* = \sqrt{2 \times 100 \times 8\,000\,000 \times 12\% \div 12} = 4000(元)$$

(三) 随机模型(米勒—奥尔模型)

在实际工作中，企业现金流量往往具有很大的不确定性。米勒和奥尔设计了一个在现金流入、流出不稳定情况下确定现金最优持有量的模型。他们假定每日现金净流量的分布接近正态分布，每日现金流量可能低于也可能高于期望值，其变化是随机的。由于现金流量波动是随机的，只能对现金持有量确定一个控制区域，定出上限和下限。当企业现金余额在上限和下限之间波动时，则将部分现金转换为有价证券；当现金余额下降到下限时，则卖出部分证券。这种对现金持有量的控制如图7-6所示。

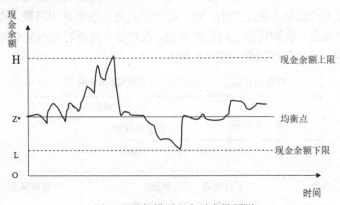

图7-6 随机模型现金需求量预测

图7-6显示了随机模型，该模型有两条控制线和一条回归线。最低控制线 L 取决于模型之外的因素，其数额是由现金管理部经理在综合考虑短缺现金的风险程度、公司借款能力、公司日常周转需要的资金、银行要求的补偿性余额等因素的基础上确定的。回归线 R 可按下列公式计算：

$$R = \sqrt[3]{\frac{3b\delta^2}{4i}} + L$$

式中：b 为证券转换为现金或现金转换为证券的成本；δ 为公司每日现金流变动的标准差；i 为以日为基础计算的现金机会成本。

最高控制线 H 的计算公式为

$$H = 3R - 2L$$

【例7-2】某公司现金部经理决定设 L 值为 10 000 元,估计公司现金流量标准差为 1000 元,持有现金的年机会成本为 15%,换算为 i 值是 0.000 39,b=150 元。根据该模型,可求得:

$$R = \sqrt[3]{\frac{3 \times 150 + 1000 \times 1000}{4 \times 0.000 39}} + 10\,000 = 16\,607(元)$$

该公司目标现金余额为 16 607 元。如现金持有额达到 29 821 元,则买进 13 214 元的证券;若现金持有额降至 10 000 元,则卖出 6607 元的证券。

一方面,运用随机模型求最佳现金持有量符合随机思想,即企业现金支出是随机的,收入是无法预知的,所以,适用于所有企业现金最佳持有量的测算;另一方面,随机模型建立在企业的现金未来需求总量和收支不可预测的前提下,因此,计算出来的现金持有量比较保守。

四、现金收支管理

(一) 现金周转期

为了确定企业的现金周转期,我们首先需要了解营运资金的循环过程。企业要购买原材料,并不是购买原材料的当天就马上付款,这一延迟的时间段就是应付账款周转期。企业对原材料进行加工最终转变为产成品并将之卖出,这一时间段就是应收账款周转期,而现金周转期,就是指介于公司支付现金与收到现金之间的时间段,也就是存货周转期与应收账款周转期之和减去应付账款周转期,具体循环过程如图 7-7 所示。

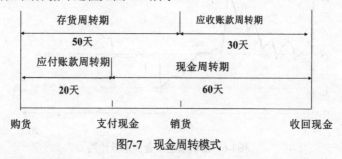

图7-7 现金周转模式

现金周转期用公式来表示就是:

现金周转期＝存货周转期＋应收账款周转期－应付账款周转期

其中

$$存货周转期 = \frac{平均存货}{每天的销货成本}$$

$$应收账款周转期 = \frac{平均应收账款}{每天的销货收入}$$

$$应付账款周转期 = \frac{平均应付账款}{每天的购货成本}$$

所以要减少现金周转期,企业可以从以下方面着手:加快制造与销售产成品来减少存货周转期;加速应收账款的回收来减少应收账款周转期;延缓支付应付账款来延长应付账款周转期。

(二) 收款管理

1. 收账的流动时间

一个高效率的收款系统能够使收款成本和收款浮动期达到最小，同时能够保证与客户汇款及其他现金流入来源相关的信息的质量。收款系统成本包括浮动期成本、管理收款系统的相关费用(如银行手续费)及第三方处理费用或清算相关费用。在获得资金之前，收款在途项目使企业无法利用这些资金，也会产生机会成本。信息的质量包括收款方得到的付款人的姓名、付款的内容和付款时间。信息要求及时、准确地到达收款人一方，以便收款人及时处理资金，做出发货安排。

收款浮动期是指从支付开始到企业收到资金的时间间隔，收款浮动期主要是纸基支付工具导致的，有下列三种类型。

(1) 邮寄浮动期是指从付款人寄出支票到收款人或收款人的处理系统收到支票的时间间隔。

(2) 处理浮动期是指支票的接收方处理支票和将支票存入银行以收回现金所花的时间。

(3) 结算浮动期是指通过银行系统进行支票结算所需的时间。

2. 邮寄的处理

纸基支付收款系统主要有两大类：一类是柜台存入体系；另一类是邮政支付系统。

这里主要讨论企业通过邮政收到顾客或其他商业伙伴支票的支付系统。一家企业可能采用内部清算处理中心或者一个锁箱来接收和处理邮政支付。具体采用哪种方式取决于两个因素：支付的笔数和金额。

企业处理中心处理支票和做存单准备都在企业内进行。这一方式主要为那些收到的付款金额相对较小而发生频率很高的企业所采用(如公用事业企业和保险公司)。企业处理中心最大的优势在于对操作的控制。操作控制有助于以下方面。

(1) 对系统做出调整改变。
(2) 根据公司需要定制系统程序。
(3) 监控并掌握客户服务质量。
(4) 获取信息。
(5) 更新应收账款。
(6) 控制成本。

3. 收款方式的改善

电子支付方式对比纸基(或称纸质)支付方式是一种改进。电子支付方式提供了以下好处。

(1) 结算时间和资金可用性可以预计。
(2) 向任何一个账户或任何金融机构的支付具有灵活性，不受人工干扰。
(3) 客户的汇款信息可与支付同时传送，更容易更新应收账款。
(4) 客户的汇款从纸质方式转向电子方式，减少或消除了收款浮动期，降低了收款成本，收款过程更容易控制，并且提高了预测精度。

(三) 付款管理

现金支出管理的主要任务是尽可能延缓现金的支出时间。当然，这种延缓必须是合理合法的。

1. 使用现金浮游量

现金浮游量是指由于企业提高收款效率和延长付款时间所产生的企业账户上的现金余额和银行账户上的企业存款余额之间的差额。

2. 推迟应付款的支付

推迟应付款的支付是指企业在不影响自己信誉的前提下，充分运用供货方所提供的信用优惠，尽可能地推迟应付款的支付期。

3. 汇票代替支票

汇票分为商业承兑汇票和银行承兑汇票，与支票不同的是，承兑汇票并不是见票即付。这一方式的优点是推迟了企业调入资金支付汇票的实际所需时间。这样企业就只需在银行中保持较少的现金余额，它的缺点是某些供应商可能并不喜欢用汇票付款，银行也不喜欢处理汇票，它们通常需要耗费更多的人力，同支票相比，银行会收取较高的手续费。

4. 改进员工工资支付模式

企业可以为支付工资专门设立一个工资账户，通过银行向职工支付工资。为了最大限度地减少工资账户的存款余额，企业要合理预测开出支付工资的支票到职工去银行兑现的具体时间。

5. 透支

企业开出支票的金额大于活期存款余额，它实际上是银行向企业提供的信用。透支的限额由银行和企业共同商定。

6. 争取现金流出与流入同步

企业应尽量使现金流出与流入同步，这样，就可以降低交易性现金余额，同时可以减少有价证券转换为现金的次数，提高现金的利用效率，节约转换成本。

7. 使用零余额账户

使用零余额账户是指企业与银行合作，保持一个主账户和一系列子账户，企业只在主账户保持一定的安全储备，而在一系列子账户不需要保持安全储备。当从某个子账户签发的支票需要现金时，所需要的资金立即从主账户划拨过来，从而使更多的资金可以另作他用。

企业若能有效控制现金支出，同样可以带来大量的现金结余。控制现金支出的目标是在不损害企业信誉的条件下，尽可能推迟现金的支出。

第三节　应收账款的管理

一、应收账款的功能

企业通过提供商业信用，采取赊销、分期付款等方式可以扩大销售，增强竞争力，获得利润。应收账款作为企业为扩大销售和盈利的一项投资，也会发生一定的成本。所以企业需要在应收账款所增加的盈利和所增加的成本之间进行权衡。应收账款管理就是分析赊销的条件，使赊销带来的盈利增加大于应收账款投资产生的成本增加，最终使企业现金收入增加，企业价值上升。

应收账款的功能指其在生产经营中的作用，主要有以下两个方面。

(一) 增加销售功能

在激烈的市场竞争中，通过提供赊销可有效地促进销售。因为企业提供赊销不仅向顾客提供了商品，也在一定时间内向顾客提供了购买该商品的资金，顾客将从赊销中得到好处，所以赊销会带来企业销售收入和利润的增加。

(二) 减少存货功能

企业持有一定产成品存货时，会相应地占用资金，形成仓储费用、管理费用等，产生成本，而赊销则可避免这些成本的产生。所以，当企业的产成品存货较多时，一般会采用优惠的信用条件进行赊销，将存货转化为应收账款，节约支出。

二、应收账款的成本

应收账款作为企业为增加销售和盈利进行的投资，必然会发生一定的成本。应收账款的成本主要有以下三种。

(一) 应收账款的机会成本

应收账款会占用企业一定量的资金，而企业若不把这部分资金投放于应收账款，便可以用于其他投资并可能获得收益，如投资债券获得利息收入，这种因投放于应收账款而放弃其他投资所带来的收益，即为应收账款的机会成本，应收账款机会成本的计算公式如下：

(1) 应收账款平均余额＝日销售额×信用期间或平均收现期(若顾客主动遵守信用，没有延期付款的则为信用期；如果顾客拖延付款，则为平均收现期)

(2) 应收账款占用资金＝应收账款平均余额×变动成本率

(3) 应收账款占用资金的"应计利息"(即机会成本)

＝应收账款占用资金×资本成本

＝应收账款平均余额×变动成本率×资本成本

＝日销售额×信用期间或平均收现期×变动成本率×资本成本

＝(全年销售额×变动成本率)/360×信用期间或平均收现期×资本成本

＝全年销售变动成本/360×信用期间或平均收现期×资本成本

【例 7-3】 某企业预测的年度赊销收入净额为 4 800 000 元，应收账款周转期(或收账天数)为 60 天，变动成本率为 70%，资金成本率为 10%。要求：计算应收账款的机会成本。

计算分析如下：

应收账款周转率＝360÷60＝6(次)

应收账款平均余额＝4 800 000÷6＝800 000(元)

维持赊销业务所需要的资金＝800 000×70%＝560 000(元)

应收账款机会成本＝560 000×10%＝56 000(元)

(二) 应收账款的管理成本

应收账款的管理成本是指在进行应收账款管理时所增加的费用，主要包括调查顾客信用状况的费用、收集各种信息的费用、账簿的记录费用、收账费用等。

(三) 应收账款的坏账成本

在赊销交易中，债务人由于种种原因无力偿还债务，债权人就有可能无法收回应收账款而发生损失，这种损失就是坏账成本。可以说，企业发生坏账成本是不可避免的，而此项成本一般与应收账款发生的数量成正比。

【例 7-4】续例 7-3，该企业应收账款管理成本为 20 000 元，应收账款的坏账损失率为 1%。要求：计算应收账款总成本。

计算分析如下：

应收账款坏账成本=4 800 000×1%=48 000(元)

应收账款总成本=56 000+48 000+20 000=124 000(元)

三、信用政策

为了确保企业能一致性地运用信用和保证公平性，企业必须保持恰当的信用政策，必须明确地规定信用标准、信用条件和收账政策。

(一) 信用标准

信用标准代表企业愿意承担的最大的付款风险的金额。如果企业执行的信用标准过于严格，可能会降低对符合可接受信用风险标准客户的赊销额，因此会限制企业的销售机会。如果企业执行的信用标准过于宽松，可能会对不符合可接受信用风险标准的客户提供赊销，因此会增加随后还款的风险并增加坏账费用。

1. 信息来源

企业建立分析信用请求的方法时，必须考虑信息的类型、数量和成本。信息既可以从企业内部收集，也可以从企业外部收集。无论信用信息从哪儿收集，都必须将成本与预期的收益进行对比，企业内部产生的最重要的信用信息来源是信用申请人执行信用申请(协议)的情况和企业自己保存的有关信用申请人还款历史的记录。

企业可以使用各种外部信息来源来帮助其确定申请人的信誉。申请人的财务报表是该种信息的主要来源之一。无论是经过审计的还是没有经过审计的财务报表，因为可以将这些财务报表及其相关比率与行业平均数进行对比，所以它们都提供了有关信用申请人的重要信息。

获得申请人付款状况的第二个信息来源是一些商业参考资料或申请人过去获得赊销的供货商。

另外，银行或其他贷款机构(如商业贷款机构或租赁公司)可以提供申请人财务状况和可使用信息额度方面的标准化信息。最后一个信息来源是一些地方性和全国性的信用评级机构收集、评价和报告有关申请人信用状况的历史信息。这些信用报告包括诸如以下内容的信息：还款历史、财务信息、最高信用额度、可获得的最长信用期限和所有未了结的债务诉讼。由于还款状况的信息是以自愿为基础提供给评级机构的，因此评级机构所使用的样本量可能较小并且(或)不能准确反映企业还款历史的整体状况。

2. 5C信用评价系统

信用评价取决于可以获得的信息类型、信用评价的成本与收益，传统的信用评价主要考虑以下五个因素。

(1) 品质。品质是指个人申请人或企业申请人管理者的诚实和正直表现。品质反映了个人或企业在过去的还款中所体现的还款意图和愿望。

(2) 能力。能力反映的是企业或个人在其债务到期时可以用于偿债的当前和未来的财务资源，可以使用流动比率和现金流预测等方法评价申请人的还款能力。

(3) 资本。资本是指如果企业或个人当前的现金流不足以还债，它们在短期和长期内可供使用的财务资源。

(4) 抵押。抵押是指当企业或个人不能满足还款条款时，可以用作债务担保的资产或其他担保物。

(5) 条件。条件是指影响顾客还款能力和还款意愿的经济环境，对申请人的这些条件进行评价以决定是否为其提供信用。

3. 信用的定量分析

企业进行商业信用的定量分析可以从考察信用申请人的财务报表开始。通常使用比率分析法来评价顾客的财务状况，常用的指标有流动性和营运资本比率(如流动比率、速动比率以及现金对负债总额比率)、债务管理和支付比率(利息保障倍数、长期债务对资本比率、带息债务对资产总额比率以及负债总额对资产总额比率)和盈利能力指标(销售回报率、总资产回报率和净资产收益率)。

将这些指标和信用评级机构及其他协会发布的行业标准进行比较可以洞察申请人的信用状况。定量信用评价法常被像百货商场这样的大型零售信用提供商使用。信用评分包括以下四个步骤。

(1) 根据信用申请人的月收入、尚未偿还的债务和过去受雇佣的情况将申请人划分为标准客户和高风险客户。

(2) 对符合某一类型申请人的特征值进行加权平均以确定其信誉值。

(3) 确定明确的同意或拒绝给予信用的门槛值。

(4) 对落在同意给予信用的门槛值或拒绝给予信用的门槛值之间的申请人进行进一步分析。

这些定量分析方法符合成本—效益原则，并且也符合消费者信用方面的法律规定。判断分析是一种规范的统计分析方法，可以有效确定区分按约付款或违约付款顾客的因素。

(二) 信用条件

当我们根据信用标准决定给客户信用优惠时，就需考虑具体的信用条件。信用条件包括信用期限、现金折扣等。

1. 信用期限

信用期限是指企业允许客户从购货到付款之间的时间间隔。信用期限过短不足以吸引顾客,不利于扩大销售;信用期限过长会引起机会成本、管理成本、坏账成本的增加。信用期限优化的要点是延长信用期限增加的销售利润是否超过增加的成本费用。

【例 7-5】某企业预测的 2018 年赊销额为 2400 万元,其信用条件是 $n/30$,变动成本率为 65%,资金成本率(或有价证券利息率)为 10%,收账费用为 24 万元。

该企业准备了三个信用条件的备选方案:

A. 维持 $n/30$ 的信用条件,年赊销额为 2400 万元,收账费用为 24 万元,信用政策坏账比率为 2%。

B. 将信用条件放宽到 $n/60$,年赊销额为 2640 万元,收账费用为 40 万元,信用政策坏账比率为 3%。

C. 将信用条件放宽到 $n/90$,年赊销额为 2800 万元,收账费用为 56 万元,信用政策坏账比率为 5%。

要求:计算各方案下的应收账款机会成本、应收账款总成本,以及通过收益法判断哪个方案是最优方案。

首先,对各个方案的应收账款成本进行分析。

计算分析如表 7-3 所示。

表7-3 不同信用方案应收账款成本分析过程

项目	A方案$n/30$	B方案$n/60$	C方案$n/90$
年赊销售额(万元)	2400	2640	2800
应收账款周转率(次)	12	6	4
应收账款平均余额(万元)	2400÷12=200	2640÷6=440	2800÷4=700
维持赊销业务所需资金(万元)	200×65%=130	440×65%=286	700×65%=455
坏账损失/年赊销售额	2%	3%	5%
坏账损失(万元)	2400×2%=48	2640×3%=79.2	2800×5%=140
收账费用(万元)	24	40	56

其次,计算各个方案的净收益,如表 7-4 所示。

表7-4 不同信用方案应收账款成本分析结果　　　　　　　　　　　　单位:万元

项目	A方案$n/30$	B方案$n/60$	C方案$n/90$
年赊销售额	2400	2640	2800
变动成本	1560	1716	1820
扣除信用成本前收益	840	924	980
信用成本:			
机会成本	130×20%=26	286×20%=57.2	455×20%=91
坏账损失	48	79.2	140
收账费用	24	40	56
净收益	742	747.6	693

最后,判定 B 方案为最优方案。

2. 现金折扣

延长信用期限会增加应收账款的占用额及收账期，从而增加机会成本、管理成本和坏账成本，企业为了既能扩大销售，又能及早收回款项，往往在给客户以信用期限的同时推出现金折扣条款，现金折扣是企业给予客户在规定时期内提前付款能按销售额的一定比率享受折扣的优惠政策，它包括折扣期限和现金折扣率两个要素。"2/10, n/30"表示信用期限为30天，如客户能在10天内付款可享受2%的折扣，超过10天，则应在30天内足额付款。其中10天是折扣期限，2%是现金折扣率，现金折扣本质上是一种筹资行为，因此现金折扣成本是筹资费用而非应收账款成本，在信用条件优化选择中，现金折扣条款能降低机会成本、管理成本和坏账成本，但同时也需付出一定的代价，即现金折扣成本。现金折扣条款有时也会影响销售额(比如有的客户冲着现金折扣条款来购买本企业产品)，造成销售利润的改变。现金折扣成本也是信用决策中的相关成本，在有现金折扣的情况下，信用条件优化的要点是增加的销售利润能否超过增加的机会成本、管理成本、坏账成本和折扣成本四项之和。

$$现金折扣成本 = 赊销净额 \times 折扣期内付款的销售额比例 \times 现金折扣率$$

【例7-6】某企业信用期限为40天，同时向客户提供"2/10, n/40"的现金折扣，该企业销售额为240万元，变动成本为72万元，企业投资报酬率为9%，预计将有销售额为60%的客户在折扣期内付款，收款费用为11.04万元和坏账损失为4.6万元。要求：计算现金折扣下的成本总额。

计算分析如下：

$$平均收账期 = 10 \times 60\% + 40 \times 40\% = 22(天)$$
$$机会成本 = 240 \times 22 \div 360 \times (72 \div 240) \times 9\% = 0.396(万元)$$
$$成本总额 = 0.396 + 11.04 + 4.6 = 16.036(万元)$$

(三) 收账政策

(1) 企业应投入一定收账费用以减少坏账的发生。一般来说，随着收账费用的增加，坏账损失会逐渐减少，但收账费用不是越多越好，因为收账费用增加到一定数额后，坏账损失不再减少，说明在市场经济条件下不可能绝对避免坏账。收账费用投入多少为好，要在权衡增加的收账费用和减少的坏账损失后进行确定。

(2) 企业对客户欠款的催收应做到有理、有利、有节。企业对超过信用期限不多的客户宜采用电话、发信等方式"提醒"对方付款。企业对久拖不还的欠款，应具体调查分析客户欠款不还的原因，如客户确因财务困难而无力支付，则应与客户相互协商沟通，寻求解决问题较理想的办法，甚至对客户予以适当帮助、进行债务重整等；如客户欠款属恣意赖账、品质恶劣，则应逐渐加强催账力度，直至诉诸法律，并将该客户从信用名单中排除。企业应尽量避免对客户的强硬措施，要珍惜与客户之间的友情，以有利于树立企业的良好形象。这样不仅可以争取到更多的回头客，如果日后与客户地位倒置，也能留下回旋的余地。

四、应收账款的监控

实施信用政策时，企业应当监督和控制每一笔应收账款和应收账款总额。例如，企业可以运用应收账款周转天数衡量企业需要多长时间收回应收账款,可以通过账龄分析表追踪每一笔应收账款,可以采用 ABC 分析法来确定重点监控的对象等。

监督每一笔应收账款的原因包括以下几种。

(1) 在开票或收款过程中可能会发生错误或延迟。

(2) 有些客户可能故意拖欠账款,直到企业采取追款行动时才付款。

(3) 客户财务状况的变化可能会改变其按时付款的能力,并且需要缩减该客户未来的赊销额度。

企业也必须对应收账款的总体水平加以监督,因为应收账款的增加会影响企业的流动性,还可能导致额外融资的需要。此外,应收账款总体水平的显著变化可能表明业务方面发生了改变,这可能影响公司的融资需要和现金水平,企业管理部门需要分析这些变化以确定其起因并采取纠正措施。可能引起重大变化的事件包括销售量的变化,季节性、信用标准政策的修改,经济状况的波动以及竞争对手采取了促销活动等。对应收账款总额进行分析还有助于预测未来现金流入的金额和时间。

(一) 应收账款周转天数

应收账款周转天数或平均收账期是衡量应收账款管理状况的一种方法,应收账款周转天数的计算方法为:将期末在外的应收账款除以该期间的平均日赊销额。应收账款周转天数提供了一个简单的指标,将企业当前的应收账款周转天数与规定的信用期限、历史趋势以及行业正常水平进行比较,可以反映企业整体的收款效率。然而,应收账款周转天数可能会被销售量的变动趋势和销售的剧烈波动以及季节性销售所破坏。

【例 7-7】本例提供了一个计算 90 天期应收账款周转天数的基本方法。在没有考虑该期间销售方式的情况下所计算出的平均每日销售额为 3444.44 元。

假设某年 3 月底的应收账款为 285 000 元,信用条件为在 60 天内按全额付清货款,过去三个月的赊销情况为:

1 月:90 000 元;

2 月:105 000 元;

3 月:115 000 元。

应收账款周转天数的计算:

平均日销售额 = (90 000 + 105 000 + 115 000) ÷ 90 = 3444.44(元)

应收账款周转天数 = 期末应收账款 ÷ 平均日销售额 = 285 000 ÷ 3444.44 = 82.74(天)

平均逾期天数的计算:

平均逾期天数 = 应收账款周转天数 − 平均信用期天数 = 82.74 − 60 = 22.74(天)

(二) 账龄分析表

账龄分析表将应收账款划分为未到信用期的应收账款和以 30 天为间隔的逾期应收账款,这是衡量应收账款管理状况的另外一种方法。企业既可以按照应收账款总额进行账龄分析,也可以根据顾客进行账龄分析。账龄分析法可以确定逾期应收账款,随着逾期时间的增加,应收账款收回的可能性变小。假定信用期限为 30 天,表 7-5 中的账龄分析表反映出 30%的应收账款为逾期收款。

表7-5 账龄分析表

账龄	应收账款金额(元)	占应收账款总额的百分比
0～30 天	1 750 000	70%
31～60 天	375 000	15%
61～90 天	250 000	10%
91 天以上	125 000	5%
合计	2 500 000	100%

账龄分析表比计算应收账款周转天数更能揭示应收账款变化趋势，因为账龄分析表给出了应收账款分布的模式，而不仅仅是一个平均数。应收账款周转天数有可能与信用期限一致，但是有一些账户可能拖欠很严重。因此，应收账款周转天数不能明确地表现出账款拖欠情况。当每个月之间的销售额变化很大时，账龄分析表和应收账款周转天数都可能发出类似的错误信号。

(三) 应收账款账户余额的模式

账龄分析表可以用于建立应收账款账户余额的模式，这是重要的现金流预测工具。应收账款账户余额的模式反映一定期间(如一个月)的赊销额在发生赊销的当月月末及随后的各月仍未能偿还的百分比。

企业收款的历史决定了其正常的应收账款账户余额的模式。企业管理部门通过将当前的模式和过去的模式进行对比来评价应收账款账户余额模式的任何变化。企业还可以运用应收账款账户余额的模式来进行应收账款金额水平的计划，衡量应收账款的收账效率以及预测未来的现金流。

(四) ABC分析法

ABC 分析法是现代经济管理中广泛应用的一种"抓重点、照顾一般"的管理方法，又称重点管理法，它将企业的所有欠款客户按其金额的多少进行分类排队，然后分别采用不同的收账策略。它一方面能加快应收账款的收回，另一方面能将收账费用与预期收益联系起来。例如，某企业应收账款逾期金额为 260 万元，为了及时收回逾期账款，企业采用 ABC 分析法来加强应收账款回收的监控。第一类客户逾期金额占 64%，第二类客户逾期金额占 30%，第三类客户占 6%。该企业则认定第一类客户有 5 家为 A 类重点催账对象，第二类客户有 80 家为 B 类催账对象，第三类客户有 40 家为 C 类催账对象。

五、应收账款的日常管理

应收账款的管理难度比较大，企业在确定合理的信用政策之后，还要做好应收账款的日常管理工作，包括对客户的信用调查和分析评价、应收账款的催收工作等。

（一）调查客户信用

信用调查是指收集和整理反映客户信用状况相关资料的工作。信用调查是企业应收账款日常管理的基础，是正确评价客户信用的前提条件。企业对顾客进行信用调查主要通过以下两种方法。

1. 直接调查

直接调查是指调查人员通过与被调查单位进行直接接触，通过当面采访、询问、观看等方式获取信用资料的一种方法。直接调查可以保证收集资料的准确性和及时性，但也有一定的局限性，往往获得的是感性资料，若不能得到被调查单位的合作，则会使调查工作难以开展。

2. 间接调查

间接调查是以被调查单位以及其他单位保存的有关原始记录和核算资料为基础，通过加工整理获得被调查单位信用资料的一种方法，这些资料主要来自以下几个方面。

(1) 财务报表。通过财务报表分析，可以基本掌握一家企业的财务状况和信用状况。

(2) 信用评估机构。利用专门的信用评估机构的优势在于它们的评估方法先进，评估调查细致，评估程序合理，所以可信度较高。

(3) 银行。银行是信用资料的一个重要来源，许多银行都设有信用部，为其顾客服务，并负责对其顾客信用状况进行记录、评估。但银行的资料一般仅在内部及同行间进行交流，而不愿向其他单位提供。

(4) 其他途径。如财税部门、工商管理部门、消费者协会等机构都可能提供相关的信用状况资料。

（二）评估客户信用

收集好信用资料以后，企业就需要对这些资料进行分析、评价。企业一般采用"5C"系统来评价，并对客户信用进行等级划分。在信用等级方面，目前主要有两种：一种是三类九等，即将企业的信用状况分为AAA、AA、A、BBB、BB、B、CCC、CC、C九等，其中AAA为信用最优等级，C为信用最低等级；另一种是三级制，即分为AAA、AA、A三个信用等级。

（三）收款的日常管理

应收账款发生后，企业应采取各种措施，尽量争取按期收回款项，否则款项会因拖欠时间过长而发生坏账，使企业蒙受损失。因此，企业必须在对收账的收益与成本进行比较分析的基础上，制定切实可行的收账政策。通常企业可以采取寄发账单、电话催收、派人上门催收、法律诉讼等方式进行催收应收账款，然而催收账款要发生费用，某些催款方式的费用还会很高。一般来说，收账的花费越大，收账措施越有力，可收回的账款应越多，坏账损失也就越小，因此制定收账政策，要在收账费用和减少坏账损失之间做出权衡。制定有效、得当的收账政策在很大程度上靠有关人员的经验，从财务管理的角度讲，也有一些数量化的方法可以参照，根据应收账款总成本最小化的原则可以通过比较各个收账方案成本的大小对其加以选择。

第四节 存货的管理

一、存货的功能

存货是指企业在生产经营过程中为销售或者耗用而储备的物资，包括材料、燃料、低值易耗品、在产品、半成品、产成品、协作件、商品等。存货管理水平的高低直接影响着企业的生产经营能否顺利进行，并最终影响企业的收益、风险等状况。因此，存货管理是财务管理的一项重要内容。

存货管理的目标，就是要尽量在各种存货成本与存货效益之间做出权衡，在充分发挥存货功能的基础上，降低存货成本，实现两者的最佳组合。存货的功能是指存货在企业生产经营过程中起到的作用，具体包括以下几个方面。

(一) 保证生产正常进行

生产过程中需要的原材料和在产品是生产的物质保证，为保障生产的正常进行，必须储备定量的原材料，否则可能会造成生产中断、停工待料的现象。

(二) 有利于销售

一定数量的存货储备能够增加企业在生产和销售方面的机动性和适应市场变化的能力。当企业市场需求量增加时，若产品储备不足就有可能失去销售良机，所以保持一定数量的存货是有利于市场销售的。

(三) 便于维持均衡生产，降低产品成本

有些企业的产品属于季节性产品或者需求波动较大的产品，此时若根据需求状况组织生产，则可能有时生产能力得不到充分利用，有时又超负荷生产，这会造成产品成本的上升。

(四) 降低存货取得成本

一般情况下，当企业进行采购时，进货总成本与采购物资的单价和采购次数有密切关系，而许多供应商为鼓励客户多购买其产品，往往在客户采购量达到一定数量时，给予价格折扣，所以企业通过大批量集中进货，既可以享受价格折扣，降低购置成本，也因减少订货次数，降低了订货成本，使总的进货成本降低。

(五) 防止意外事件的发生

企业在采购、运输、生产和销售过程中，都可能发生意料之外的事故，保持必要的存货保险储备，可以避免和减少意外事件引起的损失。

二、存货的持有成本

与持有成本有关的存货成本主要包括以下三种。

(一) 取得成本

取得成本是指为取得某种存货而支出的成本,其又分为订货成本和购置成本。

1. 订货成本

订货成本是指取得订单的成本,如办公费、差旅费、邮资、电报电话费、运输费等支出。订货成本中有一部分与订货次数无关,如常设采购机构的基本开支等,称为固定订货成本;另一部分与订货次数有关,如差旅费、邮资等,称为变动订货成本。

2. 购置成本

购置成本是指为购买存货本身所支出的成本,即存货本身的价值,经常用数量与单价的乘积来确定,订货成本加上购置成本就等于存货的取得成本,其公式可表达为

$$取得成本 = 订货成本 + 购置成本 = 固定订货成本 + 变动订货成本 + 购置成本$$

(二) 储存成本

储存成本是指为保持存货而发生的成本,包括存货占用资金所应计的利息、仓库费用、保险费用、存货破损和变质损失等。

储存成本也分为固定成本和变动成本。固定成本与存货数量的多少无关,如仓库折旧、仓库职工的固定工资等;变动成本与存货的数量有关,如存货资金的应计利息、存货的破损和变质损失、存货的保险费用等,用公式表达的储存成本为

$$储存成本 = 固定储存成本 + 变动储存成本$$

(三) 缺货成本

缺货成本是指由于存货供应中断而造成的损失,包括材料供应中断造成的停工损失、产成品库存缺货造成的拖欠发货损失和丧失销售机会的损失及造成的商誉损失等。如果生产企业以紧急采购代用材料解决库存材料中断之急,那么缺货成本表现为紧急额外购入成本。

存货成本分析如图7-8所示。

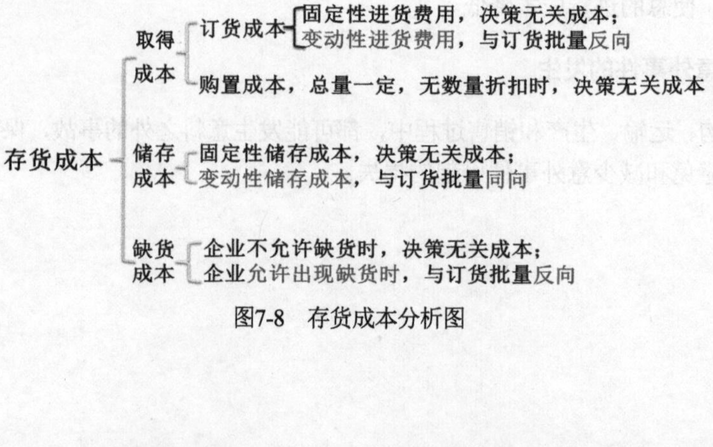

```
                    ┌ 订货成本 ┬ 固定性进货费用,决策无关成本
            取得    │          └ 变动性进货费用,与订货批量反向
            成本    │
                    └ 购置成本 ── 总量一定,无数量折扣时,决策无关成本
存货成本
            储存    ┌ 固定性储存成本,决策无关成本;
            成本    └ 变动性储存成本,与订货批量同向

            缺货    ┌ 企业不允许缺货时,决策无关成本;
            成本    └ 企业允许出现缺货时,与订货批量反向
```

图7-8 存货成本分析图

三、最优存货量的确定

(一) 基本经济批量模型

经济批量是指能使企业一定时期内某项存货的相关总成本达到最小时的订货批量,经济订货模型是建立在一系列严格假设基础上的。这些假设包括:

(1) 存货总需求量是已知常数;
(2) 订货提前期是常数;
(3) 货物是一次性入库;
(4) 单位货物成本为常数,无批量折扣;
(5) 库存持有成本与库存水平呈线性关系;
(6) 货物是一种独立需求的物品,不受其他货物影响。

经济批量模型中的相关总成本(TC)是由两项相关成本合成的:变动性订货成本(TC_o)和变动性储存成本(TC_c)。

设存货年需用量为 A,每次订货的变动性订货成本为 P,全年订货 N 次,每次订货量为 Q,则:

$$TC_o = P \times N = P \times \frac{A}{Q}$$

设存货年平均单位变动性储存成本为 C_1,年平均储存量为 $\overline{Q}$,则:

$$TC_c = C_1 \times \overline{Q} = C_1 \times \frac{Q}{2}$$

存货的年相关总成本 TC 是 TC_o 与 TC_c 之和:

$$TC = TC_o + TC_c = P \times \frac{A}{Q} + C_1 \times \frac{Q}{2}$$

显然,每次订货量少,则储存成本小,但必然导致订货次数增多,引起订货成本增大;反之,每次订货量多,则储存成本大,但可使订货次数减少,导致订货成本降低。可见,每次订货量太多或太少都不好。存货控制就是要寻求最优的订货量 Q^*,使全年存货相关总成本达到最小值 TC^*,这个 Q^* 就是经济订货量,或称经济批量。

经济批量模型可以用微分学方法求解:

$$TC' = \frac{PA}{Q^2} + \frac{C_1}{2}$$

令 $TC' = 0$

可得:$Q = \sqrt{\frac{2PA}{C_1}}$,这时:$TC = \sqrt{2PAC_1}$

因为 $TC'' = \dfrac{2PA}{Q^2} > 0$

所以 $\sqrt{2PAC_1}$ 是 TC 的最小值

可知，经济批量模型的最优解为

$$最优订货批量(Q^*) = \sqrt{\dfrac{2PA}{C_1}}$$

$$最小相关总成本(TC^*) = \sqrt{2PAC_1}$$

在经济批量模型下，订货批量存货与成本、订货费用、持有成本的关系如图7-9所示。

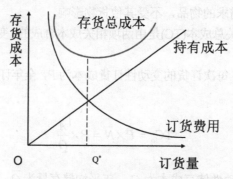

图7-9 存货成本总额与订货批量的关系

【例 7-8】某企业全年耗用甲种材料 1800 千克，该材料单价为 20 元/千克，年单位储存成本为 4 元/千克，一次订货成本为 25 元。要求确定：

(1) 经济订货批量；
(2) 最小相关总成本；
(3) 最佳订货次数；
(4) 最佳订货周；
(5) 最佳存货资金占用额。

计算分析如下：

(1) 经济批量 $= \sqrt{\dfrac{2 \times 1800 \times 25}{4}} = 150(千克)$

(2) 最小相关总成本 $= \sqrt{2 \times 1800 \times 25 \times 4} = 600(元)$

(3) 最佳订货次数 $= 1800 \div 150 = 12(次)$

(4) 最佳订货周期 $= 360 \div 12 = 30(天)$

(5) $20 \times \dfrac{150}{2} = 1500(元)$

有很多方法来扩展经济订货模型，以使其适用范围更广。事实上，许多存货模型研究都是立足于经济订货模型基础上的，只是扩展了其假设。

(二) 基本模型拓展

经济订货量的基本模型是在前述各假设条件下建立的，但现实生活中能够满足这些假设条件的情况十分罕见。为使模型更接近于实际情况，具有较高的可用性，须逐一放宽假设，同时改进模型。

在建立基本模型时，假设存货一次性全部入库，则存货增加时存量变化为一条垂直的直线。但事实上，各批存货可能陆续入库，使存量陆续增加。尤其是产成品入库和在产品转移，几乎总是陆续供应和陆续耗用的。在这种情况下，基本模型需要做修改，如图7-10所示。

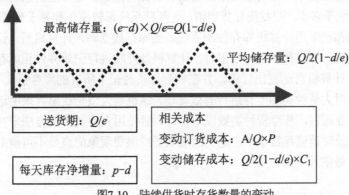

图7-10 陆续供货时存货数量的变动

图7-10中：e 为每日总货量；Q 为每批订货数；d 为每日领用量；$e-d$ 为每日储存量；Q/e 为每一批全部送达所需天数。

即相关总成本可用如下公式表达：

$$TC = TC_o + TC_a = P \times \frac{A}{Q} + \frac{1}{2}\left(Q - \frac{Q}{e} \times d\right) \times C_1$$

在变动订货成本与变动储存成本相等时，TC 达到最小值，故存货陆续供应和使用的经济订货量公式如下：

$$\frac{A}{Q} \times P = \frac{Q}{2}\left(1 - \frac{d}{e}\right) \times C_1$$

求得

$$Q^* = \sqrt{\frac{2PA}{C_1} \times \left(\frac{e}{e-d}\right)}$$

将这一公式带入 TC 公式，可得出存货陆续供应和使用的经济订货量相关总成本公式如下：

$$TC(Q^*) = \sqrt{2PAC_1 \times \left(1 - \frac{d}{e}\right)}$$

【例7-9】续例7-8，将一次性到货改为陆续到货，每日送货量为30千克，每日耗用量为10千克，其他条件不变，计算企业的经济订货批量和相关总成本。

计算分析如下：

$$Q^* = \sqrt{\frac{2 \times 25 \times 1800}{4} \times \left(\frac{30}{30-10}\right)} = 183.71(千克)$$

$$TC(Q^*) = \sqrt{2 \times 1800 \times 25 \times \left(1 - \frac{10}{30}\right)} = 244.95(元)$$

库存管理不仅需要各种模型帮助确定适当的库存水平，还需要建立相应的库存控制系统。传统的库存控制系统有定量控制系统和定时控制系统两种，定量控制系统是指当存货下降到一定存货水平时即发出订货单，订货数量是固定的和事先决定的。定时控制系统是每隔一固定时期，无论现有存货水平多少，即发出订货申请。这两种系统都较简单和易于理解，但不够精确。现在许多大型公司都已采用计算机库存控制系统。当库存数据输入计算机后，计算机即对这批货物开始跟踪。此后，每当有该货物取出时，计算机就及时进行记录并修正库存余额。当库存下降到订货点时，计算机自动发出订单，并在收到订货时记下所有的库存量。

计算机系统能对大量种类的库存进行有效管理，这也是大型企业愿意采用这种系统的原因之一，对于大型企业而言，其存货种类数以十万计，要使用人力及传统方法来对如此众多的库存进行有效管理，及时调整存货水平，避免出现缺货或浪费现象简直是不可能的，计算机系统对此能做出迅速有效的反应。

四、存货的控制系统

伴随着业务流程重组的兴起以及计算机行业的发展，库存管理系统也得到了很大的发展，从 MRP(物资需求计划)发展到 MRPII(制造资源计划)，再到 ERP(企业资源计划)以及后来的柔性制造和供应链管理，甚至是外包等管理方法的快速发展，都大大促进了企业库存管理方法的发展。这些新的生产方式把信息技术革命和管理融为一体，提高了企业的整体运营效率。

以下将对两个典型的库存控制系统进行介绍。

(一) ABC控制系统

ABC 控制系统的要点是把企业的存货物资按其金额大小划分为 A、B、C 三类，然后根据重要性在控制管理中分别对待。

A 类物资是指品种少、实物量少而价值高的物资，其成本金额约占 70%，而实物量不超过 20%。

C 类物资是指品种多、实物量多而价值低的物资，其成本金额约占 10%，而实物量不低于 50%。

B 类物资介于 A 类、C 类物资之间，其成本金额约占 20%，而实物量不超过 30%。

对于 A 类物资，应经常检查库存、严格管理、科学地制定其资金定额并按经济批量模型合理进货；对于 C 类物资，不必严加控制，一次进货可适当多些，待发现存量已经不多时再次进货即可；对于 B 类物资，采取比较严格的管理，视具体情况部分参照 A 类、部分参照 C 类进行控制。

当企业存货品种繁多、单价高低悬殊、存量多寡不一时，使用 ABC 控制法可以分清主次、抓住重点、区别对待，使存货控制更方便、有效。

(二) 适时制库存控制系统

适时制库存控制系统又称零库存管理、看板管理系统。它最早是由丰田公司提出并将其应用于实践的，是指制造企业事先与供应商和客户协调好，只有当制造企业在生产过程中需要原料或零件时，供应商才会将原料或零件送来；而每当产品生产出来后就被客户拉走，这样，制造企业的库存持有水平就可以大大下降。显然，适时制库存控制系统需要的是稳定而标准的生产程序以及供应商的诚信，否则，任何一环出现差错都将导致整个生产线的停止。目前，已有越来越多的公司利用适时制库存控制系统减少甚至消除对库存的需求，即实行零库存管理，如沃尔玛、丰田、海尔等。适时制库存控制系统进一步的发展被应用于企业整个生产管理过程中，集开发、生产、库存和分销于一体，大大提高了企业运营管理效率。

【本章小结】

营运资金是指企业在流动资产减去流动负债后的余额。现金是指在生产经营过程中以货币形态存在的资金。现金管理的目标是在保证企业生产经营所需现金的同时，节约使用现金，并从暂时闲置的现金中获取较多的利息收入。应收账款是企业因对外销售产品、材料、供应劳务及其他原因，应向购货单位或接受劳务的单位及其他单位收取的款项，包括应收销售款、其他应收款、应收票据等。应收账款的目标就是通过对应收账款的管理，在发挥应收账款功能的基础上，尽可能降低应收账款投资的成本。存货是指企业在生产经营过程中为销售或者耗用而储备的物资，包括材料、燃料、低值易耗品、在产品、半成品、产成品、协作件、商品等。进行存货管理的目标就是尽力在各种存货成本与存货效益之间做出权衡，达到两者的最佳结合；就是在保证生产或者销售经营需要的前提下，最大限度地降低存货成本。

【课后习题】

一、单选题

1. 企业生产中需要大量的存货，这种存货采购方便，但容易变质，则应当采取的流动资产投资策略是( )。
   A. 激进型　　　　B. 稳健型　　　　C. 配合型　　　　D. 保守型
2. 企业大量使用短期融资解决长期性资产的需要，属于( )融资策略。
   A. 配合型　　　　B. 激进型　　　　C. 稳健型　　　　D. 保守型
3. 现金周转期为( )。
   A. 从企业订货、生产，一直到出售产品收回现金的时间
   B. 从企业收到货物，一直到出售产品收回现金的时间
   C. 从企业付出存货款，一直到出售产品收回现金的时间
   D. 经营周期加应付账款周期

4. 在鲍曼模型下的最佳现金持有量应是以下各项成本之和最小的持有量( )。
   A. 机会成本和交易成本　　　　　B. 机会成本和短缺成本
   C. 持有成本与交易成本　　　　　D. 持有成本、短缺成本和交易成本
5. 下列项目中不属于信用条件的是( )。
   A. 现金折扣　　B. 商业折扣　　C. 信用期间　　D. 折扣期间
6. 配合型融资政策的特点是( )。
   A. 临时性负债不但融通临时性流动资产的资金需要，还解决部分永久性资产的资金需要
   B. 对于临时性流动资产，运用临时性负债筹集资金满足其资金需要；对于永久性流动资产和固定资产，运用长期负债、自发性负债和权益资本筹集资金满足其资金需要
   C. 临时性负债只融通部分临时性流动资产的资金需要
   D. 一部分临时性流动资产和永久性资产，由长期负债、自发性负债和权益资本作为资金来源
7. 企业将资金占用在应收账款上而放弃的投资其他方面的收益，称为( )。
   A. 管理成本　　B. 坏账成本　　C. 短缺成本　　D. 机会成本
8. 某企业的应收账款周转期为60天，应付账款的平均付款天数为30天，平均存货期限为50天，则该企业的现金周转期为( )。
   A. 140天　　B. 90天　　C. 110天　　D. 80天
9. 企业的信用条件为"2/10, n/30"，则企业在第40天付款的成本为( )。
   A. 现金折扣　　B. 机会收益　　C. 商业折扣　　D. 企业信誉损失
10. 现金作为一种资产，它的( )。
    A. 流动性差，盈利性差　　　　　B. 流动性差，盈利性强
    C. 流动性强，盈利性差　　　　　D. 流动性强，盈利性强

二、多选题

1. 企业持有现金的需求与动机有( )。
   A. 预防　　B. 交易　　C. 投资
   D. 投机　　E. 运营
2. 现金管理中使用米勒—奥尔模型确定最佳现金持有量需要考虑的相关因素包括( )。
   A. 交易成本　　B. 机会成本　　C. 现金余额波动性
   D. 现金需求下限　　E. 现金需求上限
3. 企业的信用条件不包括( )。
   A. 信用期限　　B. 现金折扣期限　　C. 现金折扣率
   D. 商业折扣　　E. 信用限额
4. 确定信用标准时需要考虑的因素为( )。
   A. 边际成本的增加额　　　　　B. 边际利润的增加额
   C. 竞争对手的政策　　　　　　D. 企业承担违约风险的能力
   E. 客户的资信级别

5. 从定性方面对客户进行资信评估应当考虑的是( )。
   A. 品质　　　　　B. 能力　　　　　C. 资本
   D. 抵押品　　　　E. 条件
6. 企业预防性需求而留存的现金产生原因为( )。
   A. 现金流量的不确定性　　　　B. 企业借款能力的限制
   C. 大量投资机会的存在　　　　D. 企业收支的不同步性
   E. 批量采购的折扣
7. 企业确定收账政策时，应当考虑的因素是( )。
   A. 收账成本　　　B. 坏账成本　　　C. 机会成本
   D. 收账期限　　　E. 信用条件
8. 企业进行信用销售能促进销售，但也要付出相应的代价，这种代价体现为( )。
   A. 机会成本　　　B. 管理成本　　　C. 坏账成本
   D. 折扣成本　　　E. 赊销费用

三、判断题

1. 相对来说，资产的流动性越高，偿债能力越强，其获利能力也越强。　　　(　　)
2. 企业持有营运资本的目的主要是维持较低的运营成本。　　　　　　　　　(　　)
3. 营运资本是企业开展日常生产经营活动的资金保证，它的数量决定着企业资金的整体平衡情况。　　　　　　　　　　　　　　　　　　　　　　　　　　　　　　(　　)
4. 企业流动资产的持有成本和缺货成本呈反向变动关系。　　　　　　　　　(　　)
5. 企业的自发性负债部分用于解决临时性流动资产需求，属于配合型融资政策。(　　)
6. 从订货开始到销售产成品为止的时间周期称为存货周期(存货周转期)。　　(　　)
7. 现金预算是短期财务规划的基本工具，是一种在现金流量时间线上确定现金流缺口的方法。　　　　　　　　　　　　　　　　　　　　　　　　　　　　　　　(　　)
8. 在有关现金折扣业务中，"2/10"表示客户在10天内付款可享受2%的折扣优惠。
　　　　　　　　　　　　　　　　　　　　　　　　　　　　　　　　　　(　　)
9. 商业信用筹集具有资金使用无约束的优点，但在放弃现金折扣时也会带来较大的成本。
　　　　　　　　　　　　　　　　　　　　　　　　　　　　　　　　　　(　　)
10. 持有现金的机会成本为平均现金持有量与机会成本率的乘积。　　　　　(　　)
11. 应收账款的坏账成本等于赊销收入乘以机会成本率。　　　　　　　　　(　　)

四、计算题

1. F公司有关资料如下。
(1) 未来1年，预计公司年需求量为432万元。
(2) F公司的证券买卖都是通过一名代理员进行的，每一笔业务将需要由公司支付500元。
(3) 货币市场上的年证券收益率为6.5%。
要求采用存货模型计算如下内容：
(1) 该公司应保留多少元的现金余额？
(2) 公司在未来12个月内将进行多少次证券销售？

2. C 公司生产和销售甲、乙两种产品，目前的信用政策为 "2/15, n/30"，有占销售额 60% 的客户在折扣期内付款并享受公司提供的折扣；不享受折扣的应收账款中，有 80% 可以在信用期内收回，另外 20% 在信用期满后 10 天(平均数)收回。逾期账款的收回，需要支出占逾期账款额 10% 的收账费用。如果明年继续保持目前的信用政策，预计甲产品销售量为 4 万件，单价 100 元，单位变动成本 60 元；乙产品销售量为 2 万件，单价 300 元，单位变动成本 240 元。

如果明年将信用政策改为 "5/10, n/20"，预计不会影响产品的单价、单位变动成本和销售的品种结构，而销售额将增加到 1200 万元。与此同时，享受折扣的比例将上升至销售额的 70%，不享受折扣的应收账款中，有 50% 可以在信用期内收回，另外 50% 可以在信用期满后 20 天(平均数)收回。这些逾期账款的收回，需要支出占逾期账款额 10% 的收账费用。该公司应收账款的资金成本为 12%。

要求做如下计算：

(1) 假设公司继续保持目前的信用政策，计算其平均收现期和应收账款应计利息。
(2) 假设公司采用新的信用政策，计算其平均收现期和应收账款应计利息。
(3) 计算改变信用政策引起的损益变动净额，并据此说明公司应否改变信用政策。

3. 某零件年需要量 16 200 件，日供应量 60 件，一次订货成本 25 元，单位储存成本 1 元/年。假设一年为 360 天，且需求是均匀的，不设置保险库存并且按照经济订货量进货。要求做如下计算：

(1) 计算经济订货量。
(2) 计算最高库存量。
(3) 计算与进货批量有关的总成本。

第八章

利润分配管理

【知识目标】
1. 了解我国国有企业利润分配和股份制企业利润分配的理论与方法。
2. 理解影响企业收益分配政策的相关因素。
3. 理解股份公司的主要股利政策和股利分配形式。
4. 了解股利理论,理解常见的股利分配政策。
5. 了解股票分割和股票回购。

案例导入

蓝图电器公司

蓝图电器公司2018年经过激烈的市场竞争,销售业绩保持稳定并实现1500万元的净利润,董事会针对2018年的利润分配方案进行了讨论。在这前几年,公司经营利润一直稳定增长,经营现金流稳定,负债比率较低,公司将企业取得的利润与股东分享,每年保持稳定的股利支付,而且每股现金红利稳中有升。但2018年公司经营遭到了电商业务的猛烈冲击,公司的传统经营方式受到了严峻的挑战,公司的传统市场优势不再。因此,企业董事会要求管理层结合企业2018年的经营状况和2019年的市场竞争环境对2019年的目标利润进行合理的测算,并对2018年的利润分配方案提出建议。如果你是财务经理,你将采用什么方法预测企业的目标利润?企业的股利分配政策又该如何制定呢?学完本章,你将能够回答以上两个问题。

(资料来源:马新元. 财务管理实务(第四版)[M]. 北京: 高等教育出版社,2019.)

第一节 利润分配概述

一、利润分配的概念

利润分配是指企业按照国家规定的政策和比例,对已实现的净利润在企业和投资者之间进行分配。

二、利润分配原则

利润分配是企业的一项重要工作，它关系到企业、投资者等有关各方的利益，在分配过程中，要正确处理好各方的经济利益关系。企业在利润分配过程中应当按照国家相关法律、法规及企业规章制度的规定，兼顾投资者与债权人等利益相关者的利益，对企业实现的利润进行分配。

(一) 依法分配原则

企业利润分配的对象是企业缴纳所得税后的净利润，这些利润是企业的权益，企业有权自主分配。由于利润分配涉及多方经济利益，因此，利润分配一定要遵守国家的有关法律、法规和制度。收益分配属于企业内部重大事项，企业必须在不违背国家相关规定的条件下进行利润分配。国家的有关法律、法规对企业利润分配的基本原则、一般次序和重大比例都做了较为明确的规定，其目的就是保障企业利润分配的有序进行，维护各方的合法权益，促使企业增加积累，增强风险防范能力。

(二) 资本保全原则

资本保全是责任有限的现代企业制度的基础性原则之一，企业在分配中不能侵蚀资本。按照这一原则，一般情况下，企业如果存在尚未弥补的亏损，应首先弥补亏损，然后再进行其他分配。

(三) 投资与收益对等原则

在利润分配中，要保证分配的公平，同时体现收益大小与投资比例相对等的原则，这是正确处理投资者利益关系的关键所在。企业在向投资者分配利润时，应按照投资者投资额的比例进行分配，不允许任何一方随意多分多占，从根本上实现利润分配中的公平、公正、公开，保护投资者的利益。

(四) 求兼顾各方利益原则

企业的收益归投资者所有是企业的基本制度，也是企业的所有者投资于企业的根本动力所在。企业是经济社会的基本单元，企业的利润分配涉及国家、企业股东、债权人、职工等多方面，因此利润分配必须兼顾各方的利益，正确处理各方面之间的关系，协调各方面的矛盾，统筹兼顾，维护各方利益相关者的合法权益，这些对企业的生存、发展至关重要。

(五) 坚持积累与分配并重的原则

企业的利润分配必须坚持积累与分配并重的原则。企业通过经营活动赚取利益，既要保证企业扩大再生产的不断进行，为投资者提供稳定的投资回报，又要保证扩大再生产的财力基础。首先，国家强制性规定企业必须按一定比例提取法定盈余公积。对于剩余的部分，一方面，给投资者分配利润，这是企业的法定义务，也是稳定与投资者关系、取得投资者支持的重要手段；

另一方面，企业可以根据自身情况依法提取任意盈余公积，或者将其中一部分收益以未分配利润的形式保留在企业内部，这一部分与留存企业提取的法定盈余公积可以参与企业的经营周转，为企业扩大自身规模提供资金基础，同时还可以用于以后年度的分配。恰当处理分配与积累之间的关系，留存一部分净收益以供未来分配之需。既要防止片面强调积累而不顾消费的行为，又要纠正片面强调消费而挤掉积累的行为，从而在增强企业抵抗风险能力的同时，提高企业经营的稳定性与安全性。

三、利润分配顺序

本章所指利润分配是指对净利润的分配。根据我国《公司法》及相关法律制度的规定，在利润分配之前，首先要将企业的本年税后净利润与企业年初未分配利润(亏损)相合并，即得出本年可供分配的利润数额。若该数额为负数，则不能进行后续利润的分配；若该数额为正，则应该按照下列顺序进行。

(一) 弥补以前年度亏损

企业在提取法定公积金之前，应先用当年利润弥补亏损。按我国企业财务通则规定，企业发生的年度亏损，可以用下一年度的税前利润弥补；下一年度税前利润不足以弥补的，可以用以后年度的税前利润继续弥补，但用税前利润弥补以前年度亏损的连续期限不超过 5 年，5 年内弥补不足的，用本年税后利润弥补。其中，税后利润弥补亏损可以用当年实现的净利润，也可以用盈余公积转入。

(二) 提取法定盈余公积金

根据我国《公司法》的规定，企业在本年的净利润抵减年初累计亏损后，将该数额作为提取法定盈余公积金的基数。提取公积金的基数不一定是可供分配的利润，也不一定是本年的税后利润，只有不存在年初累计亏损时，才能按本年税后利润计算应计提数。法定盈余公积金累计提取额未达到注册资本的 50%时，均按税后利润的 10%提取；达到注册资本的 50%以后，可以不再提取。企业提取的法定盈余公积金可以根据企业的需要，用于弥补亏损或转增资本，用以增加企业内部积累，以利于企业扩大再生产。在弥补亏损后，如果当年实现的利润及以前年度累积未分配利润不够向股东支付股利，经股东会议特别决议，企业可以用盈余公积金向股东支付股利，但其支付额不得超过股票面值的 6%，且在支付股利后企业法定盈余公积金的余额仍不得低于转增前公司注册资本的 25%。

(三) 提取任意盈余公积金

对于任意盈余公积金的提取，企业有较大的自主权。根据我国《公司法》的规定，公司从税后利润中提取法定公积金后，经企业权力机构股东大会决议，还可以根据自身情况、经营战略从税后利润中提取任意盈余公积，这是为了满足企业经营管理的需要，控制向投资者分配利润水平，以及调整各年度利润分配的波动。

(四) 向投资者(股东)分配利润或股利

向投资者分配利润是利润分配的主要环节，根据我国《公司法》的规定，公司弥补亏损和提取公积金后所余的税后利润，可以向股东分配股利。其中，有限责任公司股东按照实缴的出资比例分取红利，股份有限公司按股东持有的股份比例分配(公司章程规定不按持股比例分配的除外)。向投资者分配利润是税后利润分配的最后一项程序，但这并不意味着向投资者分配利润不重要。企业以前年度未分配的利润，可以并入本年度向投资者分配；企业当年无利润则不得向投资者分配利润。

另外，我国《公司法》规定，股东会、股东大会或者董事会违反相关规定，在公司弥补亏损和提取法定盈余公积之前向股东分配利润的，股东必须将违反规定所分得的利润退还公司。公司持有的本公司股份不得分配利润。

第二节 股利支付的程序与方式

由于优先股股利是固定的，已经在公司的章程中做了明确的规定，因此，股利政策仅指普通股股利的各项政策。

普通股股利是利润分配的一部分，是普通股股东按其出资额享有的投资收益额。股利政策是指在法律允许的范围内，企业是否发放股利、发放多少股利及何时发放股利的方针及政策。我国法律对公司在一个会计年度内是否发放股利有明确的规定。

一、股利支付的程序

对于流通股份，其现金股利由上市公司于股权登记日前划入证券交易账户，再由交易所于登记日后第3个工作日划入各托管证券经营机构账户，托管证券经营机构于登记日后第5个工作日划入股东资金账户。

股利支付过程中涉及以下几个非常重要的日期。

(一) 股利宣告日

股利宣告日，即公司董事会将股东大会通过本年度利润分配方案的情况，以及股利支付情况予以公告的日期。公告中将宣布每股派发股利、股权登记日、除息日、股利支付日，以及派发对象等事项。

(二) 股权登记日

股权登记日，即有权领取本期股利的股东资格登记的截止日期。只有在股权登记日这一天登记在册的股东(即在此日及之前持有或买入股票的股东)才有资格领取本期股利，而在这一天之后登记在册的股东，即使是在股利支付日之前买入的股票，也无权领取本期分配的股利。此外，我国部分上市公司在进行利润分配时除了分派现金股利以外，还伴随了送股或转增股。在股权登记日这一天仍持有或买进该公司的股票的投资者是可以享有此次分红、送股或转增股的股东,这部分股东名册由证券登记公司统计在案,届时将所应支付的现金红利、应送的红股或转增股划到这部分股东的账上。

(三) 除息日

除息日(也称除权日),是指股利所有权与股票本身分离的日期。将股票中含有的股利分配权利予以解除,即在除息日当日及以后买入的股票不再享有本次股利分配的权利。我国上市公司的除息日通常是在登记日的下一个交易日。由于在除息日之前的股票价格中包含了本次派发的股利,而自除息日起的股票价格中则不包含本次派发的股利,通常经过除权来调整上市公司每股股票对应的价值,以便投资者对股价进行对比分析。

(四) 股利支付日

股利支付日是公司确定的向股东正式发放股利的日期。公司通过资金清算系统或其他方式将股利支付给股东。

二、股利支付的方式

股利是股份制企业从公司利润中以现金、股票的形式或以其他形式支付给公司投资者的报酬,是利润分配的一种形式。股利按其支付方式的不同可分为现金股利、股票股利、实物股利和负债股利等。

(一) 现金股利

现金股利是用货币资金支付股利的形式。这种支付方式是公司在分配股利时常用的方式,也是投资者最容易接受的方式。这种方式能满足大多数投资者希望得到一定数量的现金作为投资收益的愿望,但这种分配方式无疑会大量增加公司的现金流出量,给公司形成支付压力。如果公司现金比较充足,可以考虑采用这种方式。如果公司可以筹集到大量短期资金,也可以采用暂时筹集短期资金解决股利支付的现金问题。但当公司目前现金不足,而外部筹集又受到限制时,就只能采取其他方式支付股利。具体方案要根据公司的实力来决定。

由于支付现金股利会减少公司现金,影响资产流动性,所以公司在发放现金股利时,应该采取措施吸引投资者将其获得的股利再投资到企业中去。通常的做法是,说服股东将分得的现金股利购买公司新股,用于公司再投资。

现金股利按发放的稳定性和规律性,可分为正常股利、额外股利、清算股利三种形式。

(1) 正常股利。正常股利是指公司根据自身经营状况和盈利能力,在未来一定时期按时、按量支付的股利。这部分股利因其稳定性与债券的利息相似,也被称为股息。

(2) 额外股利。由于某种原因,公司不愿意对某些股利定期支付做出保证,或者没有能力做出保证,因而称为额外股利,又称分红,以此与股息相区别。额外股利发放与否以及发放多少与公司当期的收益状况和投资决策密切相关。正常股利与额外股利都是对股东权益和税后利润的分配。

(3) 清算股利。清算股利是指公司清算资产时,将偿付债权人之后的剩余部分在股东之间进行分配后由投资企业所享有的数额。清算股利不是来源于公司的现金和留存收益,而是来源于公司资产的减少。

(二) 股票股利

股票股利是指公司以增发新股票的形式支付给股东的股利,即公司通常是按现有股东持有股份的比例来分配每个股东应得到的新股的数量,其实质是增发股票。增发新股票的形式有两种:一是公司以新发行的股票分配给股东;二是当企业注册资本尚未足额时,以其未被认购的股票作为股利分配给股东。在具体操作时,公司可以在增发新股时,预先扣除当年应分配的股利,再配售给老股东;也可以在发行新股时增资配股,即股东在不用支付现金及资产的情况下就能得到公司新发行的股票。

股票股利主要有以下优点。

(1) 公司分配股票股利可以降低股利支付率,在不影响股东心理状态的情况下,可将大量股利作为公司留存收益用于企业发展及扩大再生产。

(2) 股票股利能够沟通股东和公司决策层之间的思想。发放股票股利的目的是促进公司的发展和进一步扩大再生产,不是因为公司无力发放。这就使得股东理解而不感到失望,从而维持股票市场价格的稳定。

(3) 如果企业能够做到在保持每股现金股利不变的情况下,同时分配股票股利,还可以达到增加现金股利的目的。

(4) 如果公司股票的市场信誉较高,股东往往也乐意以股票股利分配股利的形式,使股票市场维持在合乎交易需要的范围内。尤其当公司不希望一些投资者由于股票价格过高而失去购买热情时,利用股票股利通常能达到目的。

【例 8-1】某上市公司在 2018 年发放股票股利前,其资产负债表上的股东权益账户情况如表 8-1 所示。

表8-1　某上市公司2018年股东权益账户情况　　　　　　　　单位:万元

项　目	金　额
普通股(面值1元,发行在外40万股)	40
资本公积	60
盈余公积	40
未分配利润	60
股东权益合计	200

假设该公司宣布发放 10%的股票股利,现有股东每持有 10 股,即可获赠 1 股普通股,若该股票当时市价为 5 元,那么随着股票股利的发放,需从"未分配利润"项目划出的资金应为多少?

解:随着股票股利发放的资金=40×10%×5=20(万元)。

由于股票面值(1 元)不变,发放 4 万股,"普通股"项目应只增加 4 万元,其余的 16 万元应该作为股票溢价转至"资本公积"项目。而公司的股东权益总额并未发生改变,仍是 200 万元,股票股利发放后,资产负债表上的股东权益部分如表 8-2 所示。

表8-2 某上市公司股票股利发放后股东权益账户情况　　　　　　　　　单位：万元

项　目	金　额
普通股(面值1元，发行在外44万股)	44
资本公积	76
盈余公积	40
未分配利润	40
股东权益合计	200

假设某股东在公司派发股票股利之前持有公司的普通股 2000 股，那么，他拥有的股权比例为

$$2000 \div 400\,000 \times 100\% = 0.5\%$$

派发股利之后，他拥有的股票数量和股份比例分别为

$$2000 \times (1+10\%) = 2200(股)$$
$$2200 \div 440\,000 \times 100\% = 0.5\%$$

由该例可见，发放股票股利，不会对公司股东权益总额产生影响，但会引起资金在各股东权益项目之间的再分配。而股票股利派发前后，每一位股东的持股比例也不会发生变化。

(三) 实物股利

实物股利是指公司以现金以外的资产(如公司实物资产、实物产品、其他公司有价证券等)发放给股东支付股利。这种情况一般适用于支付额外股利。由于这种形式不会增加公司的现金流出，所以当公司资产变现能力较弱时，这是可取的一种股利支付方式。但是这种方式支付有很明显的缺点：①不为广大股东所乐意接受，因为股东持有股票的目的是获取现金收入，而不是分得实物；②以实物支付股利会严重影响公司形象，使公众认为公司财务状况不佳、变现能力下降、资金流转不畅，公众对公司发展失去信心，由此导致股票市价的大跌。因此，这种支付方式非到不得已的情况下不宜采用。

(四) 负债股利

负债股利是企业以负债形式发放股利，这种发放形式通常是公司以应付票据或公司债券抵付股利。由于票据和债券都是带息的，所以这会使公司支付利息的压力增大，但另一方面它可以缓解企业资金不足的情况。这种股利发放方式只是公司的一种权宜之计，股东往往也不喜欢这种股利支付方式。

另外，当企业受到各方面的限制而不能发放更多的现金股利时，公司可以用现金收回已经发放的股票，这就是股票的回购。这种方式有时也被认为是间接支付股利的一种形式。公司将流转在外的股票重新购回，会减少在外的股票数，从而引起每股收益的增加，导致股票市价上升，进而使股东由股价上涨而得到的资本收入替代了股利收入。当企业经营状况良好，而且有很多闲置资金时，可以采取这种形式。

第三节 股利分配的政策

一、股利理论

股利分配的核心问题是如何权衡公司股利支付政策与未来长期增长之间的关系,以实现公司价值最大化的财务管理目标。围绕公司股利政策是否影响公司价值这一问题,主要有两类不同的股利理论:股利无关论和股利相关论。

(一) 股利无关论

股利无关论认为股利分配对公司的市场价值(或股票价格)不会产生影响。这一理论是基于一系列假设提出的:第一,公司的投资政策已经确定并且已经为投资者所理解;第二,不存在股票的发行和交易费用;第三,不存在个人或公司所得税;第四,不存在信息不对称;第五,经理与外部投资者之间不存在代理成本。上述假设描述的是一种完美资本市场,因而股利无关论又被称为完全市场理论。

股利无关论持有以下观点。

(1) 投资者并不关心公司股利的分配。若公司留存较多的利润用于再投资,会导致公司股票价格上升。此时尽管股利较低,但需要用现金的投资者可以通过出售股票换取现金。若公司发放较多的股利,投资者又可以利用现金再买入一些股票以扩大投资。也就是说,投资者对股利和资本利得并无偏好。

(2) 股利的支付比率不影响公司的价值。既然投资者不关心股利的分配,公司的价值就完全由其投资政策及其获利能力所决定,公司的盈余在股利和保留盈余之间的分配并不影响公司的价值,既不会使公司价值增加,也不会使公司价值降低(即使公司有理想的投资机会而又支付了高额股利,也可以募集新股,新投资者会认可公司的投资机会)。

(二) 股利相关论

股利无关论是在完美资本市场的一系列假设下提出的,如果放宽这些假设条件,股利政策就会显现出对公司价值(或股票价格)产生的影响,股利相关论便是在这种情况下产生的。以下是几种典型的股利相关论观点。

(1) 税差理论。股利无关论假设不存在税收,但在现实条件下,现金股利税与资本利得税不仅是存在的,而且表现出了差异性。税差理论强调了税收在股利分配中对股东财富的重要作用。股利收益纳税是发生在收取股利时,而资本利得纳税只是在股票出售时才发生,显然通过继续持有股票来延迟资本利得的纳税时间,可以体现递延纳税的时间价值。

因此,税差理论认为,如果不考虑股票交易成本,分配股利的比率越高,股东的股利收益纳税负担会明显高于资本利得纳税负担,企业应采取低现金股利比率的分配政策,以提高留存收益再投资的比率,使股东在实现未来的资本利得中享有税收节省。

(2) 客户效应理论。客户效应理论是对税差效应理论的进一步扩展,研究处于不同税收等级的投资者对待股利分配态度的差异。该理论认为投资者不仅仅是对资本利得和股利收益有偏好,即使是投资者本身,因其所处不同等级的边际税率,对企业股利政策的偏好也是不同的。收入高的投资者因其拥有较高的税率而表现出偏好低股利支付率的股票,希望少分现金股利或不分现金股利,以更多的留存收益进行再投资,从而提高所持有的股票价格。而收入低者则相反。

(3)"一鸟在手"理论。股东的投资收益来自当期股利和资本利得两方面,利润分配决策的核心问题是在当期股利收益与未来预期资本利得之间进行权衡。企业的当期股利支付率升高时,企业盈余用于未来发展的留存资金会减少,虽然股东在当期获得了较高的股利,但未来的资本利得则有可能降低。

由于企业在经营过程中存在许许多多不确定因素,股东会认为现实的现金股利要比未来的资本利得更为可靠,会更偏好于确定的股利收益。股东在对待股利分配政策态度上表现出来的这种宁愿现在取得确定的股利收益,而不愿将同等的资金放在未来价值不确定性投资上的态度偏好,就被称为"一鸟在手,强于二鸟在林"。

(4)代理理论。代理理论认为,股利政策有助于缓解管理者与股东之间的代理冲突,即股利政策是协调股东与管理者之间代理关系的一种约束机制,股利的支付能够有效地降低代理成本。例如,股利的支付减少了管理者对自由现金流量的支配权,这在一定程度上可以抑制公司管理者的过度投资或在职消费行为,从而保护外部投资者的利益。除此之外,较多的现金股利发放,减少了内部融资,导致公司进入资本市场寻求外部融资,从而公司将接受资本市场上更多的、更严格的监督,这样便通过资本市场的监督减少了代理成本。因此,高水平的复利政策降低了企业的代理成本,但同时增加了外部融资成本,理想的股利政策应当使两种成本之和最小。

(5)信号理论。股利无关论假设不存在信息不对称,即外部投资者与内部经理人员拥有企业投资机会与收益能力的相同信息。但在现实条件下,企业经理人员比外部投资者拥有更多的企业经营状况与发展前景的信息,这说明在内部经理人员与外部投资者之间存在信息不对称。

信号理论认为股利向市场传递企业信息可以表现为两个方面:一是股利增长的信号作用,即如果企业股利支付率提高,这会被认为是经理人员对企业发展前景做出良好预期的结果,表明企业未来业绩将大幅度增长。这种增长发放股利的方式便向股东与投资者传递了这一信息;二是股利减少的信号作用,即如果企业股利支付率下降,股东与投资者会认为这是企业经理人员对未来发展前景做出无法避免衰退预期的结果。

股利信号理论为解释股利是否具有信息含量提供了一个基本分析逻辑,鉴于股东与投资者对股利信号信息的理解不同,所做出的对企业价值的判断也是不同的。

二、影响股利政策的因素

在现实生活中,公司的股利分配是在种种制约因素下进行的。取何种股利政策虽然是由管理层决定的,但是实际上在其决策过程中会受到诸多主观因素与客观因素的影响。

(一) 法律限制

为了保护债权人和股东的利益,有关法律、法规对公司的股利分配通常做如下限制。
(1) 资本保全的限制。按照规定,公司不能用资本(包括股本和资本公积)发放股利。股利的支付不能减少法定资本，如果一家公司的资本已经减少或因支付股利而引起资本减少，则不能支付股利。

(2) 资本积累的限制。为了制约公司支付股利的任意性，按照法律规定，公司税后利润必须先提取法定公积金。此外法律还鼓励公司提取任意公积金，只有当提取的法定公积金达到了注册资本的50%时，才可以不再提取，剩余的利润净额才可以用于支付股利。

(3) 净利润的限制。按照规定，公司年度累计净利润必须为正数时才可以发放股利，以前年度亏损必须足额弥补。

(4) 超额累积利润的限制。由于股东接受股利缴纳的所得税高于其进行股票交易的资本利得税，于是许多国家规定公司不得超额累积利润。一旦公司的保留盈余超过法律认可的水平，将被加征额外税额。

(5) 无力偿付的限制。基于对债权人的利益保护，如果一家公司已经无力偿付债务，或股利支付会导致公司失去偿债能力，则不能支付股利。

(二) 股东因素

公司的股利政策最终由代表股东利益的股东大会决定。因此，股东的要求不可忽视。股东从自身经济利益角度出发，对公司的股利分配往往产生以下一些影响。

(1) 稳定的收入和避税。一些股东的主要收入来源是股利，他们往往要求公司支付稳定的股利。他们认为通过保留盈余引起股价上涨而获得资本利得是有风险的。若公司留存较多的利润，将受到这部分股东的反对。另外，一些股利收入较多的股东出于避税的考虑(股利收入的所得税高于股票交易的资本利得税)，往往反对公司发放较多的股利。

(2) 控制权的稀释。公司支付较高的股利，就会导致留存盈余减少，这又意味着将来发行新股的可能性加大，而发行新股必然稀释公司的控制权，这是公司拥有控制权的股东们所不愿意看到的局面。因此，若他们拿不出更多的资金购买新股，宁肯不分配股利。

(三) 公司因素

公司的经营情况和经营能力会影响其股利政策。

(1) 盈余的稳定性。公司是否能获得长期稳定的盈余，是其股利政策的重要基础。盈余相对稳定的公司其股利支付能力要高于盈余不稳定的公司。收益稳定的公司面临的经营风险和财务风险较小，筹资能力较强，这些都是其股利支付能力的保证。

(2) 资产的流动性。较多地支付现金股利将会导致公司的现金持有量减少，这会使资产的流动性降低，也就是说公司满足财务给付义务的能力下降。

(3) 举债能力。具有较强举债能力的公司因为能够及时地筹措到所需的现金，有可能采取高股利分配的政策。而举债能力较弱的公司为了能多滞留盈余，进而会采取低股利政策。

(4) 投资机会。有着良好投资机会的公司需要有强大的资金支持，因而往往少发股利，多用于留存以再投资；而缺乏良好投资机会的公司，保留大量股利会导致资金闲置，倾向于支付较高股利。因此，处于成长期的公司大多采取低股利政策；处于经营收缩期的公司多采取高股利政策。

(5) 资本成本。与发行新股相比，保留盈余不需花费筹资费用，是一种比较经济的筹资渠道。所以，如果公司有扩大资金的需要，也应该采取低股利政策。

(6) 债务需要。具有较高债务偿还需求的公司，可以通过举借新债、发行新股筹集资金偿还债务，也可直接用经营积累偿还债务。如果公司认为后者更为适当(如前者资本成本高或受其他限制难以进入资本市场)，将会减少股利的支付。

(四) 其他限制

除了上述一些因素外，还有其他因素也会影响到公司的股利政策选择。

(1) 债务合同约束。公司的债务合同，特别是长期债务合同，往往有限制公司现金支付程度的条款限制，这使得公司不得不采取低股利政策。

(2) 通货膨胀。在通货膨胀的情况下，由于货币购买力下降，公司计提的折旧不能满足重置固定资产的需要，需要动用盈余补足重置固定资产的需要。因此，在通货膨胀时期公司股利政策往往偏紧。

三、股利支付的类型

(一) 剩余股利政策

剩余股利政策是指公司在有良好的投资机会时，根据一定的目标资本结构(最佳资本结构)测算出投资所需的权益资本额，先从盈余中留用，然后将剩余的盈余作为股利来分配。剩余股利政策一般适用于公司的初级阶段，这类公司有良好的投资机会，利用公司内部资金节约对外筹资的资金成本，从而使企业保持理想的资本结构，使综合成本最低。

【例 8-2】某公司 2017 年税后净利润为 800 万元，2018 年的投资计划需要资金 1000 万元，公司的目标资本结构为权益资本占 60%、债务资本占 40%，要求计算 2017 年公司可以发放的股利额。

按照目前资本结构的要求，公司投资方案所需的权益资本数额为

$$1000 \times 60\% = 600(万元)$$

公司当年全部可用于分配的盈利为 800 万元，除了满足上述投资方案所需的权益资本数额外，还有剩余可用于发放股利。

即 2017 年，公司可以发放的股利额为

$$800 - 600 = 200(万元)$$

假设该公司当年流通在外的普通股为 1000 万股，那么，每股股利为

$$200 \div 1000 = 0.20(元/股)$$

剩余股利政策的优点：留存收益优先保证再投资的需要，有助于降低再投资的资金成本，保持最佳的资本结构，实现企业价值的长期最大化。

剩余股利政策的缺陷：若完全执行剩余股利政策，股利发放额就会每年随着投资机会和盈利水平的变化而波动，不利于投资者安排收入与支出，也不利于公司树立良好的形象。

(二) 固定或稳定增长的股利政策

固定或稳定增长的股利政策是为了维持稳定的股利支付而采用的一种政策模式，其基本要

点是，公司将每年派发的股利额固定在某一特定水平或是在此基础上维持某一固定比率逐年稳定增长。公司只有在确信未来不会发生逆转时才会宣布实施固定或稳定增长的股利政策。

固定或稳定增长的股利政策的优点如下。

(1) 股利政策本身传递着公司正常发展的信息，有利于树立公司的良好形象，增强投资者对公司的信心，稳定股票的价格。

(2) 稳定的股利额有助于投资者安排股利收入和支出，特别是那些对股利有着很强依赖性的股东。

(3) 稳定的股利政策可能会不符合剩余股利理论，但考虑到股票市场会受多种因素影响(包括股东的心理状态和其他要求)，为了将股利维持在稳定的水平上，即使推迟某些投资方案或暂时偏离目标资本结构，也可能比降低股利更为有利。

固定或稳定增长的股利政策的缺点如下。

(1) 股利的支付与企业的盈利相脱节，即不论公司盈利多少，均要支付固定的或按固定比率增长的股利，这可能导致企业资金紧缺，财务状况恶化。

(2) 在企业无利可分的情况下，若依然实施固定或稳定增长的股利政策，会违反《公司法》。一般来说，公司确定的固定股利额不宜太高，以免陷入无力支付的被动局面。固定或稳定增长的股利政策通常适用于经营比较稳定或正处于成长期的企业，且很难被长期采用。

(三) 固定股利支付率政策

固定股利支付率政策是指公司将每年净利润的某一固定百分比作为股利分配给股东，这一百分比通常称为股利支付率。股利支付率一经确定，一般不得随意变更。在这一股利政策下，各年股利额将随企业经营的好坏而上下波动，获利多的年份，支付的股利额较多；反之，则支付的股利额较少。

主张该政策的理由：它能体现股利与盈余关系，即多盈多分、少盈少分、不盈不分，这就有利于公平地对待每一位股东。该股利政策的缺陷：当企业盈余在各个期间波动不定时，其支付的股利也将随之波动，不利于树立公司良好的形象。

公司每年面临的投资机会、筹资渠道都不同，而这些都可以影响到公司的股利分配，所以一成不变的奉行固定股利政策的公司在实际中并不多见，这一政策比较适合那些处于稳定发展并且财务状况稳定的公司。

【例 8-3】某公司长期以来用固定股利支付率政策进行股利分配，确定的股利支付率为 30%，2017 年税后净利润为 2000 万元，如果继续执行固定股利支付率政策，公司本年度将要支付的股利是多少？

如果继续执行固定股利支付率政策，那么，公司本年度将要支付的股利为

$$2000 \times 30\% = 600(万元)$$

但是公司下一年度有较大的投资需求，因此，准备本年度采用剩余股利政策。如果公司下一年度的投资预算为 2400 万元，目标资本为权益资本占 60%。按照目标资本结构的要求，公司投资方案所需的权益资本额为

$$2400 \times 60\% = 1440(万元)$$

公司 2017 年度可以发放的股利为

$$2000 - 1440 = 560(万元)$$

(四) 低正常股利加额外股利政策

低正常股利加额外股利政策的基本要点：在一般情况下，企业每年只支付某一固定、数额较低的股利，在盈余多的年份，再根据情况向股东发放额外股利。但是额外股利并不固定，这不意味着公司永久地提高了股利支付率。可以用以下公式表示：

$$y = a + bx$$

式中：y 为每股股利；x 为每股收益；a 为低正常股利；b 为额外股利支付比率。

低正常股利加额外股利政策的优点如下。

(1) 该政策赋予公司较大的灵活性，使公司在股利发放上有余地。

(2) 该政策使那些依靠股利度日的股东每年至少可以得到虽然较低但比较稳定的股利收入，从而留住这部分股东。

低正常股利加额外股利政策的缺点如下。

(1) 由于年份之间公司盈利的波动使得额外股利不断变化，造成分配的股利不同，这容易使投资者产生收益不稳定的感觉。

(2) 当公司在较长时期内持续发放额外股利后，股东可能会误认为是"正常"股利，一旦额外股利取消，传递出的信号可能会使股东认为这是公司财务状况恶化的表现，进而导致股价下降。

第四节 股票股利、股票分割和股票回购

一、股票股利

股票股利是指公司以增发新股票的形式支付给股东的股利，即公司通常按现有股东持有股份的比例来分配每个股东应得到的新股的数量，其实质是增发股票。在本章第二节股利支付方式中已经讲到，在此不再赘述。

二、股票分割

股票分割是指将面额较高的股票交换成面额较低的股票的行为。例如，将原来的一股股票交换成两股股票。股票分割与股票股利的相似之处是在不增加股东权益的情况下增加了股份的数量。它们的不同之处是会计处理方法不同，股东权益总额及其内部结构都不会发生任何变化，变化的只是股票的面值。

股票分割有以下两点意义。

(一)降低股票价格

股票分割会使每股市价降低,买卖该股票所需资金量减少,从而可以吸引更多的中小投资者。流通性和股东数量的增加,会在一定程度上加大对公司股票恶意收购的难度。此外,降低股票价格还可以为公司发行新股做准备,因为股价太高会使许多潜在投资者不敢轻易对公司股票进行投资。

(二)传递利好信号

这里需要强调的是,无论是股票股利还是股票分割,其对企业和股东的利益是建立在企业持续发展的基础上的。因此,企业要稳定资本市场,关键是不断持续发展,给股民以良好的回报和信心。

【例8-4】某上市公司在2016年年末资产负债表上的股东权益账户情况如表8-3所示。

(1) 假设股票市价为20元/股,该公司宣布发放10%的股票股利,即现有股东每持有10股即可获赠1股普通股,发放股票股利后,股东权益有何变化?每股净资产是多少?

(2) 假设该公司按照1:2的比例进行股票分割,股票分割后,股东权益有何变化?每股净资产是多少?

表8-3 某上市公司2016年股东权益账户情况　　　　　　　　　　　　　单位:万元

项目	金额
普通股(面值10元,发行在外2000万股)	20 000
资本公积	20 000
盈余公积	10 000
未分配利润	16 000
股东权益合计	66 000

根据上述资料,分析计算如下。

(1) 发放股票股利后,股东权益情况如表8-4所示,每股净资产为

$$66\,000 \div (2000+200) = 30(元/股)$$

表8-4 某上市公司发放股票股利后的股东权益账户情况　　　　　　　　单位:万元

项目	金额
普通股(面值10元,发行在外2200万股)	22 000
资本公积	22 000
盈余公积	10 000
未分配利润	12 000
股东权益合计	66 000

(2) 股票分割后,股东权益情况如表8-5所示,每股净资产为

$$66\,000 \div (2000 \times 2) = 16.5(元/股)$$

表8-5　某上市公司进行股票分割后股东权益账户情况　　　　　　　　　　单位：万元

项　目	金　额
普通股(面值5元，发行在外4000万股)	20 000
资本公积	20 000
盈余公积	10 000
未分配利润	16 000
股东权益合计	66 000

三、股票回购

股票回购是指上市公司出资将其发行在外的普通股以一定价格购买回来予以注销或作为库存股的一种资本运作方式。

公司不得随意收购本公司的股份，只有在满足相关法律规定的情形下才能进行股票回购。我国《公司法》规定，公司只有在以下几种情形下才可以回购本公司的股份：①减少公司注册资本；②与持有本公司股份的其他公司合并；③将股份奖励给公司职工；④股东因对股东大会做出的合并、分立决议持有异议，要求公司收购其股份。

(一) 股票回购的意义

股票回购是指公司出资购回自身发行在外的股票。公司以多余现金购回股东所持有的股份。这样，流通在外的股份减少，每股股利增加，从而使股价上升，股东能因此获得资本利得，这就相当于公司支付给股东现金股利。所以，股票回购可以看成是一种现金股利的替代方式，它与现金股利对股东起到了同等作用。但股票回购与发放现金股利有着不同的意义。

对股东而言，股票回购后股东得到的资本利得需缴纳资本利得税，发放现金股利股东则需要缴纳股息税。这些因素可能因为股票回购而发生变化，股票回购对股东利益具有不确定的影响。

对公司而言，股票回购有利于公司价值的增加。

(1) 公司进行股票回购的目的之一是向市场传递股价被低估的信号。股票回购有着与股票发行相反的作用。股票回购的市场反应通常是股价提升，有利于稳定公司股票价格。如果股票依然被低估，剩余股东也可以从低价回购中获利。

(2) 当公司可支配的现金流明显超过投资项目所需的现金流时，可以用自由现金流进行股票回购，有助于增加每股盈利水平，又起到了降低管理层代理成本的作用。

(3) 避免股利波动带来的负面影响。当公司剩余现金流是暂时的或者是不稳定的，没有把握能够长期维持高股利政策时，可以在维持一个相对稳定的股利支付率基础上，通过股票回购发放股利。

(4) 发挥财务杠杆的作用。如果公司认为资本结构中权益资本的比例较高，可以通过股票回购提高负债比率，改变公司的资本结构，并有助于降低加权平均资本成本。虽然发放现金股利也可以减少股东权益，增加财务杠杆，但两者在收益相同时的每股收益是不同的。

(5) 通过股票回购可以减少外部流通股的数量，提高股票价格，在一定程度上降低了公司被恶意收购的风险。

(6) 调节所有权结构。公司拥有回购的股票，可以用来交换被收购或被兼并公司的股票，也可以用来满足认股权证持有者认购公司股票或可转换债券持有人转换公司普通股的需要，还可以在执行管理层与员工股票期权时使用，避免发行新股而稀释了收益。

(二) 股票回购的方式

股票回购的方式按照分类标准不同，可进行以下分类。

(1) 按股票回购的地点不同，股票回购可分为场内公开收购和场外协议收购两种。场内公开收购是指公司把自己等同于任何潜在的投资者，委托证券公司代自己按照公司股票当前市价回购；场外协议收购是指公司与某一类或某几类投资者直接见面，通过协商来回购股票的一种方式。

(2) 按股票回购的对象不同，股票回购可分为在资本市场上进行随机回购、向全体股东招标回购和向个别股东协商回购。在资本市场上随机回购的方式最为普遍，但往往受到监管机构的严格监控；向全体股东招标回购的方式，回购价格通常高于当时的股价，具体回购工作一般要委托金融中介机构进行，成本费用高；向个别股东协商回购，由于不是面向全体股东，所以必须保持回购价格的公正合理，以免损害其他股东利益。

(3) 按筹资方式不同，股票回购可分为举债回购、现金回购和混合回购。举债回购是指企业通过向银行等金融机构借款的办法来回购本公司的股份。其目的无非是防御其他公司的恶意收购与兼并；现金回购是指企业利用剩余资金来回购本公司的股票；如果企业既动用了剩余资金，又向银行借款来回购本公司股份，就成为混合回购。

(4) 按回购价格的确定方式不同，股票回购可分为固定价格邀约回购和拍卖回购。固定价格邀约回购是指企业在特定时间发出的以某一高出股票当前市价的价格水平回购既定数量股票的卖出报价。为了在短时间内回购数量相对较多的股票，公司可以宣布固定价格邀约回购。其优点是赋予所有股东向公司出售所持股票的机会；拍卖回购在回购价格确定方面给予公司更大的灵活性。首先，公司指定回购价格的范围通常较宽并且计划回购的股票数量可以以上下限的形式表示。其次，股东进行投标，说明愿意以某价格出售股票的数量。最后，公司汇总所有股东提交的价格和数量，确定此次股票回购的"价格—数量曲线"，并根据实际回购数量确定最终回购价格。

(三) 股票回购的不利影响

(1) 股票回购需要大量资金支付回购成本，容易造成资金紧张，降低资产流动性，影响公司后续发展。

(2) 股票回购无异于股东退股和公司资本的减少，也可能会使公司的发起人股东更注重创业利润的实现。这不仅在一定程度上削弱了对债权人利益的保护，而且忽视了公司的长远发展，损害了公司的根本利益。

(3) 股票回购容易导致公司操纵股价。公司回购自己的股票容易导致其利用内部信息进行炒作，加剧公司行为的非规模化，损害投资者的利益。

【本章小结】

收益(利润)分配是指企业按照国家规定的政策和比例，对已实现的净利润在企业和投资者之间进行分配。利润分配按照下列顺序进行：弥补以前年度亏损、提取法定盈余公积金、提取任意盈余公积金、向投资者(股东)分配利润或股利。股利按其支付方式的不同可分为现金股利、股票股利、实物股利和负债股利等。股利支付的类型包括：剩余股利政策、固定或稳定增长的股利政策、固定股利支付率政策、低正常股利加额外股利政策。股票分割是指将面额较高的股票交换成面额较低的股票的行为。股票回购是指上市公司出资将其发行在外的普通股以一定价格购买回来予以注销或作为库存股的一种资本运作方式。

【课后习题】

一、单选题

1. 关于股票股利，说法正确的有(　　)。
   A. 股利会导致股东财富的增加
   B. 股票股利会引起所有者权益各项目的结构发生变化
   C. 股票股利会导致公司资产的流出
   D. 股票股利会引起负债的增加

2. 相对于其他股利政策而言，既可以维持股利的稳定性，又有利于优化结构的股利政策是(　　)。
   A. 剩余股利政策　　　　　　　　B. 固定股利政策
   C. 固定股利支付率政策　　　　　D. 低正常股利加额外股利政策

3. 某公司 2017 年税后利润为 400 万元，2018 年年初公司讨论决定股利分配的数额。预计 2018 年追加投资资本 500 万元。公司的目标资本结构为权益资本占 60%，债务资本占 40%，2018 年继续保持目前的资本结构不变。按有关法规规定该公司应该至少提取 10%的法定公积金。该公司采用剩余股利分配政策，则该公司最多用于派发的现金股利为(　　)万元。
   A. 100　　　　B. 60　　　　C. 200　　　　D. 160

4. 造成股利波动较大，给投资者公司不稳定的感觉，对于稳定股票价格不利的股利分配政策是(　　)。
   A. 剩余股利政策　　　　　　　　B. 固定或持续增长的股利政策
   C. 固定股利支付率政策　　　　　D. 低正常股利加额外股利政策

5. 在以下股利政策中，有利于稳定股票价格，从而树立公司良好形象，但股利的支付与公司盈余相脱节的股利政策是(　　)。
   A. 剩余股利政策　　　　　　　　B. 固定或持续增长的股利政策
   C. 固定股利支付率政策　　　　　D. 低正常股利加额外股利政策

6. 我国上市公司不得用于支付股利的权益资本是( )。
   A. 资本公积
   B. 任意盈余公积
   C. 法定盈余公积
   D. 上年未分配利润
7. 上市公司按照剩余股利政策发放股利的好处是( )。
   A. 有利于公司合理安排资本结构
   B. 有利于投资者安排收入与支出
   C. 有利于公司稳定股票的市场价格
   D. 有利于公司树立良好的形象
8. 在下列股利政策中，股利与利润之间保持固定比例关系，体现风险投资与风险收益对等关系的是( )。
   A. 剩余股利政策
   B. 固定股利政策
   C. 固定股利支付率政策
   D. 低正常股利加额外股利政策

二、多选题

1. 企业选择股利政策通常需要考虑以下几个因素中的( )。
   A. 企业所处的成长与发展阶段
   B. 企业支付能力的稳定情况
   C. 企业获利能力的稳定情况
   D. 目前的投资机会
2. 下列说法正确的有( )。
   A. 为了应付通货膨胀，公司多采用低股利政策
   B. 为了更好约束经营者的背离行为，公司多采用高股利政策
   C. 为了更好地为股东合理避税，公司多采用高股利政策
   D. 依据股利相关论，高股利政策有助于增加股东财富
3. 公司实施剩余股利政策，意味着( )。
   A. 公司接受了股利无关理论
   B. 公司可以保持理想的资本结构
   C. 公司统筹考虑了资本预算、资本结构和股利政策等财务基本问题
   D. 兼顾了各类股东、债权人的利益
4. 股利政策的制定受多种因素的影响，包括( )。
   A. 税法对股利和出售股票收益的不同处理
   B. 未来公司的投资机会
   C. 公司举债能力
   D. 股东规避风险和稳定收入的要求
5. 股票股利，会产生下列影响中的( )。
   A. 引起每股盈余下降
   B. 使公司留存大量现金
   C. 股东权益各项目的比例发生变化
   D. 股东权益总额发生变化
6. 上市公司发放股票股利可能导致的结果有( )。
   A. 公司股东权益内部结构发生变化
   B. 公司股东权益总额发生变化
   C. 公司每股盈余下降
   D. 公司股份总额发生变化
7. 公司进行股票分割行为后产生的影响有( )。
   A. 每股市价下降
   B. 发行在外的股数增加
   C. 股东权益总额不变
   D. 股东权益各项目的结构不变

8. 上市公司发放现金股利主要出于以下原因中的(　　)。
   A. 投资者偏好　　　　　　　　　B. 减少代理成本
   C. 传递公司的未来信息　　　　　D. 降低财务杠杆
9. 股票分割的主要作用有(　　)。
   A. 有利于促进股票流通和交易
   B. 有助于公司并购政策的实施，增加对被并购方的吸引力
   C. 可能增加股东的现金股利，使股东感到满意
   D. 有利于增强投资者对公司的信心

三、判断题

1. 采用剩余股利分配政策的优点是有利于保持理想的资本结构，降低企业的加权平均资本成本。(　　)
2. 固定股利政策的一个主要缺点是当企业盈余较少甚至亏损时，仍需支付固定的股利，可能导致企业财务状况恶化。(　　)
3. 发放股票股利并不引起股东权益总额的变化，发放现金股利会减少股东权益总额。(　　)
4. 股利无关论认为，只要公司的经营与投资是盈利的，那么这些盈利是否以股利的形式支付给股东并不重要。(　　)
5. 采用固定股利支付率政策分配利润时，股利不受经营状况的影响，有利于公司股票价格的稳定。(　　)

四、技能提升

1. 某股份制企业 2018 年利润总额为 2000 万元，企业所得税税率为 25%，法定盈余公积、任意盈余公积的提取比例分别为 10%、15%，支付普通股股利为 800 万元，企业的未分配利润还剩多少？
2. 某公司 2018 年实现的税后净利润为 1000 万元，法定盈余公积、公益金提取比例为 15%，若 2019 年的投资计划所需资金为 800 万元，公司的目标资金结构为自有资金占 60%。
   要求：
   (1) 若公司采用剩余股利政策，则 2018 年年末可发放多少股利？
   (2) 若公司发行在外的股数为 1000 万股，计算每股利润及每股股利？
3. 某公司目标资产负债率为 50%，当年税后净利润为 900 万元，按 10%分别提取盈余公积与公益金，下年度计划投资 2000 万元。
   问题：案例中的公司是否应该发放股利？

第九章

财务报表分析

【知识目标】
1. 了解财务报表分析的主体、目的以及分析方法。
2. 理解企业偿债能力、营运能力、盈利能力以及发展能力指标的含义和计算方法。
3. 掌握杜邦财务分析体系、沃尔比重评分法的分析方法。

📖 案例导入

猎狗的待遇

猎人买来几条猎狗,吩咐它们:"凡是能够在打猎中捉到兔子的,就可以得到几根骨头,捉不到的就没有饭吃。"猎狗们纷纷努力追兔子,因为谁都不愿意没饭吃。

就这样过了一段时间,问题出现了。大兔子非常难捉到,小兔子好捉。但捉到大兔子得到的奖赏和捉到小兔子得到的差不多,猎狗们发现了这个窍门,都去捉小兔子。

猎人对猎狗说:"最近你们捉的兔子越来越小了,为什么?"

猎狗们说:"反正没有什么大的区别,为什么要费那么大的劲去捉大的呢?"

猎人经过思考后,决定不将奖赏骨头与是否捉到兔子挂钩,而是每过一段时间,就统计一次猎狗捉到兔子的总重量,按照重量决定猎狗在一段时间内的待遇。于是猎狗们捉到兔子的数量和重量都增加了。

点评:

仅仅对兔子的数量负责,猎狗们的进取心不强。而将待遇与兔子的总重量挂钩,大大地提高了猎狗们的积极性。采用什么样的财务指标来考核猎狗的业绩,对于猎人来说至关重要。企业的业绩评价也会采用财务指标,但用什么方法、什么指标比较合适?这就需要管理者掌握财务指标的特点和差异,并根据企业的特点和考核目的,在实际工作中灵活运用了。

(资料来源:张新民,钱爱民. 财务报表分析(第三版)[M]. 北京:中国人民大学出版社,2014.)

第一节 财务报表分析概述

一、财务报表分析的概念

财务报表分析是以企业的财务报表作为分析基础,采用一系列的财务分析技术和方法,通过收集、整理和解析企业财务报表中的有关数据并结合其他有关补充信息对企业的财务状况、经营成果和现金流量情况进行综合比较和客观评价的完整过程。财务报表分析的目的是了解过去、评价现在和预测未来,为企业利益相关者做出科学的投资和经营决策提供财务信息依据。

二、财务报表分析的主体和目的

财务报表分析主体可分为内部分析主体和外部分析主体,其中内部分析主体主要是指企业经营管理人员和财务工作者,外部分析主体包括投资者、债权人、政府相关部门、供应商等利益相关者。不同的分析主体都要通过财务报表分析做出正确的经济决策,以便取得最佳的经济利益。一般来说,不同的分析主体,其分析目的也不相同。

(一) 经营管理人员的分析目的

企业经营管理人员是企业生产经营活动的决策者和组织者。在生产经营活动中,一方面他们要关注企业的经营安全,另一方面要努力提高企业的经营效率和效益,因此他们必须对企业进行全面的财务分析。通过财务报表分析至少可以达到以下三个目的。

(1) 对前一时期的经营业绩(可以通过销售收入、利润等指标衡量)进行客观评价。
(2) 分析企业当前整体的财务状况和存在的问题,并进行相应的财务调整。
(3) 预测企业未来的发展趋势,为进行财务决策提供依据。

(二) 企业投资者的分析目的

企业投资者是企业的所有者,他们与企业有利共享,风险共担,因此必然十分关心企业的经营状况和财务成果。他们对企业财务报表的分析,一方面是为了评价企业经营管理人员的业绩,考核他们作为企业资产的经营者是否称职;另一方面通过对企业价值的评价和判断,决定自己是否"用脚投票"。潜在的投资者通过财务报表分析,对企业盈利能力、发展前景、投资的风险程度等方面进行综合评价,并作为是否对该企业进行投资的决策依据。

(三) 债权人的分析目的

债权人(主要是银行)与企业之间存在借贷关系,因此他们十分关心企业能否按期付息、定期还本。如果企业经营不好,发生亏损,资不抵债,不能及时偿还债务,债权人的利益就有可能遭受损失。因此债权人进行财务报表分析的目的主要是了解企业的偿债能力和财务状况。

(四) 政府相关部门的分析目的

政府相关部门(主要是税务部门)对企业进行财务报表分析的主要目的是了解企业的纳税情况、遵守政府法规和市场秩序的情况以及职工收入和就业状况。

(五) 供应商的分析目的

供应商作为企业的商业合作伙伴，十分关心企业的经营状况和未来发展趋势。供应商进行财务报表分析的目的主要是了解企业的信用水平，帮助自己回答能否长期合作、是否延长付款期等问题。

(六) 竞争对手的分析目的

竞争对手为达到"知己知彼，百战不殆"的目的，也会分析竞争企业的财务报表，以了解竞争企业目前的财务状况和财务战略，然后制定相应的竞争战略。

(七) 员工和工会的分析目的

员工和工会要通过财务报表分析判断企业盈利水平与员工收入、保险、福利之间是否相适应，此外员工还可能通过财务报表分析判断企业的发展前景，并决定自己的去留。

(八) 注册会计师的分析目的

注册会计师进行财务报表分析的目的主要有：①寻找审计线索；②判断企业整体财务状况；③提出财务建议。

三、财务报表分析的方法

财务报表分析的主要依据是财务报表的数据资料，但是以金额表示的各项会计资料并不能说明除本身以外更多问题，因此，各个分析主体必须采用一定的方法将这些会计资料加以适当的重新组合或搭配，剖析其相互之间的因果关系或关联程度，观察其发展趋势，推断其可能导致的结果，从而达到分析的目的。

财务分析的方法灵活多样，由于分析对象、企业实际情况和分析者的不同，会采用不同的分析方法。财务报表的基本分析方法有比较分析方法、趋势分析方法、比率分析方法、因素分析方法和综合分析方法等。

(一) 比较分析方法

比较分析方法是将财务报表中的某些项目或财务指标与另外的相关资料相比较，以说明、评价企业的财务状况、经营成果的一种常用的报表评价和分析方法。该方法的适用范围比较广泛，企业前后各期指标的纵向比较、不同企业之间的横向比较、企业实际指标与计划指标的对比等都可以运用该方法。

(二) 趋势分析方法

趋势分析方法是将两期或连续数期财务报告中的相同指标进行对比,确定其增减变动情况,以说明企业财务状况、经营成果和现金流量变动趋势的一种分析方法。该方法的具体运用主要有 3 种方式,即重要财务指标的比较、财务报表的比较和财务报表构成项目的比较。

(三) 比率分析方法

比率分析方法是指利用财务报表中两项相关数值的比率揭示企业财务状况和经营成果的一种分析方法。由于财务分析的目的不同、分析的角度不同等,比率分析方法中的比率有许多分类形式。有的根据财务报表的种类来划分比率,有的根据分析主体来划分比率,有的从反映财务状况的角度来划分比率。

(四) 因素分析方法

因素分析方法是根据分析指标与其驱动因素的关系,从数量上确定各因素对分析指标的影响方向及程度的分析方法。该方法的具体应用主要有两种形式,即连环替代法和差额分析法。

(五) 综合分析方法

综合分析方法是在单项分析的基础上,根据各项财务能力或效益之间的关系及联系,通过综合指标体系的选择,全面、系统地对企业财务状况和经营成果进行准确的评价和判断。财务综合分析方法从不同角度出发,有着不同的分析内容与分析思路。常见的综合分析方法主要有杜邦分析法和改进的沃尔评分法。

第二节 基本的财务比率

一、偿债能力比率

偿债能力是企业偿还各种到期债务的能力。偿债能力分析则是对企业偿还到期债务能力的衡量与评价。企业的偿债能力按其债务到期时间的长短分为短期偿债能力和长期偿债能力,两者都是反映企业债务及时有效偿付的能力,但并非越高越好,企业应在实现价值最大化目标的同时,合理安排企业的债务水平与资产结构,实现风险与收益的均衡。

(一) 短期偿债能力分析

短期偿债能力分析又称为企业流动性分析,是指企业以流动资产偿还流动负债的能力,或者企业在短期债务到期可以变现用于偿还流动负债的能力。评价短期偿债能力的财务指标主要包括流动比率、速动比率和现金比率等。

1. 流动比率

流动比率亦称为营运资本比率或真实比率,是指企业流动资产与流动负债的比率。流动比率表明企业某一时点,每一元流动负债有多少流动资产作为偿还的保证。流动比率是分析企业短期偿债能力的最基本、最常用的指标。

流动比率计算公式为

$$流动比率 = \frac{流动资产}{流动负债}$$

【例9-1】B公司201×年流动资产总额年初为800 000元、年末为1 000 000元，流动负债总额年初为600 000元、年末为650 000元，则其流动比率是多少？

$$年初流动比率 = 流动资产 \div 流动负债 = 800\ 000 \div 600\ 000 = 1.33$$
$$年末流动比率 = 流动资产 \div 流动负债 = 1\ 000\ 000 \div 650\ 000 = 1.54$$

一般来说，企业的流动比率越高，表明其短期偿债能力越强。根据经验，债权人通常认为流动比率达到2时，企业财务状况才能算作安全可靠，这表明企业除了满足日常生产经营的流动资金需要外，还有足够的流动资产去偿还到期的短期债务。如果流动比率过低，则意味着企业短期偿债能力较弱，但流动比率也不宜过高，因为过高的流动比率会使企业丧失机会收益，也会影响资金的使用效率和企业的获利能力。

2. 速动比率

速动比率是企业速动资产与流动负债的比率。速动资产是指现金和易于变现、可以随时用来偿还债务的那部分流动资产，包括货币资金、交易性金融资产、应收票据、应收账款、其他应收款等流动资产，由于扣除了流动资产中不宜变现的存货和预付账款，所以该指标更能代表企业的短期偿债能力。

速动比率的计算公式为

$$速动比率 = \frac{速动资产}{流动负债}$$

【例9-2】B公司201×年速动资产总额年初为500 000元、年末为600 000元，流动负债总额年初为600 000元、年末为650 000元，则其速动比率是多少？

$$年初速动比率 = 速动资产 \div 流动负债 = 500\ 000 \div 600\ 000 = 0.83$$
$$年末速动比率 = 速动资产 \div 流动负债 = 600\ 000 \div 650\ 000 = 0.92$$

一般来说，企业的速动比率越高，表明其短期偿债能力越强。根据经验，债权人通常认为速动比率达到1时，企业才会具有良好的财务状况和充实的短期偿债能力。速动比率越高，对债权人的保证程度越强，但并不表明企业有足够的现金来偿还债务，也不意味着存货就毫无价值，所以这个比例并不是绝对的。当企业存货流转顺畅，即使速动比率较低，而流动比率高，企业也仍然有能力如期偿还债务。

3. 现金比率

现金比率是指一定时期内企业的现金以及现金等价物与流动负债的比率。这里所说的现金是指企业的货币资金和现金等价物的总和。现金等价物是指三个月到期的短期有价证券，它最能直接反映企业可以随时偿还短期债务的能力。现金比率的计算公式为

$$现金比率 = \frac{货币资金 + 有价证券}{流动负债}$$

该指标数值越高,说明企业短期偿债能力越强,但过高的现金比率意味着企业资金使用效果不佳,资金分布不合理,因为现金往往是企业中收益率最低的资产,企业不应将大量资产停留在现金上。

(二) 长期偿债能力分析

长期偿债能力分析是指企业偿还非流动负债的能力,或者企业在非流动债务到期时,其盈利或者资产可用于偿还的能力。对企业长期偿债能力的分析,主要是通过对资产负债率和利息保障倍数指标的分析来进行。

1. 资产负债率

资产负债率也称负债比率,是指企业负债总额与资产总额的比率。它表明在企业全部资产中,由债权人提供的资金所占的比重。该指标用来衡量企业对债权人权益的保障程度,是显示企业财务风险的重要指标。其计算公式为

$$资产负债率 = \frac{负债总额}{资产总额} \times 100\%$$

【例9-3】B公司201×年资产总额年初为1 800 000元、年末为2 400 000元,负债总额年初为900 000元、年末为1 100 000元,则其资产负债率是多少?

$$年初资产负债率 = \frac{负债总额}{资产总额} \times 100\% = \frac{900\ 000}{1\ 800\ 000} \times 100\% = 50\%$$

$$年末资产负债率 = \frac{负债总额}{资产总额} \times 100\% = \frac{1\ 100\ 000}{2\ 400\ 000} \times 100\% = 45.83\%$$

该指标越低,表明企业偿债能力越强,对企业债权人来说,其信贷资金的安全性越好,风险越低。因此,债权人希望企业的资产负债率越低越好。但对企业所有者来说,负债能利用财务杠杆作用,在投资回报率高于债务利息率的情况下,资产负债率高,会使企业所有者得到较多的投资回报,但风险也会随之加大,因为债务的成本是固定的,但未来经营的预期性则不是稳定的。

2. 利息保障倍数

利息保障倍数也称已获利息倍数,是指举债经营企业的息税前利润与所支付利息费用之间的倍数关系。该指标能测定企业以获取的利润承担借款利息的能力,是评价债权人投资风险程度的重要指标之一。其计算公式为

$$利息保障倍数 = \frac{息税前利润}{利息支出} = \frac{利润总额 + 利息支出}{利息支出}$$

【例9-4】B公司201×年利润总额为200 000元,利息支出为40 000元,其利息保障倍数是多少?

$$利息保障倍数 = \frac{息税前利润}{利息支出} = \frac{利润总额 + 利息支出}{利息支出} = \frac{200\ 000 + 40\ 000}{40\ 000} = 6$$

利息保障倍数是从企业的盈利方面来考察其长期偿债能力，利息保障倍数越高，说明企业对偿还债务的保障程度就越强。从长期来看，利息保障倍数至少应大于1，企业长期债务才有保障偿还。

二、营运能力比率

营运能力是指企业利用现有资源创造效益的能力，即以较少的资金占用，在较短的时间获得较多的财富。企业资产运营的状况直接关系到资本增值的程度，同时也会对企业的盈利能力、偿债能力构成影响，资产的营运效率越高，企业的获利能力越强，偿债能力也会越高。反之，资产营运效率越低，企业的获利能力就越差，偿债能力就会越低。营运能力分析对企业财务状况的稳定和获利能力的提高都有极其重要的意义。

企业营运能力分析主要包括：全部资产营运能力分析、流动资产营运能力分析和固定资产营运能力分析。

(一) 全部资产营运能力分析

总资产周转率是评价企业全部资产营运能力的最有代表性的指标，它是指企业一定时期的营业收入净额与总资产平均余额之间的比例关系，反映企业总资产在一定时期内创造了多少营业收入或周转额。其计算公式为

$$总资产周转率(次数) = \frac{营业收入净额}{总资产平均余额}$$

总资产周转率也可以用周转天数来表示，即

$$总资产周转天数 = \frac{360}{总资产周转率} = \frac{360 \times 总资产平均余额}{营业收入净额}$$

【例9-5】B公司201×年营业收入净额为2 000 000元，年初总资产为1 800 000元，年末总资产为2 400 000元，则其总资产周转率和周转天数各是多少？

$$总资产周转率(次数) = \frac{营业收入净额}{总资产平均余额}$$

$$= \frac{2\,000\,000}{(1\,800\,000 + 2\,400\,000) \div 2} = 0.95(次)$$

$$总资产周转天数 = \frac{360}{总资产周转率} = \frac{360 \times 总资产平均余额}{营业收入净额}$$

$$= \frac{360 \times (1\,800\,000 + 2\,400\,000) \div 2}{2\,000\,000} = 378(天/次)$$

总资产周转率可以用来分析企业全部资产的使用效率：总资产周转率越高，表明总资产周转速度越快，资产的管理水平越高，企业运用全部资产进行经营的效率越高；反之，则说明企业利用全部资产进行经营的效率较差。总资产周转率过低，最终将影响企业的盈利能力，需要企业采取措施，在扩大销售的同时，提高各项资产的利用效果，压缩多余、未使用和不需用的资产，通过提高资产的周转速度来提高资产的使用效果。

(二) 流动资产营运能力分析

对流动资产营运能力的分析,主要是通过对流动资产周转率这个最有代表性的指标的分析来进行。流动资产周转率是指企业一定时期的营业收入净额与流动资产平均余额的比例关系,是反映企业流动资产周转速度和综合利用效率的指标。其计算公式为

$$流动资产周转率(次数) = \frac{营业收入净额}{流动资产平均余额}$$

流动资产周转率也可以用周转天数表示,即

$$流动资产周转天数 = \frac{360 \times 流动资产平均余额}{营业收入净额}$$

【例9-6】B公司201×年营业收入净额为2 000 000元,年初流动资产为800 000元,年末流动资产为1 000 000元,则其流动资产周转次数和周转天数各是多少?

$$流动资产周转率(次数) = \frac{营业收入净额}{流动资产平均余额}$$

$$= \frac{2\,000\,000}{(800\,000 + 1\,000\,000) \div 2} = 2.22(次)$$

$$流动资产周转天数 = \frac{360 \times 流动资产平均余额}{营业收入净额}$$

$$= \frac{360 \times (800\,000 + 1\,000\,000) \div 2}{2\,000\,000} = 162(天/次)$$

流动资产周转率越高,说明企业流动资产的经营利用效果越好,进而将使企业的偿债能力和盈利能力得到加强。反之,则表明企业利用流动资产进行经营的效果差,说明企业经营管理者没有充分利用流动资产进行投资或经营。

(三) 固定资产营运能力分析

固定资产周转率是评价企业固定资产营运能力的最有代表性的指标,它是指企业一定时期的营业收入净额与平均固定资产总值(或固定资产平均余额)的比例关系,反映了固定资产的周转状况和运用效率。其计算公式为

$$固定资产周转率(次数) = \frac{营业收入净额}{平均固定资产}$$

【例9-7】B公司201×年营业收入净额为2 000 000元,年初固定资产总值为900 000元,年末固定资产总值为1 200 000元,则其固定资产周转率是多少?

$$固定资产周转率(次数) = \frac{营业收入净额}{平均固定资产}$$

$$= \frac{2\,000\,000}{(900\,000 + 1\,200\,000) \div 2} = 1.9(次)$$

一般情况下,固定资产周转率越高越好。该指标越高,说明企业固定资产的利用效果越好,

资产经营风险越小，同时也表明企业固定资产投资得当，固定资产结构合理。

三、盈利能力比率

盈利是企业的重要经营目标，是企业生存和发展的物质基础，企业的所有者、债权人以及经营管理者都非常关心企业的盈利能力。盈利能力是指企业在一定时期内获取利润的能力，它是评价企业经营管理水平的重要依据。盈利能力的大小是一个相对的概念，即利润相对于一定的资源投入、一定的收入而言，利润率越高，盈利能力越强；利润率越低，盈利能力越差。盈利能力分析就是通过一定的分析方法，判断企业获取利润的能力，包括企业在一定会计期间内从事生产经营活动的盈利能力分析和企业在较长时期内稳定地获取较高利润的能力分析。盈利能力分析是企业财务分析的重点，企业经营得好坏最终可以通过盈利能力表现出来，它也是企业利益相关单位了解企业、认识企业及企业内部改进经营管理的重要手段之一。

盈利能力分析主要通过不同的利润率分析来满足各方面对财务信息的需求，其主要内容包括：销售盈利能力分析、资本经营与资产经营盈利能力分析和上市公司盈利能力分析。

(一) 销售盈利能力分析

企业经营的目标是使利润最大化，只有盈利才能使企业更好地生存和发展，因此，销售盈利能力指标是财务报表使用者较为关注的能力指标，也是考核同一行业管理水平的重要依据，反映销售盈利能力的指标主要包括营业毛利率、营业利润率和营业净利率等。

1. 营业毛利率

营业毛利率是指营业毛利与营业收入的比率。营业毛利是企业营业收入扣除营业成本与税金及附加后的差额，反映了企业在销售环节的获利水平。通常，营业毛利率指标越高，企业的销售盈利能力就越强，其产品在市场上的竞争能力也越强，营业毛利率的计算公式为

$$营业毛利率 = \frac{营业毛利}{营业收入净额} \times 100\%$$

【例9-8】B公司201×年营业收入为2 030 000元，发生营业折扣与折让30 000元，营业成本为1 490 000元，税金及附加为10 000元，其营业毛利率是多少？

$$营业毛利率 = \frac{营业毛利}{营业收入净额} \times 100\%$$

$$= \frac{(2\,030\,000 - 30\,000) - 1\,490\,000 - 10\,000}{2\,030\,000 - 30\,000} \times 100\% = 25\%$$

营业毛利率的高低与企业产品定价政策有关，并且不同行业间的营业毛利率也有很大的差别。一般来说，营业周期长、固定费用高的行业(如工业企业)，会有较高的毛利率，这样会弥补其较高的营业成本。而营业周期短、固定费用低的行业(如商品流通企业)，其毛利率可以低一些。为了公正地评价企业的盈利能力，企业应将该指标与行业的平均水平或先进水平进行比较，并结合企业的目标毛利率来分析，以便更好地发现问题并寻找原因，以提高企业的盈利能力。

2. 营业利润率

营业利润率是企业营业利润与营业收入的比率，反映企业成熟产品的销售盈利能力。营业利润率是衡量企业创利能力高低的一个重要财务指标，该指标越高，表明企业营业创利能力越强，未来收益的发展前景更可观。营业利润率的计算公式为

$$营业利润率 = \frac{营业利润}{营业收入净额} \times 100\%$$

【例 9-9】 B 公司 201×年营业利润为 300 000 元，营业收入净额为 2 000 000 元，其营业利润率是多少？

$$营业利润率 = \frac{营业利润}{营业收入净额} \times 100\%$$
$$= \frac{300\ 000}{2\ 000\ 000} \times 100\% = 15\%$$

该比率越高，表明企业的营业活动为社会创造的价值越多，贡献也就越大。同时，该指标也反映了企业经营活动获利能力的高低。营业利润率的水平高低与行业有关，因此，企业在分析时应参照同行业的平均水平或先进水平进行评价。

3. 营业净利率

营业净利率是指企业净利润与营业收入的比率。通常，营业净利率指标越高，说明企业销售的盈利能力越强。但营业净利率也并非越高越好，因为除此之外，企业的销售增长情况和净利润的变动情况也是考虑的因素。营业净利率的计算公式为

$$营业净利率 = \frac{净利润}{营业收入净额} \times 100\%$$

【例 9-10】 B 公司 201×年的净利润为 100 000 元，营业收入净额为 2 000 000 元，其营业净利率是多少？

$$营业净利率 = \frac{净利润}{营业收入净额} \times 100\% = \frac{100\ 000}{2\ 000\ 000} \times 100\% = 5\%$$

由于影响企业净利润的因素有多种，因而不能简单地通过这一比率来说明企业管理水平的高低。另外，营业净利率指标的高低还要结合行业的特点，不同行业的企业营业净利率大不相同，在使用该指标进行分析时，企业要考虑在扩大营业收入的同时还必须获得更多的净利润，才能使这一指标保持不变，或者提高。

(二) 资本经营与资产经营盈利能力分析

对资本经营与资产经营盈利能力的分析，主要通过分析净资产收益率和总资产报酬率来进行。

1. 净资产收益率

资本经营盈利能力分析是从所有者的角度来衡量企业盈利能力的高低，也是最被投资者关注的指标分析内容。投资者投资企业的最终目的是获取利润，通过对净资产收益率的计算，可

以判断企业的投资效益，了解企业潜在的投资者的投资倾向，进而预测企业的筹资规模、筹资方式及发展方向。

净资产收益率是指企业的净利润与平均净资产的比率，它是反映投资者资本获利能力的指标。净资产收益率的计算公式为

$$净资产收益率 = \frac{净利润}{平均净资产} \times 100\%$$

【例9-11】B公司201×年净利润为100 000元，年初所有者权益为900 000元，年末所有者权益为1 300 000元，其净资产收益率是多少？

$$净资产收益率 = \frac{净利润}{平均净资产} \times 100\%$$

$$= \frac{100\ 000}{(900\ 000 + 1\ 300\ 000) \div 2} \times 100\% = 9.1\%$$

这一比率越高，说明企业运用资本创造利润的效果越好；反之，则说明资本的利用效果较差。

2. 总资产报酬率

总资产报酬率主要用来衡量企业利用总资产获得利润的能力，它反映了企业总资产的利用效率。在分析这一指标时，通常要结合同行业平均水平或先进水平，以及企业前期的水平进行对比分析，才能判断企业总资产报酬率的变动对企业的影响，从而了解企业总资产的利用效率，发现企业在经营管理中存在的问题，挖掘潜力，调整经营方针，以达到提高总资产利用效率的目的。

总资产报酬率是指企业在一定时期内息税前利润与平均总资产的比率。总资产报酬率的计算公式为

$$总资产报酬率 = \frac{息税前利润}{平均资产总额} \times 100\% = \frac{利润总额 + 利息支出}{平均资产总额} \times 100\%$$

【例9-12】B公司201×年的利润总额为200 000元，利息支出40 000元，年初总资产为1 800 000元，年末总资产为2 400 000元，其总资产报酬率是多少？

$$总资产报酬率 = \frac{利润总额 + 利息支出}{平均资产总额} \times 100\%$$

$$= \frac{200\ 000 + 40\ 000}{(1\ 800\ 000 + 2\ 400\ 000) \div 2} \times 100\% = 11.43\%$$

总资产报酬率反映了企业资金的利用效率，即"所费"和"所得"的关系。以较少的资金占用获得较高的利润回报是企业管理者最期望出现的结果。总资产报酬率的高低验证了企业经营管理水平的高低，通过对总资产报酬率的分析，能够了解企业供、产、销各环节的工作效率和质量，有利于明确各有关部门的责任，发现问题，改正错误，从而调动各部门改善经营管理的积极性，提高经济效益。

(三) 上市公司盈利能力分析

对上市公司的盈利能力进行分析，主要是通过分析普通股每股收益、普通股每股股利、股利支付率以及市盈率等指标来进行。

1. 普通股每股收益

普通股每股收益是指普通股每股利润或每股盈余，即净利润与发行在外的普通股股数的比值。其计算公式为

$$普通股每股收益 = \frac{净利润}{发行在外的普通股股数}$$

【例 9-13】B 公司 201×年净利润为 100 000 元，年初发行在外的普通股股数为 200 000 股，当年 7 月 1 日又增发了 80 000 股，则其普通股每股收益是多少？

$$普通股每股收益 = \frac{净利润}{发行在外的普通股股数}$$
$$= \frac{100\ 000}{(200\ 000 + 80\ 000 \times 6 \div 12)} = 0.42(元/股)$$

普通股每股收益反映了普通股的获利能力，是衡量上市公司盈利能力的一个重要财务指标，也是投资人最为关心的指标之一，它反映了上市公司的经营成果以及股东投资的报酬水平。该指标值越高，表明每股股票所获得的利润就越多，股东的投资效益就越好，反之则越差。

2. 普通股每股股利

普通股每股股利是指普通股股利总额与发行在外的普通股股数的比值。其计算公式为

$$普通股每股股利 = \frac{普通股股利总额}{发行在外的普通股股数}$$

【例 9-14】B 公司 201×年普通股股利总额为 24 000 元，发行在外的普通股平均股数为 240 000 股，则其普通股每股股利是多少？

$$普通股每股股利 = \frac{普通股股利总额}{发行在外的普通股股数} = \frac{24\ 000}{240\ 000} = 0.1(元/股)$$

公式中的股利总额是指用于分配普通股的现金股利总额，该公式表明在某一时期内每股普通股能够获得的股利收益。每股股利的高低取决于上市公司盈利能力的强弱，同时，公司的股利分配政策和现金是否充沛也决定了每股股利的高低。

3. 股利支付率

股利支付率也称股利发放率，是指普通股每股股利与普通股每股收益的比率，用于衡量普通股的每股收益中有多少用于支付股利。其计算公式为

$$股利支付率 = \frac{普通股每股股利}{普通股每股收益} \times 100\%$$

【例9-15】B公司201×年普通股每股股利为0.1元,普通股每股收益为0.42元,则其股利支付率是多少?

$$股利支付率 = \frac{普通股每股股利}{普通股每股收益} \times 100\% = \frac{0.1}{0.42} \times 100\% = 23.81\%$$

该指标反映了普通股股东从每股收益中实际分到了多少收益,即上市公司在当年的净利润中拿出多少利润分配给股东,它是比每股收益更能直接体现的收益。该比率越大,说明公司当期对股东发放的股利越多。股利支付率主要取决于公司的股利分配政策,其大小并不能表明企业的经济效益。当然,企业的经营政策在很大程度上也影响着股利的分配政策。

4. 市盈率

市盈率是指普通股每股市价与每股收益的比值。其计算公式为

$$市盈率 = \frac{普通股每股市价}{普通股每股收益}$$

【例9-16】B公司201×年普通股每股市价为4.2元,普通股每股收益为0.42元,则其市盈率是多少?

$$市盈率 = \frac{普通股每股市价}{普通股每股收益} = \frac{4.2}{0.42} = 10$$

市盈率指标是衡量上市公司盈利能力的重要指标之一,它反映了投资者对每1元净利润所愿支付的价格,可以用来估计股票的投资报酬与风险。较高的市盈率说明上市公司具有潜在的成长能力。一般说来,市盈率越高,公众对该公司的股票评价越高,但投资风险也会加大。分析市盈率时应结合其他相关指标,因为某些异常的原因也会引起股票市价的变动,造成市盈率的不正常变动。另外,该指标不应用于不同行业公司间的比较。

四、发展能力比率

发展能力是指企业通过自身的生产经营活动,用内部形成的资金不断扩大积累而形成的发展潜能。企业未来的获利能力和资本实力是衡量和评价企业持续发展的根据。通过企业发展能力的分析,经营者能够更好地了解企业的经济实力和经济能力持续发展的趋势。发展能力分析主要包括发展能力指标分析和可持续发展能力分析。

(一) 发展能力指标分析

1. 营业增长率分析

营业增长率是指企业一定时期营业收入增长额与前期营业收入的比率。它表明企业营业收入的增减变动情况,是评价企业发展能力的重要指标。其计算公式为

$$营业增长率 = \frac{本期营业收入增长额}{前期营业收入} \times 100\%$$

【例9-17】B公司201×年营业收入净额为2 000 000元,上一年营业收入净额为1 600 000元,则其营业增长率是多少?

$$营业增长率 = \frac{本期营业收入增长额}{前期营业收入} \times 100\%$$

$$= \frac{2\,000\,000 - 1\,600\,000}{1\,600\,000} \times 100\% = 25\%$$

该指标越高,表明企业的产品适销对路,价格合理,产品质量和性能得到了社会的认可,企业未来有较好的发展前景。如果该指标降低,则说明企业未来的发展令人担忧。

2. 总资产增长率分析

总资产增长率是指企业一定时期总资产增长额与期初资产总额的比率。该指标用资产规模来衡量企业的发展能力,表明企业规模增长水平对企业发展的影响。其计算公式为

$$总资产增长率 = \frac{本期总资产增长额}{期初资产总额} \times 100\%$$

【例9-18】B公司201×年资产总额为2 400 000元,上一年资产总额为1 800 000元,则其总资产增长率是多少?

$$总资产增长率 = \frac{本期总资产增长额}{期初资产总额} \times 100\%$$

$$= \frac{2\,400\,000 - 1\,800\,000}{1\,800\,000} \times 100\% = 33.33\%$$

该指标越高,表明企业一定经营周期内的资产规模的扩张速度越快。如果企业能在一个较长时期内持续稳定地保持总资产的增长,则有助于企业增强竞争实力。

(二) 可持续发展能力分析

可持续发展能力分析,主要通过计算和分析可持续增长率反映企业可持续获利水平的变化情况。可持续增长率是指企业在保持目前经营策略和财务策略的情况下能够实现的增长速度,它与企业的融资和股利政策密切相关。其计算公式为

$$可持续增长率 = 净资产收益率 \times (1 - 股利支付率)$$

【例9-19】B公司201×年年初净资产总额为900 000元,年末为1 300 000元,净利润为100 000元,股利支付率为23.81%,则其可持续增长率是多少?

$$可持续增长率 = 净资产收益率 \times (1 - 股利支付率)$$

$$= \frac{100\,000}{(900\,000 + 1\,300\,000) \div 2} \times 100\% \times (1 - 23.81\%) = 6.93\%$$

可持续增长率越高,表明企业收益的未来增长速度越快;反之,则表明企业收益的未来增长速度越慢。

第三节 财务分析的综合应用

利用财务比率进行深入分析，虽然可以了解企业各方面的财务状况，但是不能全面地评价企业的财务状况和经营效果。只有对各种财务指标进行系统的、综合的分析，才能对企业的财务状况做出全面的、合理的评价。因此，企业必须进行综合的财务分析。这里介绍两种常用的综合分析法：杜邦财务分析体系和沃尔比重评分法。

一、杜邦财务分析体系

杜邦财务分析体系，亦称为杜邦财务分析法，是指根据各主要财务比率指标之间的内在联系，建立财务分析指标体系，对企业的财务状况进行综合分析和评价的方法。由于该指标体系是由美国杜邦公司首先设计和使用的，所以称为杜邦财务分析体系。

这种财务分析方法是从评价企业绩效最具综合性和代表性的指标——净资产收益率为出发点，层层分解至企业最基本生产要素的使用、成本与费用的构成和企业风险，从而满足通过财务分析进行绩效评价的需要。在经营目标发生异动时，经营者能及时查明原因并加以修正，同时为投资者、债权人及政府评价企业提供依据。

杜邦财务分析法的核心指标是净资产收益率(也称股东权益净利率)。

杜邦体系各主要指标之间的关系如下：

$$净资产收益率 = \frac{净利润}{销售收入} \times \frac{销售收入}{总资产} \times \frac{总资产}{净资产}$$

$$= 销售净利率 \times 总资产周转率 \times 权益乘数$$

无论提高哪个指标，净资产收益率都会提高。其中，销售净利率是利润表的概括，销售收入在利润表的第一行，净利润在利润表的最后一行，两者相除可以概括全部经营成果；权益乘数是资产负债表的概括，标明资产、负债和股东权益的比例关系，可以反映最基本的财务状况；总资产周转率把利润表和资产负债表联系起来，使净资产收益率可以综合整个企业经营活动和财务活动业绩。

杜邦分析体系的基本框架如图 9-1 所示。

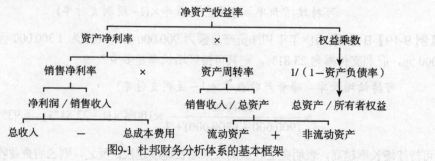

图9-1 杜邦财务分析体系的基本框架

从图 9-1 可以看出，杜邦分析体系是将有关财务比率和财务指标以系统分解图的形式连在一起，通过这一指标体系图，可以了解以下问题。

(1) 净资产收益率是一个综合性最强的财务比率,是杜邦体系的起点。该指标反映了企业所有者投入资本的获利能力,说明了企业筹资、投资、资产运营等各项财务及其管理活动的效率,而不断提高净资产收益率是股东权益最大化的基本保证。该指标的高低取决于销售净利率、总资产周转率和权益乘数。企业所有者、经营者都十分关心该指标。

(2) 销售净利率反映了企业净利润与销售收入的关系。提高销售净利率是提高企业盈利的关键,主要有两个途径:一是扩大销售收入,二是降低成本费用。扩大销售既有利于提高销售净利率,又有利于提高总资产周转率。减低成本费用是提高销售净利率的一个重要因素,从杜邦分析图可以看出成本费用的基本结构是否合理,从而找出降低成本费用的途径和加强成本费用控制的办法。

(3) 总资产周转率揭示企业资产总额实现销售收入的综合能力。影响总资产周转率的重要因素是资产总额。资产总额由流动资产和长期资产组成,它们的结构合理与否将直接影响资产的周转速度。一般来说,流动资产直接体现企业的偿债能力和变现能力,而长期资产则体现企业的经营规模和发展潜力,两者之间应该有一个合理的比例关系。如果发现某项资产比重过大,影响资金周转,就应深入分析原因。例如,企业持有的货币资金超过业务需要,就会影响企业的盈利能力;如果企业占有过多的存货和应收账款,则既会影响获利能力,又会影响偿债能力。因此,企业还应进一步分析各项资产的占有数额和周转速度。

(4) 权益乘数是受资产负债率影响的指标,反映了股东权益与总资产的关系。权益乘数越大,说明企业负债程度较高,能给企业带来较大的财务杠杆利益,但同时也带来了较大的偿债风险。因此,企业既要合理使用全部资产,又要妥善安排资本结构。

通过杜邦体系自上而下逐层分解,可以全方位地揭示与披露企业各项财务指标间的结构关系,查明各主要指标变动的影响因素,为决策者优化经营理财状况、提高企业经营效益提供可靠依据。

【例9-20】A公司简化的资产负债表和利润表分别如表9-1和表9-2所示。

表9-1 A公司2019年资产负债表简表 单位:万元

资产	计划		实际		负债及权益	计划		实际	
	期初	期末	期初	期末		期初	期末	期初	期末
流动资产	1260	1280	1260	1380	流动负债	550	560	550	660
固定资产	1320	1320	1320	1420	长期负债	960	520	960	580
					所有者权益	1070	1520	1070	1560
合计	2580	2600	2580	2800	合计	2580	2600	2580	2800

表9-2 A公司2019年利润表简表 单位:万元

项目	行次	计划数	实际数
一、销售收入	1	2800	3000
减:销售成本	4	1600	1700
税金及附加	9	140	150
二、销售利润	10	1060	1150
加:其他利润	11	20	35

(续表)

项目	行次	计划数	实际数
减：销售费用	14	100	120
管理费用	15	170	150
财务费用	16	20	25
三、利润总额	18	790	890
减：所得税(25%)	28	197.5	222.5
四、净利润	30	592.5	667.5

要求：运用杜邦财务分析方法，比较2019年A公司实际与计划净资产收益率，对净资产收益率做进一步分析。

从表9-2中可以看出，A公司2019年财务指标完成得很好，所有者权益增长较快，净利润超额12.66%[(667.5−592.5)÷592.5]完成。如果利用比率分析，所有指标都完成得很好。先利用杜邦分析，对净资产收益率做进一步的分析。

根据资料，先计算有关指标：

$$资产总额(计划) = (2580+2600) \div 2 = 2590(万元)$$
$$资产总额(实际) = (2580+2800) \div 2 = 2690(万元)$$
$$权益总额(计划) = (1070+1520) \div 2 = 1295(万元)$$
$$权益总额(实际) = (1070+1560) \div 2 = 1315(万元)$$

A公司有关净资产收益率指标的计算，如表9-3所示。

表9-3　A公司有关净资产收益率指标的计算

指标	具体计算
销售净利率	计划 = 计划净利润÷计划销售收入 = 592.5÷2800 = 21.16%
	实际 = 实际净利润÷实际销售收入 = 667.5÷3000 = 22.25%
资产周转率	计划 = 计划销售收入÷计划资产总额 = 2800÷2590 = 1.081
	实际 = 实际销售收入÷实际资产总额 = 3000÷2690 = 1.115
权益乘数	计划 = 计划资产总额÷计划权益总额 = 2590÷1295 = 2
	实际 = 实际资产总额÷实际权益总额 = 2690÷1315 = 2.046
净资产收益率	计划 = 计划净利润÷计划权益总额 = 592.5÷1295 = 45.75%
	实际 = 实际净利润÷实际权益总额 = 667.5÷1315 = 50.76%

净资产收益率指标实际与计划完成情况的分析如表9-4所示。

表9-4　A公司净资产收益率指标完成情况的分析

指标	计划	实际	差异
销售净利率(%)	21.16	22.25	+1.09
总资产周转率(次)	1.081	1.115	+0.034
权益乘数(倍)	2.00	2.046	+0.046
净资产收益率(%)	45.75	50.76	+5.01

因为：

$$净资产收益率 = 资产净利率 \times 权益乘数$$

而且：

$$资产净利率 = 销售净利率 \times 总资产周转率$$

所以：

$$净资产收益率 = 销售净利率 \times 总资产周转率 \times 权益乘数$$

由此看来，决定净资产收益率高低的因素有 3 个方面：销售净利率、总资产周转率和权益乘数。

这样分解之后，可以把净资产收益率这样一个综合性指标发生升、降变化的原因具体化，比只用一项综合性指标更能说明问题。利用 A 公司的资料，用因素分析法分析这 3 个因素对净资产收益率的影响：

净资产收益率 = 销售净利率 × 总资产周转率 × 权益乘数
净资产收益率(计划数) = 21.16% × 1.081 × 2.000 = 45.75%
净资产收益率(实际数) = 22.25% × 1.115 × 2.046 = 50.76%
差异 = 实际数 − 计划数 = 50.76% − 45.75% = +5.01%
销售净利率的影响 = (22.25% − 21.16%) × 1.081 × 2 = +2.36%
资产周转率的影响 = 22.25% × (1.115 − 1.081) × 2 = +1.51%
权益乘数的影响 = 22.25% × 1.115 × (2.046 − 2.00) = +1.14%
三因素的综合影响 = 2.36% + 1.51% + 1.14% = 5.01%

用因素分析法分析的结果与实际差异 5.01%(50.76%-45.75%)相符。

通过上述的分解分析可以看出，权益净利率的提高是三因素共同作用的结果。
(1) 销售净利率提高了 1.09%(22.25%-21.16%)，使权益净利润提高了 2.36%。
(2) 资产周转率增加了 0.034(1.115-1.081)次，使权益净利率增加 1.51%。
(3) 权益乘数本年实际比计划上升 0.046(2.046-2)倍，使权益净利率上升 1.14%。

三因素综合影响，使权益净利率增加 5.01%。

应当指出，杜邦分析方法是一种分解财务比率的方法，而不是另外建立新的财务指标，它可以用于各种财务比率的分解。杜邦分析方法和其他财务分析法一样，关键不在于指标的计算而在于对指标的理解和运用。

二、沃尔比重评分法

在进行财务分析时，人们遇到的一个主要困难是计算出财务比率之后，无法判断它是偏高还是偏低。与本企业的历史比较，也只能看出自身的变化，却难以评价其在市场竞争中的优劣地位。

为了弥补这些缺陷,亚历山大·沃尔在 20 世纪初创立了一种财务综合分析方法——沃尔比重评分法。在《信用晴雨表研究》和《财务报表比率分析》中,亚历山大·沃尔提出了信用能力指数的概念,把若干个有代表性的财务比率用线性结合起来,以评价企业的信用水平。他选择了 7 个财务比率,即流动比率、产权比率、固定资产比率、存货周转率、应收账款周转率、固定资产周转率和自有资金周转率,分别给定各指标的比重,总和为 10 分,然后确定标准比率(以行业平均数为基础),并将实际比率与标准比率相比,评出每项指标的得分,最后求出总评分。

沃尔比重评分法的基本原理是将选定的具有代表性的财务指标与行业平均值(或标准值)进行比较,以确定公司各项指标占标准值的比重,并结合标准分值来确定公司实际得分值。其评价标准是公司某项财务指标的实际得分值高于标准分值,表明该指标较好;若某项财务指标的实际得分值低于标准分值,表明该指标较差;公司的总得分值表示公司财务状况在同行业中所处位置。

最初的沃尔比重评分法有两个缺陷:一是所选定的七项指标缺乏证明力;二是从技术上讲,由于评分是相对比率与比重相乘计算出来的,所以当某一个指标严重异常(过高或过低,甚至是负数)时,会对总评分产生不合逻辑的重大影响。

因而,在采用此方法进行财务状况综合分析和评价时,应注意以下几个方面的问题:第一,同行业的标准值必须准确无误;第二,标准分值的规定应根据指标的重要程度合理确定;第三,分析指标应尽可能全面,采用指标越多,分析的结果越接近现实。

尽管沃尔比重评分法在理论上还有待证明,在技术上也有待进一步完善,但由于其简便、易学,且使用定性指标,因此在实践中还是被广泛应用。

【例 9-21】H 公司 2019 年有关财务数据如表 9-5 所示,要求运用沃尔比重评分法综合评价。

表9-5 H公司2019年有关财务数据

序号	评价指标	标准值	实际值
1	销售利润率	18%	16%
2	总资产收益率	20%	18%
3	资本收益率	25%	26%
4	资本保值增值率	105%	105%
5	资产负债率	50%	60%
6	流动比率	2	1.8
7	应收账款周转率	12 次	10 次
8	存货周转率	10 次	9 次
9	社会贡献率	35%	38%
10	社会积累率	30%	28%

(1) 确定企业经济效益综合评价指标。我国财政部曾发布《企业经济效益指标体系(试行)》,如表 9-6 所示。

表9-6 企业经济效益评价指标体系

	指标	计算公式	用途说明
获利能力指标	1. 销售利润率	利润总额÷产品销售收入净额	衡量企业销售收入的获利水平
	2. 总资产收益率	息税前利润总额÷平均资产总额	衡量企业运用全部资产获取息税前利润的能力
	3. 资本收益率	净利润÷实收资本	衡量企业运用投资者投入资本获取净利润的能力
	4. 资本保值增值率	期末所有者权益总额÷期初所有者权益总额	衡量企业投资者拥有企业主权资本的完整性、保全性和增值性
偿债能力指标	5. 资产负债率	负债总额÷资产总额	衡量企业负债水平高低和承担财务风险的情况
	6. 流动比率(或速动比率)	流动资产(或速动资产)÷流动负债	衡量企业偿付到期债务的能力
营运能力指标	7. 应收账款周转率	赊销净额÷平均应收账款余额	衡量应收账款周转速度的加速或缓慢
	8. 存货周转率	产品销售成本÷平均存货成本	衡量存货资产周转速度的加速或缓慢
社会贡献指标	9. 社会贡献率	企业社会贡献总额÷平均资产总额	衡量企业运用全部资产为国家或社会创造或支付价值的能力
	10. 社会积累率	上缴国家财政总额÷企业社会贡献总额	衡量企业社会贡献总额中有多少比率上缴国家财政

(2) 该套企业经济效益评价指标体系综合评分的一般方法如下。

(1) 以行业平均先进水平为标准值。

(2) 标准值的重要性权数总计为100分,其中销售利润的重要性权数为15分;总资产收益率为15分;资本收益率为15分;资本保值增值率为10分;资产负债率为5分;流动比率(或速动比率)为5分;应收账款周转率为5分;存货周转率为5分;社会贡献率为10分;社会积累率15分。

(3) 在经济效益综合分析评价时,选择的各项经济效益指标在评价标准下应尽量保持方向的一致性,尽量选择正指标,不要选择逆指标。则:单项指数=某指标实际值÷该指标标准值。如果是正指标,则单项指数越高越好。

(4) 特别需要注意的是,财政部颁布的这套评价指标体系中,8个为正指标,另外2个指标——资产负债率、流动比率(或速动比率),既不是正指标,也不是逆指标,其标准值具有约束性,即大于或小于标准值都不好,其单项指标数最高为1或100%。对这类指标,单项指数可按下列公式计算:

$$单项指数 = 1 - \frac{|实际值-标准值|}{标准值}$$

(5) 根据企业财务报表,分项计算10项指标的实际值,再计算10项指标加权平均数。其计算公式为:

$$综合实际分 = \sum(重要性权数 \times 单项指数)$$

最后根据 H 公司 2019 年表 9-5 的资料,编制该公司沃尔财务比率综合分析表(见表 9-7),并进行综合评价。

表9-7 沃尔财务比率综合分析表

序号	评价指标	标准值	实际值	单项指数	重要性权数	评分
1	销售利润率	18%	16%	89%	15	13.35
2	总资产收益率	20%	18%	90%	15	13.50
3	资本收益率	25%	26%	104%	15	15.60
4	资本保值增值率	105%	105%	100%	10	10.00
5	资产负债率	50%	60%	80%	5	4.00
6	流动比率	2	1.8	90%	5	4.50
7	应收账款周转率	12 次	10 次	83%	5	4.15
8	存货周转率	10 次	9 次	90%	5	4.50
9	社会贡献率	35%	38%	109%	10	10.90
10	社会积累率	30%	28%	93%	15	13.95
	∑				100	94.45

综合评分越高越好,如果综合评分达到 100 分,说明企业总体财务水平达到标准要求。本例中,综合评分合计数为 94.45 分,与 100 分有一定差距,其反映了该企业财务状况还存在一定的问题。通过进一步观察,可发现该企业除资本保值增值率等于 100%,资本收益率及社会贡献率大于 100%外,其余比率均小于 100%,这说明该企业在资产营运方面存在的问题是造成实际综合分数与标准综合分数有一定差距的主要原因。

【本章小结】

财务报表的基本分析方法有比较分析方法、趋势分析方法、比率分析方法、因素分析方法和综合分析方法等。基本的财务比率包括:偿债能力比率、营运能力比率、盈利能力比率和发展能力比率。偿债能力按其债务到期时间的长短分为短期偿债能力和长期偿债能力。评价短期偿债能力的财务指标主要包括流动比率、速动比率和现金比率等。长期偿债能力的分析,主要是通过对资产负债率和利息保障倍数指标的分析来进行。营运能力分析主要包括:全部资产营运能力分析、流动资产营运能力分析和固定资产营运能力分析。盈利能力分析主要通过不同的利润率分析来满足各方面对财务信息的需求,其主要内容包括:销售盈利能力分析、资本经营与资产经营盈利能力分析和上市公司盈利能力分析。发展能力分析主要包括发展能力指标分析和可持续发展能力分析。财务综合分析法:杜邦财务分析体系和沃尔比重评分法。

【课后习题】

一、单选题

1. 企业投资者进行财务分析的根本目的是关心企业的( )。
   A. 盈利能力　　B. 营运能力　　C. 偿债能力　　D. 增长能力
2. 从企业债权人角度看，财务分析的最直接目的是看( )。
   A. 企业的盈利能力　　　　　　B. 企业的营运能力
   C. 企业的偿债能力　　　　　　D. 企业的增长能力
3. 下列各项中，不属于速动资产的是( )。
   A. 现金　　　B. 产成品　　　C. 应收账款　　　D. 交易性金融资产
4. 某公司2016年年初所有者权益为1.25亿元，2016年年末所有者权益为1.50亿元。该公司2016年的净资产增长率是( )。
   A. 16.67%　　B. 20.00%　　C. 25.00%　　D. 120.00%
5. 关于流动资产周转率越高的说法正确的是( )。
   A. 说明企业流动资产的经营利用效果越好
   B. 将使企业的偿债能力和盈利能力降低
   C. 表明企业利用流动资产进行经营的效果差
   D. 说明企业经营管理者没有充分利用流动资产进行投资或经营。
6. 用于评价企业盈利能力的总资产报酬率指标中的"报酬"是指( )。
   A. 息税前利润　　B. 营业利润　　C. 利润总额　　D. 净利润
7. 在杜邦财务分析体系中，综合性最强的财务比率是( )。
   A. 净资产收益率　　B. 总资产净利率　　C. 总资产周转率　　D. 销售净利率
8. 如果某公司指标计算中显示其速动比率很大，则最可能意味着( )。
   A. 短期偿债风险很大　　　　　B. 长期偿债能力很强
   C. 流动资产占用过多　　　　　D. 存货积压过多

二、多选题

1. 依据杜邦分析法，当权益乘数一定时，影响资产净利率的指标有( )。
   A. 销售净利率　　B. 资产负债率
   C. 资产周转率　　D. 产权比率　　E. 负债总额
2. 股利发放率是上市公司财务分析的重要指标，下列关于股利发放率的表述中，正确的有( )。
   A. 可以评价公司的股利分配政策
   B. 反映每股股利与每股收益之间的关系
   C. 股利发放率越高，盈利能力越强
   D. 是每股股利与每股净资产之间的比率

三、判断题

1. 现金比率越大越好。（　　）
2. 净资产收益率是一个综合性极强的财务比率，是杜邦分析系统的核心。（　　）
3. 资产负债率大于100%时，说明企业有较好的偿债能力和负债经营能力。（　　）
4. 每股收益越高，意味着股东可以从公司分得越高的股利。（　　）
5. 沃尔比重评分法的基本原理是将选定的具有代表性的财务指标与行业平均值(或标准值)进行比较，以确定公司各项指标占标准值的比重，并结合标准分值来确定公司实际得分值。（　　）
6. 杜邦分析方法是一种分解财务比率的方法，它另外建立新的财务指标，可以用于各种财务比率的分解。（　　）

四、技能提升

1. 某企业2016年主营业务收入为100 000元，主营业务成本为60 000元，净利润为16 000元，存货周转率为5次，期初存货余额为10 000元，期初应收账款余额为12 000元，期末应收账款余额为8000元。速动比率为1.6，流动比率为2.16，流动资产占资产总额的27%，负债比例为37.5%，该公司只发行普通股一种，流通在外的普通股股数为5000股，每股市价25元。

要求：计算该企业2016年的应收账款周转率、资产净利率、股东权益报酬率、每股利润和市盈率。

2. 丙公司是一家上市公司，管理层要求财务部门对公司的财务状况和经营成果进行评价。财务部门根据公司2017年和2018年的年报整理出用于评价的部分财务数据，如表9-8、表9-9所示。

表9-8　丙公司资产负债表资料　　　　　　　　　　　　　　　　　　　　单位：万元

资产负债表项目	2018年期末余额	2017年期末余额
应收账款	65 000	55 000
流动资产合计	200 000	220 000
流动负债合计	120 000	110 000
负债合计	300 000	300 000
资产合计	800 000	700 000

表9-9　丙公司利润表资料　　　　　　　　　　　　　　　　　　　　　　单位：万元

利润表项目	2018年度	2017年度
营业收入	420 000	400 000
净利润	67 500	55 000

要求：

(1) 计算2018年年末该公司的营运资金、权益乘数。

(2) 计算2018年度该公司的应收账款周转率、净资产收益率、资本保值增值率。

3. M公司为一家上市公司,已公布的公司2018年财务报告显示,该公司2018年净资产收益率为4.8%,较2017年大幅降低,引起了市场各方的广泛关注。为此,某财务分析师详细搜集了M公司2017年和2018年的有关财务指标,如表9-10所示。

表9-10 M公司2017年和2018年相关财务指标

项目	2017年	2018年
销售净利率(%)	12	8
总资产周转率(次数)	0.6	0.3
权益乘数(倍)	1.8	2

要求:
(1) 计算M公司2017年净资产收益率。
(2) 计算M公司2018年与2017年净资产收益率的差异。
(3) 利用因素分析法依次测算销售净利率、总资产周转率和权益乘数的变动对M公司2018年净资产收益率下降的影响。

第十章

企业并购财务管理

【知识目标】
1. 了解企业并购的形式、动机与效应。
2. 理解各种并购支付方式的不同点以及各种并购资金融资方式的不同点。
3. 掌握企业并购的财务评价方法。

📖 案例导入

双汇国际并购史密斯菲尔德食品公司

2013年9月26日,双汇国际控股有限公司与美国史密斯菲尔德食品公司发布联合声明,宣布历时4个月的并购交易正式完成。双汇国际共出71亿美元收购史密斯公司的全部股份,并承接全部债务,其中40亿美元由中国银行牵头全球八家一流银行组成银团给予贷款支持。此次收购,创下中国民营企业在海外收购金额的最高纪录,也是中国企业对全球非自然资源产业的最大一笔收购。

双汇国际控股的双汇发展是中国最大的肉类加工企业,是中国肉类品牌的开创者。史密斯菲尔德是全球规模最大的生猪生产商及猪肉供应商,也是美国最大的猪肉制品供应商,具有优质的资产、健全的管理制度、专业的管理团队和完善的食品安全控制体系。对于双汇来说,收购史密斯菲尔德的目的是实现优势互补,加速双汇在全球的扩张步伐。

这次双汇国际并购虽然完成了,但是并不代表并购后的企业经营能够成功,双方此后需要做的工作还很多。资本并购完成后,双汇国际控制下的史密斯菲尔德,无论其成功还是失败都会给中资背景的企业提供一个经验和教训,从这个意义上讲这次并购意义非凡。

启发思考
(1) 什么是并购?
(2) 双汇国际为什么要并购史密斯菲尔德?
(3) 双汇国际是如何筹集巨额跨国并购资金,从中显示怎样的融资风险偏好?
(4) 是什么因素导致了双汇国际采用该种融资模式?
(5) 关注其后续发展,此次收购会给我国的企业提供一个怎样的经验或教训?

第一节 企业并购概述

一、并购的概念和形式

并购实质上是企业控制权变动行为。控制权就是对公司或其他商业组织的监督、指导与控制的权利，或者说是对某种资产或资源拥有的排斥他人使用的权利。并购是极为复杂的企业资本运营行为，涉及一系列相互关联而又彼此迥异的名词和术语。

(一) 兼并

兼并(merger)指物体或权利之间的融合或相互吸收，通常被融合或吸收的一方在价值或重要性上要弱于另一方，融合或吸收之后，较不重要的一方不再独立存在。理论界倾向于强调兼并概念中对于控制权的取得，将兼并区分为广义和狭义。狭义的兼并是指一个企业通过产权交易获得其他企业的产权，使这些企业的法人资格丧失，并获得企业经营管理控制权的经济行为。广义的兼并是指一个企业通过产权交易获得其他企业产权，并企图获得其控制权，但是这些企业的法人资格并不一定丧失。广义的兼并包括狭义的兼并和收购。我国《关于企业兼并的暂行办法》《国有资产评估管理办法施行细则》和《企业兼并有关财务问题的暂行规定》都采用了广义上兼并的概念。

(二) 收购

收购(acquisition)是指获得或取得的行为。收购是一家公司用现金、债券或股权购买其他公司的部分或全部资产或股权以获得对其他公司的控制权的行为，被收购公司的法人地位并不消失。收购有两种形式：资产收购和股权收购。资产收购是指一家公司购买另一家公司的部分或全部资产，而收购方无须承担被收购方的债权债务；股权收购是指一家公司直接或间接购买另一家公司的部分或全部股份(已发行在外的股份或发行的新股)，从而成为被收购公司的股东。

收购与兼并相比，最显著的差别表现在：兼并后，被兼并企业法人实体不复存在，兼并企业成为被兼并企业新的所有者和债权债务的承担者；而收购后，被收购企业的产权可以是部分转让，仍以法人实体存在，收购企业以收购出资的资本为限承担被收购企业的风险。兼并多发生在被兼并企业财务状况不佳、生产经营停滞或半停滞之时，兼并后一般需调整其生产经营，重新组合其资产；而收购一般发生在企业正常生产经营状态下，产权流动比较平和。

(三) 合并

企业合并是指两个或两个以上的企业互相合并成为一个新的企业。合并包括两种法定形式：吸收合并和新设合并。吸收合并是指两个或两个以上的企业合并后，其中一个企业存续，其余的企业全部消失，用公式可表示为 A+B+C… = A(或 B 或 C 等)。新设合并是指两个或两个以上的企业合并后，参与合并的所有企业全部消灭，而成立一个新的企业，用公式表示为 A+B+C+… = 新的企业。

(四) 并购

并购是兼并和收购的合称，国际上习惯于将两者联用为一个专业术语(merger and acquisition，M&A)。企业并购是一种企业控制权交易，是一种产权交易行为，直接结果是被并购企业法人地位被取消或法人实体改变。从我国目前的法律条文来看，还没能在法律界定上给出准确的定义，因此从根本上讲，企业并购并不属于一个法律术语。

兼并、收购和合并三个词语既有联系，又有区别。严格地讲，兼并、收购、合并的定义是不同的，但由于在运作中它们的联系远远超过其区别，因而在我国不十分强调三者的区别，常做同义语使用，统称为并购，泛指在市场机制作用下，企业为了获得其他企业的控制权而进行的产权交易活动。

(五) 重组

重组(restructuring)字面意义是重建，改建。企业重组是企业对其资产或资源进行重置和组合的行为。重组发生之后，可能仅仅是企业的一部分资产或资源的控制权发生变动，也可能出现新的企业。对于我国的企业重组来说，在很多情况下实质上是产权界定行为，企业通过剥离劣质资产，引入优质资产，达到股份制改造上市，或提高上市公司业绩的目的。

并购的实质是在企业控制权运动过程中，各权利主体依据企业产权做出的制度安排而进行的一种权利让渡行为。并购活动是在一定的财产权利制度和企业制度条件下进行的，并购过程中，某一权利主体或某一部分权利主体通过出让所拥有的对企业的控制权而获得相应的收益，另一个部分权利主体则通过付出一定代价而获取这部分控制权。企业并购的过程实质上是企业权利主体不断变换的过程。

二、企业并购的理论

西方历史悠久的公司并购史中，学者们从各种角度对并购活动进行了不同层面的分析探讨，提出了许多假说。目前有关并购的理论主要包括代理理论、效率理论、交易成本理论和产权理论等。总的看来，对企业并购的理论研究尚未形成一个公认的系统框架，各持一家之言，众说纷纭。但其研究的基点却是一致的，即并购发生的原因和并购所能带来的利益价值的大小。

(一) 代理理论

代理问题产生的基本原因在于管理者和所有者间的合约不可能无代价地签订和执行。当管理者只拥有公司所有权股份的一小部分时，可能会导致管理者的工作缺乏动力，或导致其进行额外消费，大多数花费将由拥有大多数股份的所有者来承担。为了保证管理者能为股东的利益努力工作，公司必须付出代价，这些代价被称为代理成本。解决代理问题、降低代理成本有两个方面的途径：组织机制方面的制度安排和市场机制方面的制度安排。

代理理论从不同角度对企业并购进行了解释，形成了以下不同观点。

1. 并购的目的是降低代理成本

公司代理问题可以通过适当的组织程序来解决。在公司所有权和经营权分离的情况下，决策的议定和执行是经营者的职能，决策的评估和控制由所有者管理，这种互相分离的内部机制可以解决代理问题。并购提供了解决代理问题的一个外部机制,当目标企业的代理人有代理问题产生时,通过收购股票获得控制权,可以减少代理问题的产生。

2. 代理人行为

莫勒(1969 年)认为,代理人的报酬由公司规模决定,代理人有动机使公司规模扩大而接受较低的利润率,通过并购增加收入和提高职业保障程度。1977 年辛格和美克斯对并购后的企业利润情况的研究表明,并购后的企业利润一般都下滑。这表明企业并购注重的是企业长远发展,而不太注重获利能力,甚至牺牲短期利润。而卢埃林和亨茨曼(1970 年)的研究表明,代理人的报酬与公司的报酬率有关而与公司规模无关,这构成对代理人行为论的挑战。

3. 自由现金流量说

这一理论源于代理问题。詹森(1986 年)认为,自由现金流量的减少有利于减少公司所有者和经营者之间的冲突。如果公司要使其价值最大化,自由现金流量应完全交付给股东,此举会削弱经理人的权力;同时,再度投资所需现金将在资本市场上筹集而受到监控,由此降低代理成本。詹森认为,适度的债权由于必须在未来支付现金,更易降低代理成本。他还强调,对那些已面临低度成长而规模逐渐减少,但仍有大量现金流量产生的公司,控制资本结构是重要的。此时公司可通过并购活动,适当提高负债比率,从而减少代理成本,增加公司价值。

(二) 效率理论

效率理论认为公司并购活动能够给社会收益带来一个潜在的增量,而且对交易的参与者来说无疑能提高各自的效率。这一理论包含两个基本的要点:①公司并购活动的发生有利于改进管理层的经营业绩;②公司并购将导致某种形式的协同效应。效率理论可细分为六个子理论。

1. 效率差异化理论

效率差异化理论认为,并购活动产生的原因在于交易双方的管理效率是不一致的,具有较高效率的公司将会并购效率较低的目标公司,并通过提高目标公司的效率而获得收益,所以该理论也被称为管理协同理论。效率差异化理论中,并购方具有目标公司所处行业所需的特殊经验,并致力于改进目标公司的管理。该理论适用于解释横向并购。

2. 非效率管理理论

非效率管理理论一般很难和效率差异化理论及代理理论区分开来。一方面,非效率管理可能仅是指由于既有管理层未能充分利用既有资源以达到潜在绩效,相对而言,另一控制集团的介入能使目标公司的管理更有效率;另一方面,非效率管理亦可能意味着目标公司的管理是绝对无效率的,几乎任意外部经理层都能比既有管理层做得更好。该理论为混合并购提供了一个理论基础。

3. 经营协同效应理论

经营协同效应理论认为,由于在机器设备、人力或经费支出等方面具有不可分割性,因此产业存在规模经济的潜能。横向、纵向甚至混合并购都能实现经营协同效应。该理论的假定前提是在行业中存在着规模经济,且在合并之前公司的经营活动水平达不到事先规模经济的潜在要求。

横向并购获得经营协同效应是指把目标公司中好的部分同本公司各部门结合并且协调起来，而去除那些不需要的部分，通过两者的优势互补产生经营协调效应。纵向并购可将同行业中不同生产阶段的公司联合在一起，以避免相关的联络费用和各种形式的交易费用，从而获得更为有效的协同效应。

4. 多样化经营理论

多样化经营理论不同于股份持有者证券组合的多样化理论。由于股东可以在资本市场上将其投资分散于各类产业，从而分散其风险，因此，公司进行多样化经营和扩张并不是出于为股东权益着想。该理论认为，分散经营之所以有价值是基于许多原因，其中包括管理者和其他员工分散风险的需要、公司无形资产的保护，以及能在财务和税收方面带来的好处等。

5. 策略性结盟理论

策略性结盟理论认为，企业的战略规划不但与经营决策有关，而且与公司的环境和顾客有关。公司的并购活动有时是为了适应环境的变化而进行多角化收购以分散风险的，而不是为了实现规模经济或是有效运用剩余资源。并购使得企业的调整速度快于内部发展的调整速度，可使公司有更强的应变能力以面对变化着的经营环境，并且还可能存在管理协同效应的机会。

6. 价值低估理论

价值低估理论认为，当目标公司的市场价值由于某种原因而未能反映出其真实价值或潜在价值时，并购活动将会发生。公司市值被低估的原因一般有以下几种：①公司的经营管理未能充分发挥应有潜能，即机构投资者强调短期经营成果，导致有长期投资方案的公司的价值被膨胀造成资产的市场价值与重置成本的差异，而出现公司价值被低估；②收购公司拥有外部市场所没有的、有关目标公司真实价值的内部信息；③由于通货膨胀造成资产的市场价值与重置成本的差异，而出现公司价值被低估的现象。

(三) 交易成本理论

交易成本理论的产生是由于存在以下因素：人是有限理性的，因为他得到的信息和处理信息的能力都是有限的；人又是机会主义的，在市场交易中会想方设法损人利己；未来是不确定的，这导致交易合约的签订、监督具有很高的费用，是市场的一个主要缺陷；小数目条件，即当市场上某种产品和服务的供给者只有一家或少数几家时，机会主义带来的损失可能就难以避免。上述因素导致交易的完成需付出高昂的交易成本，为节约这些成本，可采取新的交易形式——企业代替市场交易。并购是企业内部的组织协调对市场的替代，目的是降低交易成本。

交易成本理论借助于资产专用性、交易的不确定性和交易频率三个概念来解释纵向一体化并购：交易所设计的资产专用性越高、不确定性越强、交易频率越大，市场交易的潜在成本就越高，纵向并购的可能性就越大；当市场交易成本大于企业内部的协调成本时，纵向并购就会发生。交易成本理论对混合并购的解释是内部市场说，即多部门组织可以看作一个内部化的资本市场，运用其决策职能与执行职能分离等原则，使其管理费用可以低于这些不相关活动通过市场进行交易所发生的费用，它反映资本市场经管理协调取代市场协调而得以内部化，从而大大提高资源利用效率。

(四) 产权理论

产权理论是运用不完全契约的方法，通过分析产权分配的效率，研究企业并购问题，它是交易成本理论的一个重要突破。产权理论认为，企业是否应该一体化，取决于企业之间的资产是互为独立，还是严格互补。根据哈特的证明，若企业之间的资产是互为独立的，则非合并状态是一种有效率的安排，非合并状态优于合并状态。即如果资产互不依赖的两家企业实施并购，并购企业的所有者几乎得不到什么有用的支配权，但被并购企业的所有者却丧失了有用的支配权。如果企业之间的资产严格互补，则某种形式的合并是最佳的，即高度互补资产应该被置于共同所有权之下。因为如果两家高度互补的企业的所有者不同，那么每一位所有者都不具有真正的支配权。通过并购，把所有的权力给予其中一位所有者，可以增加企业价值。

产权理论认为，就企业并购而言，问题不仅仅是是否应出现，更重要的是控制权由谁有，或者说由谁并购更有效率，即最优所有权结构问题。最优一体化应该将控制权让渡给这样的主体，即他的投资决策相对于另一方更重要。

第二节　并购支付方式和融资方式

一、并购支付方式

并购支付方式的选择是企业并购策略中的一个十分重要的问题，它直接关系到交易成交价格的高低及企业并购的成败。并购支付方式的选择除了符合法律法规外，主要取决于并购方企业的自身条件和被并购企业的实际情况。并购支付方式一般包括现金支付、股票支付、综合证券支付和杠杆支付等。

(一) 现金支付

现金支付方式是指并购企业通过向被并购企业股东支付一定数额的现金，以取得被并购企业的控制权的方式。一旦目标企业的股东收到对其拥有股份的现金支付，就失去了对原企业的任何权益。在实际操作中，并购方的现金来源主要有自有资金、发行债券、银行借款和出售资产等方式。

一般而言，凡不涉及发行新股票的并购都可以被视作现金支付方式的并购，即使是由并购企业直接发行某种形式的票据完成并购，也是现金支付方式的并购。如在卖方融资的形式下，并购方以承诺未来期间的偿还义务为条件，首先取得被并购方的控制权，然后按照约定的条件进行支付，这是一种现金支付方式与融资方式相结合的特殊支付方式。在这种情况下被并购的企业可以取得某种形式的票据，但其中丝毫不含有并购企业的所有权，只表明是对某种固定的现金支付所做的特殊安排，是某种形式的推迟的现金支付。如果从并购企业的资本来源角度出发，可以认为这是一种融资方式，直接由被并购的股东提供融资，而不是由银行或其他第三方提供。

采用现金支付方式有以下优点。首先，现金支付简单迅速，并购方通过支付现金迅速完成并购过程，有利于并购后企业的重组和整合。其次，现金支付是最清楚的支付方式，目标公司的股东可以将其虚拟资本在短时间内转化为确定的现金，不必承受因各种因素带来的收益不确定性等风险。最后，现金收购不会影响并购后公司的资本结构，因为普通股股数不变，并购后每股收益、每股净资产不会由于稀释原因有所下降，有利于股价的稳定。

这种方式的不利之处在于下列几点。对并购方而言，现金支付给企业带来沉重的付款压力。它要求并购企业有足够的现金流量和筹资能力，因而现金支付方式下的并购交易规模常常受到并购方现金流量和融资能力的制约。对被并购企业的股东而言，取得现金就不能拥有并购后企业的权益，不能分享并购后企业的发展机会和赢利潜力；而且，被并购企业可能无法推迟资本利得的确认，从而不能享受税收上的优惠。因此，对于巨额并购案，现金支付的比例一般较低。纵观美国收购历史，亦可发现小规模交易更倾向于至少是部分地使用现金支付，而大规模交易更多地至少是部分使用股票支付。现金支付多被用于敌意收购。

(二) 股票支付

股票支付是指并购公司将本公司股票支付给目标公司股东以按一定比例换取目标公司股票，目标公司从此终止或成为并购公司的子公司。这是一种不需动用大量现金而优化资源配置的方法。股票支付方式在国际上被大量采用，具体分为增资换股、库存股换股和母子公司交叉换股三种形式。

增资换股是指并购公司以发行新股的方式，包括普通股或可转换的优先股来替换被并购公司原有股东所持有的股票。库存股换股是指并购公司将其库存的部分股票用来替换目标公司的股票。母子公司交叉换股，其特点是并购公司、并购公司的母公司和目标公司之间存在换股的三角关系，通常在换股之后，目标公司或消亡或成为并购公司的子公司，或是并购公司其母公司的子公司。

股票支付的优点主要表现在以下几个方面。

(1) 不受并购方获现能力制约。对并购公司而言，换股并购不需要即时支付大量现金，不会挤占公司营运资金，并购后能够保持良好的现金支付能力。因此，股票支付可使并购交易的规模相对较大。近年来，并购交易的目标公司规模越来越大，若使用现金并购方式来完成并购交易，对并购公司的获现能力和并购后的现金回收率要求很高。而采用股票并购支付方式，并购公司无须另行筹资来支付并购，不会使公司的营运资金遭到挤占，减轻了现金压力。

(2) 具有规避估价风险的效用。由于信息的不对称，在并购交易中，并购公司很难准确地对目标公司进行估价，如果用现金支付，并购后可能会发现目标公司内部有一些问题，由此造成的全部风险都将由并购公司股东承担。但若采用股票支付，这些风险则部分转嫁给原目标公司股东，使其与并购方股东共同承担。

(3) 原股东参与新公司收益分配。采用股票支付方式完成并购交易后，目标公司的原股东不但不会失去其股东权益(只是公司主体名称发生了变化)，还可分享并购后公司可能产生的价值增值的好处。

(4) 延期纳税的好处。对目标公司股东而言，股票支付方式可推迟收益时间，享受延期纳税的好处。与现金支付方式比较，股票支付无须过多地考虑税收规则及对价格安排上的制约。

股票支付也有如下缺陷。

(1) 对于并购方而言，新增发的股票改变了原有的股权结构，导致了股东权益的"淡化"，尤其在并购方第一大股东控制权比例较低，而被并购方股权结构较为集中的情况下，并购方反而易为被并购企业所控制。

(2) 股票发行要受到证券监管机构的监督以及所在交易所上市规则的限制,发行手续烦琐、迟缓,使得竞购对手有时间组织竞购,亦使不愿意被并购的目标公司有时间部署反收购措施。

(3) 换股并购经常会招来风险套利者,套利群体造成的卖压以及每股收益稀释的预期会导致并购方股价的下滑。

股票支付多被用于善意并购。目前国际上大型并购案例有半数以上是采取换股并购方式进行的。

(三) 综合证券支付

综合证券支付是指并购方以现金、股票、认股权证、可转换债券和公司债券等多种支付工具,向被并购方股东支付并购价款的一种并购支付方式。随着资本市场的日益活跃,单纯使用任何一种金融支付工具都不可避免地产生一些问题,所以,使用一揽子支付工具是目前较为常见的支付方式。

公司债券是指并购方以新发行的债券换取被并购公司股东的股票。认股权证是一种由上市公司发出的证明文件,赋予持有人一种权利,即持有人有权在指定的时间内(即在有效期内),用指定的价格(即换股价)认购由该公司发出指定数目(即换股比例)的股票。可转换债券是指在特定的条款和条件下,可用持有者的选择权以债券或优先股交换普通股。收购公司还可以发行无表决权的优先股来支付价款。优先股虽在股利方面享有优先权,但不会影响原股东对公司的控制权,这是优先股的一个突出特点。

并购方公司在并购目标公司时,采用综合证券支付方式,将多种支付工具组合在一起,就可以取长补短,从而满足并购双方的需要。这既可以少付现金,避免本公司的财务状况恶化,又可以防止控制权的转移。采用综合证券收购尽管会使并购交易变得烦琐,但它也增加了风险套利的难度。正因为如此,在各种出资方式中,综合证券支付呈现逐年递增的趋势。当然,这种支付方式的风险也是显而易见的,如果搭配不当,非但不能尽各种支付工具之长,反而有集它们之短的可能。因此,投资银行帮助并购公司设计综合证券收购计划时,须谨慎、周密,必要时应做模拟分析以推测市场的反应。

(四) 杠杆支付

杠杆支付在本质上属于债务融资现金支付的一种。因为它是以债务融资作为主要的资金来源,然后再用债务融资取得的现金来支付并购所需的大部分价款。所不同的是,杠杆支付的债务融资是以目标公司的资产和将来现金收入做担保来获取金融机构的贷款,或者通过目标公司发行高风险高利率的垃圾债券来筹集资金。在这一过程中收购方自己所需支付的现金很少(通常只占收购资金的 5%~20%),并且负债主要由目标公司的资产或现金流量偿还,所以,它属于典型的金融支持型支付方式。

除了收购方只需出极少部分的自有资金即可买下目标公司这一显著特点外,杠杆收购的优点还体现在以下方面。

1. 杠杆收购的股权回报率远高于普通资本结构下的股权回报率

杠杆收购就是通过公司的融资杠杆来完成收购交易。融资杠杆实质上反映的是股本与负债比率，在资本资产不变的情况下，当税前利润增大时，每一元利润所负担的固定利息(优先股股息、租赁费)会相对减少，这样就给普通股带来了额外利润。根据融资杠杆利益原理，收购公司通过负债筹资加强其融资杠杆的力度，当公司资产收益大于其借入资本的平均成本时，便可大幅度提高普通股收益。

2. 享受税收优惠

杠杆收购来的公司，其债务资本往往占公司全部资本的 90%～95%，由于支付债务资本的利息可在计算收益前扣除，杠杆收购公司可享受一定的免税优惠。同时，目标公司在被收购前若有亏损亦可递延，冲抵被杠杆收购后各年份产生的赢利，从而降低纳税基础。

然而，由于资本结构中债务占了绝大比重，又由于杠杆收购风险较高使得贷款利率也往往较高，因此杠杆收购公司的偿债压力也较为沉重。若收购者经营不善，则极有可能被债务压垮。采用杠杆支付时，杠杆收购公司通常需要投资银行安排过渡性贷款，该过渡性贷款通常由投资银行的自由资本做支持，利率较高。该笔贷款日后由收购者发行新的垃圾债券所得款项，或收购完成后出售部分资产或部门所得资金偿还。因此，过渡性贷款安排和垃圾债券发行成为杠杆收购的关键。

支付方式的选择不仅受到并购方经济实力、融资渠道、融资成本的影响，而且还要受到并购后企业的资本结构、未来发展潜力以及并购双方股东不同要求的影响。此外，税收政策、具体会计处理方式的不同也对支付方式的选择产生影响。企业应综合考虑各因素，包括法律法规约束、资本市场与并购市场的成熟程度、并购公司的财务状况和资本结构、并购企业与被并购企业股东的要求、企业管理层的要求、税收安排、会计处理方法等，合理选择支付方式。

二、并购资金融资方式

并购融资是指并购企业为顺利完成并购，对并购双方的资本结构进行规划，通过各种渠道，运用各种手段融通资金的行为。并购融资根据资金来源可分为内部融资和外部融资。

内部融资是从企业内部开辟资金来源，筹措所需资金，其资金来源主要由以下两种。①公司自由资金。它是公司经常持有可以自行支配的资金，主要构成是税后未分配利润和提取的固定资产折旧。这是一种稳定的、可长期使用的资金来源。②公司的应付税利和利息。它们属于负债性质，但从长期平均的趋势看，它们以某种固定的数额存在于企业中，是公司内部融资的一个重要来源。但其不能长期占用，这与自由资金不同，到期必须对外支付。

外部融资是指公司从外部开辟资金来源，向公司外部的经济主体筹措资金，其资金来源主要有以下三种。①资本市场。企业在资本市场筹集资金时，筹集的对象通常是社会公众，筹集方式主要为证券化筹资。②金融机构。金融机构由银行与非银行金融机构构成，向金融机构借款是企业间接融资的主要内容。③其他企业。向其他企业直接筹集资金通常数额较小，偿付期限较短，有时还受法律的限制，但如果向其他企业融资租赁，则可以取得长期资金。

并购融资方式是多种多样的，在具体运用中，有的可单独运用，有的则可组合运用，应视双方的具体情况而定。此外，自 20 世纪 70 年代以来，西方金融市场上出现了不少创新融资方式和派生工具，为并购融资提供了新的渠道。下面介绍几种主要的融资方式。

(一) 权益融资

在企业并购中，最常用的权益融资方式即股票融资，使用的股票有普通股和优先股的区别。普通股是资本结构中最主要、最基本的股份，同时也是风险最大的一种股份。其基本特点是，投资收益不是在购买时约定，而是根据企业的经营业绩来确定。持有普通股的股东享有参与经营权、收益分配权、资产分配权、优先购股权和股份转让权等。优先股是专为某些获得优先权的投资者设计的一种股份。其主要特点是预先确定股息收益率，有优先索偿权，能优先领取股息，优先分配剩余财产，优先股股东一般无选举权和投票权。

并购中的股票融资有发行新股和换股两种不同的形式。

1. 发行新股或向原股东配售新股

这种形式是通过发行股票并用销售股票所得价款为并购交易支付价款。采用这种形式，并购企业等于用自有资金进行并购，因而使财务费用大大降低，并购成本较低。然而在并购后，每股净资产不一定会增加，另外每股收益要看并购后产生的效益，因此具有不确定性，会给股东带来较大风险。

2. 换股收购

换股收购，即以股票作为并购的支付手段，具体包括增资换股、库藏股换股、母子公司交叉换股等。比较常见的换股收购是并购企业通过发行新股或从原股东手中回购股票来实现融资。并购企业采用这种方式的优点在于可以取得会计和税收方面的好处。在这种情况下，既不用负担商誉的摊销，也不会因资产并购造成折旧增加。从目标企业角度来看，股东可以推迟收益实现时间，既得到税收上的好处，又能分享并购后新企业所实现的价值增值。但这种方法因为审批手续比较烦琐、耗时较长，容易给竞争对手提供机会，也容易使目标企业有时间布置反收购措施。更重要的是，新股的发行会改变原有的股权结构，进而对股权价值产生影响。另外，股价的波动会使收购成本难以确定，换股方案不得不经常调整。因此这种方法常用于善意的并购中。

股票融资的方式与其他融资方式比较，第一，并购企业要考虑股东特别是大股东对股权分散和股价下跌是否可以接受。如果被并购企业的股东拥有了控制股权，就可能反客为主，成为新的控制者，即为反向收购，其典型表现方式是买壳上市。第二，并购企业要考虑收购公司股票在市场上的当前价格。如果当前价格处于它的理论价值左右或以上，利用换股并购是有利的选择；如果当前价格比它的理论价格低，会导致并购后每股收益率的相对降低。

(二) 债务融资

1. 银行信贷融资

银行贷款作为企业资金的重要来源，无疑也是企业获取并购融资的主要渠道。如果企业并购资金是以负债为主，那么对企业和银行都意味着相当大的风险。因为这种贷款的金额大、期限长、风险高，故需要较长时间的商讨。在西方企业并购融资中，银行向企业提供的往往是一级银行贷款，即提供贷款的金融机构对收购的资产享有一级优先权，或由收购方提供一定的抵押担保，以降低风险。在以现金为基础的一级银行贷款中，放款人希望并购者以并购后产生的现金流作为偿还债务的担保，并且常常对其资产享有优先或从属的留置权，而且商业银行对一级贷款额度的设定也持非常审慎的态度。

2. 债券融资

并购企业一般使用的企业债券有抵押债券和担保债券。抵押债券一般要求企业能够以固定资产或流动资产(应收账款、存货及有价证券)作为抵押。担保债券不以实物资产作为抵押，但除了发行企业自己的信用担保以外，还可用其他企业、组织或机构的信用担保，并购中常用的担保债券一般是由并购企业提供担保的被并购企业所发行的债券。

公司债券通常是一种更便宜的资金来源，而且向持有者支付的利息是可免税的。对收购方而言，其好处是可与认股权证或可转换债券相结合。但公司债券作为一种出资方式，要求在证券交易所或场外交易市场上流通。

(三) 混合型融资

并购融资中还使用一些混合融资工具，这种既带有权益特征又带有债务特征的融资工具在并购中扮演着重要角色。

1. 可转换证券

可转换证券分为可转换债券和可转换优先股两种。可转换证券是一种极好的筹集长期资本的工具，常应用于与预期的未来价格相比较，在企业普通股的市价偏低的情况下，也可用于收购股息制度不同的其他企业。由于可转换证券发行之初可为投资者提供固定报酬，这等于投资于单纯企业债或优先股；当企业资本报酬率上升、企业普通股上升时，投资者又获得了自由交换普通股的权利。它实际上是一种负债与权益结合的混合型融资工具，持有人可以在一定时期内按一定的价格将购买的证券转换为普通股，为投资者提供了一种有利于控制风险的投资选择。

对收购方而言，采用这种支付方式不仅使公司能以比普通债券更低的利率和较宽松的契约条件出售债券，还能以比现行价格更高的价格出售股票。此外，当公司在开发一种新产品或一项新业务时，可转换债券特别有用，因为预期从这种新产品或新业务所获得的额外利润可能正好与转换期一致。对于目标公司股东而言，采用可转换债券可使债券的安全性与作为股票可使本金增值的有利性相结合，在股票价格较低时，可以将它的转换期延迟到预期股票价格上升的时期。

2. 认股权证

认股权证是由企业发行的长期选择权证，它允许持有人按某一特定价格买入既定数量的股票，通常是随企业的长期债券一起发行。就其实质而言，认股权证和可转换债券有某些相似之处，但仍有不同的地方。在进行转换时虽然同是一种形式转换为另一种形式，但对企业财务乃至运营的影响却各异：可转换债券是由债务资本转换为股权资本，而认股权证则是新资金的流入，可用以增资偿债。由于认股权证代表了长期选择，所以附有认股权证的债券或股票，往往对投资者有很大的吸引力。

对于收购方而言，发行认股权证可以延期支付股利，从而为公司提供额外的股本基础。对于投资者而言，认股权证本身并不是股票，持有人不能被视为股东，不能享受正常的股东权益。但投资者之所以乐意购买认股权证，是因为投资者认为该公司发展前景好，且大多数认股权证比股票便宜，认股款可以延期支付，投资者只需出少量的款项就可以把认股权证转卖而获利。

影响并购融资的因素既有内部因素，又有外部因素。内部因素包括并购动机、资本结构、风险态度、财务战略，外部因素包括资本市场、融资成本、支付方式。企业在综合考虑各种因素后，一般倾向于按下列顺序考虑其融资方式。

(1) 在诸多融资渠道中，企业倾向于首先选择内部积累，因为这种方式具有融资阻力小、保密性好、不必支付发行成本、可以为企业保留更多的借款能力等诸多优点。

(2) 如需从外部融资，通常选择借贷和租赁等方式。这类方式速度快、弹性大、发行成本低，而且容易保密，是信用等级高的企业并购融资的极好途径。

(3) 最后考虑发行有价证券。有价证券中，企业一般倾向于首先发行一般债券；其次是复合公司债券，如可转换债券、附有认股权证的债券；最后是发行普通股或配股，因为普通股的发行成本最高，还会在股票市场上造成对企业不利的影响。

第三节 企业并购的财务评价

一、并购的绩效分析

反映和评价并购效果通常可以从财务效益和非财务效益两个方面来进行。

(一) 财务效益分析

1. 评价资本经营效益

评价并购后的资本经营效益的指标有投资回收率和剩余收益等。

(1) 投资回收率。该指标是并购公司并购目标公司后取得的年净收入的增加额与并购投资总额之比，衡量由于并购公司的并购投资所产生的增量效益，即

$$投资回收率 = 年净收入增加额 \div 并购总投资$$

(2) 剩余收益。该指标是目标公司的营业利润超过其预期最低收益的部分，这个预期收益是根据对目标公司的投资占用额和并购公司管理层确定的预期最低投资报酬率而确定的，即

$$剩余收益 = 目标公司的营业利润 - 目标公司的投资额 \times 预期的最低报酬率$$

如果目标公司的营业利润超过了并购公司预期的最低报酬，就可为并购后企业带来收益，同样有利于目标公司。

这种指标主要是关注并购后的当期经营效益。如果公司当期的经营利润为正，就表明公司当期的收入大于其费用，在资产负债表上体现为所有者权益的增加，从而股东财富也得到增加。将目标公司并购后的资本经营效益与并购前的资本收益比较，可以衡量并购对目标公司所产生的绩效增长。这种指标是建立在按照账面价值衡量投资者投入价值的基础上，无法衡量企业资产价值随时间变化而发生的变化，也忽略了所有者权益的机会成本。

2. 评价协同效应增加值

评价协同效应增加值包括以下两个方面的内容。

(1) 评价并购后的经济增加值。由于收购公司可以自由地将他们投资于目标公司的资本变现,并将其投资于其他资产,因此,对收购公司并购绩效进行评价时,收购公司应至少获得其并购投资的机会成本。该指标定义为

$$经济增加值 = 投入资本额 \times (投入资本收益率 - 加权平均资本成本)$$

该指标的意义在于,综合了公司投入资本规模、资本成本和资本收益等多种因素,只有当投资者从目标公司的收益中获得大于其投资的机会成本后,才表明股东从并购活动中取得了增值收益。在有效的金融市场中,资本成本反映了公司的经营风险,由于各企业所承担的风险不同,相应的资本所承担的代价即资金成本也不同。在同样的投入资本规模及资本收益率下,资本成本低的公司所获得的资本净收益更高,资本经营水平更好。

(2) 评价并购后的市场增加值,也就是从资产的市场价值的角度衡量并购投资所创造的利润。其计算公式为

$$市场增加值 = 调整后的营业净利润 - 公司资产的市场价值 \times 加权平均分配资本成本$$

如果一项并购取得了收益,那么目标公司的期末利润必须大于以期初资产的市场价值计算的资本成本,而不是仅仅超过以公司期初资产的经济价值计算的资本成本。因而该指标是对经济增加值的修正,反映出市场对目标公司整个未来收益预测的修正,是从一个较长的时间跨度中评价并购的增长效益。

(二) 非财务效益分析

企业并购的目的是多样的,它要通过各种财务目标和非财务目标来实现,因此评价并购绩效时应将财务评价与非财务评价指标相结合。在企业并购中,并购方一般对如下非财务方面进行评价。

1. 产业结构调整评价

并购是否促进了产业结构的调整可以从以下两个方面进行评价。①观察是否促成新兴技术部门的形成。有些企业是一些先进技术的创造者,但由于资本实力有限,难以形成规模的生产体系,这些拥有先进技术的企业,以其技术优势并购一些资本雄厚的企业,使科技成果迅速扩大,并形成一个新的产业部门。②是否提高存量资产运行效率。并购作为企业所有权或企业产权的转让方式,其实质是存量资源的调整优化,改善资源的配置效率,促进产业经济结构的调整。

2. 规模经济效应评价

规模经济是从工厂规模经济和企业规模经济两个方面来考察的。①对工厂规模经济的影响主要包括通过并购是否达到对资产进行必要的补充和调整,形成规模经济,使其尽可能地降低生产成本。另外,并购是否使企业在保持整体产品结构的前提下,在各个工厂中实现产品的单一化生产,避免由于产品品种的转换带来生产时间的浪费。通过并购能否有效地解决由于专业化引起的各生产流程的分离。②规模经济的另一个层面是企业规模经济,并购是否使得单位产品的管理费用大大减少,是否节省了营销费用,并将集中起来的资金用于研究开发和新产品的试制等方面。

3. 协调与整合效果评价

并购是一家企业吞并另一家企业，这种行为所产生的一个重要动因是企业之间存在差异，具有各自不同的优势和缺点。所有这些差异，都要求企业之间相互协调，彼此补充，以达到共同发展的目的。在评价并购的协调与整合效果时，可以从以下方面来考虑。①扭亏增盈。一般收购企业的利润要远远大于目标企业的利润。我国企业的并购目标在很大程度上也是为了解决企业亏损，这在一定程度上使处于转型经济发展过程中的国有亏损企业能暂时得以挽救。②获取高新技术并实行经验共享和互补。这里的经验不仅包括经验曲线效应，还包括企业在技术、市场、专利产品、管理等方面的特长、优势，以及企业文化与管理经验。③协调生产过程中各环节之间的关系。弥补生产中某些环节的技术缺陷或者供求关系，是协调企业关系的一个重要动因。

4. 市场优势效应评价

在评价公司并购的市场优势时，主要考虑以下几个方面的内容。①市场份额。相关企业的市场份额，尤其是并购后形成的新企业与其主要竞争对手相比较的相对市场份额，是判断相关市场优势地位的显著特征。拥有比其他竞争对手都高的相对市场份额，是证明相关企业拥有支配力量的强有力的证据。②主导定价能力。为了获取最大限度的垄断利润，并购后应对其主要产品具有主导的定价能力，通常将其产品的价格提高到恰好位于将使需求大幅下降的价格之下，而其他企业只有被动地成为价格的接受者。③资金优势。在考察不同市场的企业并购案例时，资金实力因素显得尤为重要。④供应商或消费者对相关企业的依赖程度。⑤市场的准入壁垒。市场准入壁垒决定了一个市场的开放程度，在一个准入壁垒强大的市场里由于缺乏潜在的竞争者，企业就可能通过各种形式的并购形成优势，因而并购后的企业拥有比其他竞争者都高的相对市场份额，可能存在市场优势地位。由于被并购方的公司设置了各种各样的反并购措施以防止公司控制权旁落，从而会产生机会主义行为，进而加大了并购的难度和风险。因此，成功的企业并购需要并购企业采用财务效益指标和非财务效益指标对被并购企业、并购过程以及并购后的运作进行有效评价。

二、并购的成本与财务风险

(一) 并购成本

为了真正实施低成本扩张，企业并购活动必须了解和把握并购的各项成本因素。一般而言，这些成本既包括并购工作的完成成本，也包括并购以后的整合成本；既包括并购发生的有形成本，也包括并购发生的无形成本。具体来说，企业并购应分析的成本有以下几种。

1. 并购完成成本

并购完成成本是并购行为本身所发生的直接成本和间接成本。直接成本是直接用于收购目标企业的资金支付。间接成本包括并购过程中发生的除直接成本以外的一切费用，主要包括以下内容。①债务成本。在承担债务式并购、杠杆并购等情况下，开始可能并不实际支付收购费用，但是未来的债务必须逐期支付本息。②交易成本，即在并购中发生的搜寻、策划、谈判、文本制定、资产评估、法律鉴定、公证等中介费用，以及发行股票中所要支付的申请费、承销费等。③更名成本。并购成功后，并购公司还要支付重新注册费、工商管理费、土地使用权转让费和公告费等费用。

2. 整合运营成本

整合运营成本是并购后为使被并购企业健康发展而需支付的长期营运成本，主要包括整合改制成本和注入资金成本。①整合改制成本。在并购了目标公司之后，并购公司还需要对它进行重组或整合，为此，必须支付派遣人员进驻、建立新的董事会和经理班子、安置富余人员、剥离非经营性资产、进行人员培训等有关费用。②注入资金成本。并购公司要向目标公司注入优质资产，拨入启动资金或开办费，以及为新企业打开市场而需增加的市场调研费、广告费和网络设置费等。

3. 并购退出成本

由于并购动因的不同以及并购风险的存在，并购决策分析中还要考虑退出机制。并购退出成本是指企业通过并购实施扩张而出现扩张不成功必须退出，或当企业所处的竞争环境出现了不利变化，需要部分或全部解除并购所发生的成本。一般来说，并购力度越大，可能发生的退出成本就越高。这项成本是一种或有成本，并不一定发生，但企业应该考虑到这项成本，以便在并购过程中对并购策略做出更合适的安排或调整。

4. 机会成本

机会成本是企业为完成并购活动所发生的各项支出尤其是资本性支出相对于其他投资和收益而言的利益放弃。企业选择并购势必会丧失其他一些投资机会，这些投资机会所带来的收益就成为并购的机会成本。充分考虑这一项成本，可以对并购战略做出科学的判定。

（二）并购的财务风险

企业并购的财务风险是由于并购定价、融资、支付等各项财务决策所引起的企业财务状况恶化或财务成果损失的可能性。企业并购的财务风险是一种价值风险，是各种并购风险在价值量上的综合反映，是企业并购的计划决策、交易执行、运营整合全过程的不确定性因素对预期价值产生的负面作用和影响。

1. 计划决策阶段的财务风险

在计划决策阶段，企业必须对并购环境进行考察，同时要对本企业和目标企业的资金、管理等进行合理的评价，看企业是否有足够的实力去实施并购和是否能产生财务协同效应。这个过程中存在着环境风险、信息不对称风险和估价风险等。

(1) 环境风险。环境风险又称系统风险，是指影响企业并购的财务成果和财务状况的一些外部因素的不确定所带来的财务风险。它主要包括市场利率风险、外汇汇率变动风险、税率变动风险、通货膨胀风险等。这些风险是企业自身无法控制的风险，由市场和政府等环境因素决定。

(2) 信息不对称风险。在并购竞价中，掌握信息至关重要，真实与及时的信息大大提高并购公司并购行动的成功率。但在实际的并购活动中，往往因为信息不对称，并购企业难以掌握目标企业全面具体的信息，使得并购企业对目标企业的判断产生偏差，在定价中可能接受高于目标企业价值的收购价格，导致并购企业支付更多的资金或股权，由此造成并购企业资产负债率过高而陷入财务困境。

(3) 估价风险。它包括对自身价值的估价风险和对目标企业价值的估价风险。企业在做出并购决策时，必须对本企业的资金、管理等进行合理的评价，自身价值的估价风险主要体现在过高地估计了企业的实力。对目标企业价值的估价风险主要体现在对其未来收益的大小和时间的预期，以及对目标企业的价值评估可能因预测不当而不够准确。

2. 交易执行阶段的财务风险

在交易执行阶段，企业要决定并购的支付方式和融资策略，从而会出现支付风险和融资风险。

(1) 支付风险。支付风险是指与资金流动性和股权稀释有关的并购资金使用风险，它与融资风险、债务风险有密切联系。支付财务风险主要表现在三个方面：一是现金支付产生的资金流动性风险以及由此最终导致的债务风险；二是股权支付的股权稀释风险；三是杠杆支付的偿债风险。支付方式选择是并购活动的重要环节，企业应充分考虑交易双方资本结构，结合并购动机选择合理的支付方式。

(2) 融资风险。融资风险主要表现在资金是否可以保证时间和数量上的需要，融资的方式是否适应并购动机，融资结构对并购企业负债结构和偿还能力的影响等。融资结构包括债务资本与股权资本结构、内部融资和外部融资结构等。在以债务资本为主的融资结构中，当并购后的实际效果达不到预期时，将可能产生利息支付风险和按期还本风险；在以股权资本为主的融资结构中，当并购后的实际效果达不到预期时，会使股东利益受损，从而为敌意收购者提供机会。内部融资可以降低偿债风险，但如果大量采用内部融资，占用企业宝贵的流动资金，则会降低企业对外部环境变化的快速反应和调适能力，产生流动性风险；外部融资中的权益融资或债务融资方式的选择会产生股权稀释或偿债风险。

3. 运营整合阶段的财务风险

在运营整合阶段，企业要整合资源，投入生产运营，归还融资债务，这就会产生偿债风险、流动性风险和运营风险。

(1) 偿债风险。偿债风险存在于企业举债收购中，特别是存在于杠杆并购中。在杠杆并购方式下，并购企业的自有资金只占所需总金额的 10%，投资银行的贷款占资金总额的 50%～70%，债券融资占收购金额的 20%～40%。由于债券的资金成本很高，而收购后目标企业未来现金流量具有不确定性，杠杆收购必须实现很高的回报率才能使收购者获益。否则，收购公司可能会因资本结构恶化、负债比例过高而无法支付本息。

(2) 流动性风险。流动性风险是由于并购占用了企业大量的流动性资源，从而降低了企业对外部环境变化的快速反应和实时调节能力，增加了企业日常经营的风险。企业并购后由于债务负担过重，缺乏短期融资，导致出现支付困难的可能性。支付方式的不同也会影响企业的现金流量，流动性风险在采用现金支付方式的并购企业中表现尤为突出。

(3) 运营风险。运营风险是指由于相关的企业财务制度、财务运营、财务行为、财务协同等因素的影响，企业并购完成后可能并不会产生协同效应，并购双方难以实现共享互补，产生不了规模经济，使并购企业实现的财务收益与预期的财务收益发生背离，因而有遭受损失的可能性。总之，并购财务风险是非常复杂和广泛的，企业应谨慎对待，多谋善断，尽量避免风险，将风险消除在并购的各个环节中，最终实现并购的成功。

【本章小结】

本章阐述了并购的相关概念及并购理论，包括：兼并、收购、合并、并购和重组。企业并购研究的主要理论基础有四个：代理理论、效率理论、交易成本理论和产权理论。

并购支付主要有四大类：现金支付、股票支付、综合证券支付和杠杆支付。

并购融资方式主要有三大类：权益融资、债务融资和混合型融资。

企业并购财务评价中，首先需要了解企业并购的成本与财务风险。并购成本包括：并购完成成本、整合运营成本、并购退出成本和机会成本。并购的主要财务风险：计算决策阶段的财务风险、交易执行阶段的财务风险和营运整合阶段的财务风险。

并购绩效按并购效果可以分为：财务效益分析和非财务效益分析。财务效益分析主要掌握两个方面：①资本经营效益；②协同效应增加值。非财务效益分析主要包括四个方面：①产业结构调整评价；②规模经济效应评价；③协同与整合效果评价；④市场优势效应评价。

【课后习题】

一、单选题

1. 一家机器制造企业并购一家零部件生产企业，这种并购属于(　　)。
   A. 横向并购　　　B. 纵向并购　　　C. 新设并购　　　D. 混合并购

2. 收购公司仅支出少量自有资本，主要以被收购公司的资产和将来的收益作抵押筹集大量资本用于收购，这种收购属于(　　)。
   A. 善意并购　　　B. 敌意并购　　　C. 杠杆并购　　　D. 混合并购

3. 财务协同效应对以下(　　)提供了较为现实的解释。
   A. 善意并购　　　B. 敌意并购　　　C. 杠杆并购　　　D. 混合并购

4. 收购者事先与目标公司经营者商议，征得同意后，目标公司主动向收购者提供必要的资料等，并且目标公司经营者还劝其股东接受公开收购要约，出售股票，从而完成收购行动的收购方式是(　　)。
   A. 要约收购　　　B. 横向收购　　　C. 善意收购　　　D. 敌意收购

5. 效率差异化理论认为公司并购可以实现(　　)。
   A. 管理协同效应　B. 经营协同效应　C. 多元化经营　　D. 财务协同效应

6. 下列关于管理主义的说法不正确的是(　　)。
   A. 公司并购可能浪费了并购公司股东的财富
   B. 公司并购是解决并购公司代理问题的有效途径
   C. 管理者有动机通过收购来扩大公司规模
   D. 管理者的报酬取决于公司规模的大小

7. 公司并购采用股票支付方式的优点是(　　)。
   A. 目标公司原有股东不会丧失其股权　　　B. 手续简便快捷，可迅速完成并购
   C. 并购公司原有股东控制权不会被稀释　　D. 不会引起股票价格波动

7. 按照并购中的出资方式，并购可以分为( )。
   A. 购买式并购　　B. 换股式并购　　C. 综合证券并购　　D. 协议并购
8. 并购的经营协同效应主要表现为( )。
   A. 实现规模经济　　　　　　　　B. 合理避税
   C. 降低交易成本　　　　　　　　D. 优势互补，实现范围经济
9. 在选择并购支付方式时，应考虑的因素有( )。
   A. 现金是否充裕　　　　　　　　B. 融资方式的选择和企业资本结构的变化
   C. 收益和控制权的稀释程度　　　D. 并购中的税负问题
10. 运用现金流贴现模式对目标公司进行价值评估需要解决的基本问题是( )。
    A. 资本结构规划　　　　　　　　B. 贴现率的选择
    C. 预测期的确定　　　　　　　　D. 明确的预测期后现金流量估测
11. 在公司并购业务中，可以用公式"A+B=A"表示并购结果的是( )。
    A. 吸收合并　　B. 新设合并　　C. 控股　　D. 横向并购

三、判断题

1. 公司通过纵向并购可以实现纵向产业一体化，有利于相互协作，缩短生产经营周期，节约费用。　　　　　　　　　　　　　　　　　　　　　　　　　　　　　　　( )
2. 公司通过混合并购可以实现多元化经营，分散投资风险。　　　　　　　　( )
3. 根据代理理论，公司并购是解决公司中代理问题的一种重要途径，可以降低代理成本。　　　　　　　　　　　　　　　　　　　　　　　　　　　　　　　　( )
4. 公司并购采用现金支付方式会改变并购公司的股权结构。　　　　　　　　( )
5. 采用股票支付方式进行公司并购会使并购公司原有股东的控制权被稀释。( )
6. 并购双方在确定支付价格时，协同效应为溢价的上限。　　　　　　　　　( )
7. 横向并购是销售相同、相似产品的企业间的并购。　　　　　　　　　　　( )
8. 纵向并购的企业之间存在直接的竞争关系。　　　　　　　　　　　　　　( )
9. 换股式并购完成后，被并购企业股东的所有权丧失。　　　　　　　　　　( )
10. 经营协同效应只能通过横向或纵向并购实现。　　　　　　　　　　　　　( )
11. 一般地，并购通常经历企业自身价值评估、选择与审查目标企业和目标企业价值评估三个基本阶段。　　　　　　　　　　　　　　　　　　　　　　　　　　( )
12. 差别效率理论表明，如果A公司的管理层比B公司更有效率，在A公司收购了B公司之后，B公司的效率便可以提高到A公司的水平。　　　　　　　　　　　　　( )

8. 影响企业并购支付方式选择的因素中不包括( )。
   A. 现金的充裕程度			B. 收益和控制权的稀释程度
   C. 目标公司的规模			D. 并购中的税负
9. 触发目标企业价值评估风险的原因不包括( )。
   A. 目标企业存在财务造假的可能性	B. 并购双方的信息不对称
   C. 企业价值评估方法体系不健全	D. 资本市场与中介机构发展滞后
10. 根据市场势力理论，以增强市场势力为动机的并购行为发生的情况不包括( )。
    A. 法律使企业间的各种合谋及垄断行为都成为非法时
    B. 当行业处在高速增长状态时
    C. 当行业生产能力过剩、供过于求时
    D. 国际竞争使得国内市场遭受强烈的威胁和冲击时

二、多选题

1. 公司并购按照并购双方所处行业性质不同可以分为( )。
   A. 吸收合购		B. 新设合并		C. 横向并购
   D. 纵向并购		E. 混合并购
2. 公司并购按照出资方式不同可以分为( )。
   A. 以股票换取股票式并购		B. 以股票换取资产式并购
   C. 以债券换取资产式并购		D. 出资购买股票式并购
   E. 出资购买资产式并购
3. 根据詹森(Jensen)和梅克林(Meckling)的定义，代理成本包括( )。
   A. 剩余损失				B. 管理成本
   C. 代理人的担保成本			D. 委托人的监督成本
   E. 缔结和约的成本
4. 根据税收效应理论，通过公司并购可以获得的税收利益有( )。
   A. 并购亏损公司带来的税收收益
   B. 并购享有税收减免优惠的公司带来的税收收益
   C. 资本利得税代替企业所得税带来的税收收益
   D. 并购可以享受政府免税优惠带来的税收利益
   E. 股东可以降低边际税率带来的税收利益
5. 采用股票支付方式进行公司并购需要考虑的影响因素有( )。
   A. 并购公司的股权结构			B. 每股利润的变化
   C. 每股净资产的变化			D. 财务杠杆的变化
   E. 当前股票的价格水平
6. 以下说法正确的有( )。
   A. 吸收兼并中，目标企业不再作为一个独立的经营实体而存在
   B. 新设兼并中，原来的企业都不再以独立的经营实体而存在
   C. 在收购活动中，被收购企业的法人地位消失
   D. 兼并和收购的实质都是不同企业间资源的重新整合